곽선희 목사 설교집
69

나는 하나님을 믿노라

곽선희 지음

계몽문화사

머리말

　‘복음은 들음에서’—이는 진리이며 우리의 경험입니다. 하나님께서 우리에게 주신 복 가운데 가장 큰 복은 말씀을 주신 것입니다. ‘말씀이 육신을 입어서 오신 것’입니다. 말씀을 주셨고 들을 수 있게 하셨고 마음문을 열고 받아 믿게 하신 것, 참 놀라운 은혜입니다.

　말씀은 단순한 지식이 아닙니다. 추상적인 이론이 아닙니다. 말씀은 선포되는 하나님의 계시적 능력인 것입니다. 말씀의 권능, 그 능력을 알고 체험하면서 비로소 ‘말씀 안에서 태어나는 생명적 기적’이 나타나게 됩니다. 오늘도 그 말씀이 증거되고 새롭게 선포되고 있습니다. 설교가 곧 말씀입니다. 성령의 역사와 함께 끊임없이 이루어지는 생명의 역사입니다. 이 선포되는 말씀, 증거되는 진리를 통하여 구원의 능력은 항상 새로워집니다. 말씀 안에서 새 생명이 탄생하고 말씀 안에서 영혼이 소생하며, 그 큰 능력 안에서 우리는 강건해집니다. 우상을 이기는 능력의 사람으로 성장해가는 신비롭고 놀라운 사건을 강단에서 늘 경험하고 있습니다.

　여기에 또다시 설교말씀을 모아 책자로 내어놓습니다. 예수소망교회 강단을 통하여 하나님께서 우리에게 주신 말씀입니다. 이제 그 말씀을 책자로 엮어 내어놓음으로써 우리가 시간과 공간을 초월하여 개별적으로 하나님을 만나게 되는 ‘말씀의 역사’에 귀중한 방편이 되고자 합니다. 책자라는 그릇에 담긴 이 말씀들은 읽는 자의 마음 안에서 또다른 ‘말씀의 신비한 기적’을 낳게 되리라 확신합니다.

　한 시간 한 시간의 설교를 위하여 간절히 기도해주신 모든 성도들과 이 책자를 출간하기까지 수고해주신 여러분께 진심으로 감사를 드립니다. 그리고 또다시 영광을 오직 하나님께 돌리면서……

　　　　　　　　　　　　　　　　　　곽선희

곽선희 목사

장로회 신학대학 졸업
프린스턴 신학석사
풀러신학 선교신학박사
인천제일교회 목사
장로회 신학대학 교수 역임
숭의여자전문대학 학장 역임
서울장로회신학교 교장 역임
소망교회 원로목사
예수소망교회 동사목사

곽선희 목사 설교집 제69권

나는 하나님을 믿노라

인쇄·2025년 12월 26일
발행·2025년 12월 30일
지은이·곽선희
펴낸이·김정수
펴낸곳·계몽문화사
등록일·1993년 10월 11일
등록번호·제2016-2호
전화·(02)995-8261
정가·23,000원
총판·비전북 / (031)907-3927
ISBN 978-89-89628-52-1   03230

* 잘못 만들어진 책은 바꾸어 드립니다.

나는 하나님을 믿노라

나를 본받는 자가 되라

내가 너희를 부끄럽게 하려고 이것을 쓰는 것이 아니라 오직 너희를 내 사랑하는 자녀 같이 권하려 하는 것이라 그리스도 안에서 일만 스승이 있으되 아버지는 많지 아니하니 그리스도 예수 안에서 내가 복음으로써 너희를 낳았음이라 그러므로 내가 너희에게 권하노니 너희는 나를 본받는 자가 되라 이로 말미암아 내가 주 안에서 내 사랑하고 신실한 아들 디모데를 너희에게 보내었으니 그가 너희로 하여금 그리스도 예수 안에서 나의 행사 곧 내가 각처 각 교회에서 가르치는 것을 생각나게 하리라

(고린도전서 4 : 14 - 17)

나를 본받는 자가 되라

아마도 30년쯤 전 이야기입니다. 제가 우리 장로교 교단의 목사고시 위원장으로 있을 때입니다. 목사고시 시험장에 700명의 목사 지원생이 모였습니다. 목사가 되기 위한 마지막 관문입니다. 이 시험을 다 보고 나서 맨 마지막에는 면접시험이 또 있습니다. 이것은 시험관들과 수험생이 일 대 일로 한 사람씩 만나서 질문하고, 대답하는 면접시험입니다. 저도 한 20명 되는 사람들의 면접시험을 감독하게 되었는데, 그때 제가 모든 수험생에게 던진 질문이 있습니다. "당신이 오늘까지 살면서 참으로 존경하는 사람이 있습니까? 세 사람의 이름을 써보세요." 그래 수험생들이 한참 생각하다가 세 사람씩 이름을 써나가는 걸 보았습니다. 어떤 분은 목사님 이름도 쓰고, 어떤 분은 학자 이름도 쓰고, 또 어떤 분은 교수님 이름도 쓰고⋯⋯ 그렇게 저마다 나름대로 존경하는 분들의 이름을 쓰는 것을 보았는데, 한 수험생이 이름을 하나도 못 쓰고 주저주저하는 것이었습니다. 그래서 제가 그 수험생에게 물었지요. "당신은 존경하는 사람이 없습니까?" 그랬더니, 그 수험생이 아주 당돌하게 "없습니다!" 하고 답합니다. 그래 제가 다시 물었습니다. "학교나 가정에서, 교회에서 당신이 존경하는 사람이 여태까지 하나도 없습니까?" "예, 없습니다. 전후좌우 어디를 봐도 제가 존경할 사람이 없습니다." 제가 그 대답을 듣고 깜짝 놀랐습니다. 그래 "그런가요?" 하고는 그냥 지나갔지만, 존경하는 사람이 하나도 없다고 하는 사람들의 이름을 제 수첩에다 적어놓았습니다. 그리고 한 20년 뒤에 확인해보니까 대부분 목회에 실패했더라고요. 자신이 한평생 참으로 존경하고, 모든 정성을 들여서 본받고 싶은 사람이 한 사람만 있다면 그는 절망하지 않을 것입니다. 그렇게 존경하는 사람이 있다면 당신은 행복한 사람입니다. 그러나 만일 한 사람도 없다면 당신은 벌써 불행한 사람입니다. 최고의 복은 평생 존경할 수 있는 사람을 만나는 것입니다. 그가 가까운 사람이고, 또 내 부모라면 그보다 더 행복할 수는 없을 것입니다.

열다섯 살이 되어서 소아마비로 죽어가는 아이가 있었습니다. 그 부모님이 너무나 답답하여 하나님 앞에 기도하면서 아이를 위로하느라 애쓰고 있을 때 죽어가던 그 아이가 아버지를 보고 빙그레 웃으면서 말합니다. "아버지, 슬퍼하지 마세요. 저는 아버지를 사랑합니다. 아버지는 제게 천국 가는 티켓을 주시지 않았습니까." 그러고는 빙그레 웃으면서 가더랍니다. 이 부모야말로 정말 행복한 사람 아니겠습니까. 가장 불행한 것은 존경할 사람이 없다는 것입니다. 존경할 사람이 보이지 않는다는 것입니다. 사람들이 쉽게 하는 말 가운데 이런 것이 있습니다. "세상에 믿을 놈이 어디 있어. 나는 아무도 안 믿어!" 안타깝게도 그 자체가 저주받은 사람의 모습 아니겠습니까. 그는 벌써 버려진 사람입니다. 알고 보면, 그 깊은 곳에 교만이 있습니다. 씻을 수 없는 교만, 회개할 수 없는 교만이 자리 잡고 있는 것입니다.

우리가 가정생활을 하고 삽니다마는, 아내가 남편을 사랑할 수는 있습니다. 그러나 남편을 존경하는 아내는 많지 않습니다. 만약 존경이 없다면 그 사랑은 에로스입니다. 아가페가 아닙니다. 그 사랑은 피곤합니다. 종종 실망스럽고 괴로울 때가 있을 것입니다. 참으로 존경하는 사람, 사랑과 존경을 겸할 때, 그런 아가페의 사랑을 할 때 그의 마음은 항상 천국 같은 평안을 느낄 것입니다. 인간의 인간 됨이란 그의 지식에 있는 것도 아니고, 그의 건강에 있는 것도 아니고, 그의 소유에 있는 것도 아닙니다. 인격에 있는 것입니다. 그 인격은 교육을 통해서 이루어집니다. 어떤 스승을 만나느냐, 어떤 교육을 받느냐, 어떤 교육 환경에 있었느냐가 아주 중요합니다. 그래서 좋은 스승을 만나는 것이 아주 중요합니다.

제가 결혼식에서 주례를 할 때마다 신랑 신부에게 첫 번째로 하는 말이 이것입니다. "오늘 결혼을 하는데, 이 시간에 감사한 마음을 가지세요." 하나님 앞에 감사하고, 부모님께 감사하고, 한평생 나를 키워준 여러 선생님께, 스승님께 감사하는 마음을 가져야 합니다. 좋은 스승을 만나는 것이 얼마나 중요합니까. 한번 잘못된 스승을 만나서 일생이 망가지는 사람이 얼마나 많습니까. 교육이 중요합니다. 또한, 감동으로 이루어집니다. 어떤 느낌으로 살아왔느냐, 어떤 감성으로 무엇을 느끼며 사느냐, 불행을 느끼며 사느냐 행복을 느끼며 사느냐, 기쁜 마음으로 사느냐 저주스러운 마음으로 사느냐, 슬픈 마음으로 사느냐 감사한 마음으로 사느냐, 원망하는 마음으로 사느냐…… 가슴의 상태가 어떠하냐에 따라서 그 사람의 운명이 달라집니다.

그런가 하면, 어떤 체험으로 사느냐, 무엇을 보며, 무엇을 느끼며, 어떤 형편에서 살아가느냐가 중요합니다. 이걸 정리하면 지식(knowledge), 수용(acceptance), 그리고 행동(practice)입니다. 지식과 수용, 그리고 행동에서 무엇을 경험하고 사느냐? 여기에 따라서 내 인격이 이루어집니다. 아주 중요한 것들 아닙니까. 그러나 가만히 생각해보면 이게 다 은사입니다. 이게 다 축복입니다. 가장 쉽고, 가장 힘 있는 교육은 존경입니다. 큰 존경에서 큰 교육, 큰 감동, 큰 변화, 큰 혁신이 일어나는 것입니다. 많이 따질 것 없습니다. 어느 순간에 큰 감동으로 큰 스승을 만나서 큰 존경을 바치는 순간 나도 모르게 내 인격은 변화되고, 내 영혼이 달라짐을 느낄 수 있을 것입니다. 믿음은 참으로 소중합니다. 그러나 믿음이 좀 더 깊어지면서 존경과 신뢰로 바뀝니다. 그리고 본받는 마음으로 바뀝니다. 아니, 나도 모르게 본받게 됩니다. 존경하고, 사랑하고, 믿으면 본받게 됩니다. 그리고 닮아갑니다. 이것이 자연스러운 일입니다. 교육학적으로 말하면 이것은 전인적 교육입니다. 이러한 전인적 교육이야말로 가장 이상적이고, 실제적인 인간교육이라고 할 수 있겠습니다.

오늘본문에서 사도 바울은 말합니다. "나를 본받는 자가 되라(16절)." 참으로 감동스러운 말씀입니다. 많은 분이 이런 말도 합니다. "사도 바울이 편지를 쓰는데, 이 말만은 조금 건방지다. 어떻게 감히 '나를 본받으라'고 할 수 있겠나?" 과연 그럴까요? 좀 더 사도 바울의 마음으로 돌아가 봅시다. 바울은 지금 자기 자신이 믿는 바에 대해서 만족하고 있습니다. 자신이 지금 하고 있는 일에 대해서 만족하고 있습니다. 자기의 운명에 대해서 만족하고 있습니다. 그렇기 때문에 담대하게 교인들을 향해서 말합니다. "나를 본받는 자가 되라." 어찌 생각하면 이 말을 못 한다면 잘못된 것입니다. 이 말을 못 한다면 자격 미달입니다. 내 마음속에 충만한 확신이 있고, 충만한 은혜가 있다면 누구를 만나도 나를 본받으라고 할 수 있을 것입니다.

사도 바울이 체포되어 마지막 로마로 가기 직전에 아그립바 왕 앞에서 재판을 받습니다. 그는 쇠사슬에 묶여 있는 죄수입니다. 왕 앞에서 마지막 재판을 받는 순간 이렇게 말합니다. "여러분이여, 내가 쇠사슬에 묶여 있는 이 사실 외에는 모든 사람이 다 나와 같기를 바랍니다." 이 얼마나 굉장합니까. 아그립바 왕이 기가 막혀서 "이 사람이 몇 가지 말을 해서 나를 예수 믿게 만들려느냐?" 하고 비웃습니다. 하지만 사도 바울의 말은 사실입니다. 그 만족감, 그 충만함, 더 바랄 것이 없습니다. 나 자신의 신앙고백, 나 자신의 생활 자체에 대해서 만족할 때 이 말을 할 수가 있습니다. '내가 믿는 대로 믿으라. 내가 가는 대로 가라. 내가 느끼는 대로 느껴라. 내가 지금 충만하고 있다. 만족하고 있다'라고 하는 간증이라고 생각합니다. 그러므로 사도 바울이 이렇게 말하는 것이 결국은 교만이 아닙니다. 고린도전서 11장 1절에 보면 그 해석이 나옵니다. "내가 그리스도를 본받는 자가 된 것같이 너희는 나를 본받으라." 나를 본받으라는 것이 무슨 말입니까? '나처럼 살아라'가 아닙니다. 내가 그리스도를 본받는 자 된 것, 그리스도를 닮으려고 애쓰는 것, 그리스도의 마음으로 살려고 하는 그 충만함을 본받으라는 것입니다. 그리스도를 본받는 자 된, 바로 그것을 본받으라는 것입니다. 이 선언은 자기만족의 고백이요, 충만함의 간증입니다.

또한, 사도 바울은 빌립보서 2장 5절에서 말합니다. "너희는 이 마음을 품으라 곧 예수 그리스도의 마음이니." 그리스도의 마음, 그리스도의 생각, 그리스도의 가치관, 그리스도의 삶, 그 마음을 본받으라 ― 그리스도처럼 느끼고, 그리스도처럼 생각하고, 그리스도를 본받을 때 그 속에 무한한 자유함이 있습니다. 예수님께서 말씀하십니다. "수고하고 무거운 짐 진 자들아 다 내게로 오라 그리고 네 멍에를 메고 내게 배우라 내 짐은 쉽고 내 짐은 가벼움이라." 여기서 귀중한 진리를 알게 됩니다. 예수의 멍에를 같이 메고, 예수와 같이 가고, 예수를 배우라는 것에서 내게 배우라는 말의 헬라어 원문의 뜻은 '내 제자가 되라'입니다. 그냥 보통 학생의 이야기가 아닙니다. "내 제자, 나를 본받는 내 제자가 될 때 네 짐은 가벼워진다. 네 일은 쉽게 풀린다. 네 멍에는 쉽다"라고 말씀하십니다. 예수님처럼 생각하고, 예수님처럼 느끼고, 예수님처럼 사랑하고, 예수님처럼 용서할 때 온전한 자유함이 있는 것입니다. 이걸 잊지 말아야 합니다.

저는 가끔 길에 나서게 되면 어린아이들이 어머니 아버지의 손을 잡고 아주 즐거운 마음으로 아버지 어머니를 따라가는 모습을 봅니다. 생각하면 어머니 아버지가 어디 가는지도 모릅니다. 알 것도 없습니다. 그냥 같이 가면 되는 것입니다. 우리가 주님을 믿는 마음이 그러해야 할 것입니다. 무엇을 그렇게 따집니까. 무엇을 그렇게 비판합니까. 무엇을 그렇게 손익계산을 하고 있습니까. Total acceptance, Total discipline, Total commitment— 그것이 신앙입니다. 전적으로 받아들입니다. 전적으로 순종합니다. 전적으로 맡겨버립니다. 내 운명을 완전히 맡겨버립니다. 그리고 그 길을 가는 것입니다. 가장 효과적이고 안심할 만한 교육입니다. 확실한 교육인 것입니다. 믿습니다. 따릅니다. 배웁니다. 아니, 본받습니다. 같이 가고, 같이 느끼고, 같이 즐기는 것입니다.

놀라운 사도 바울의 고백을 들어보십시오. 빌립보서 3장 10절입니다. "그리스도처럼 생각하고 그리스도처럼 살고 그의 죽으심을 본받아 어찌하든지 부활에 이르려 하노라." 사도 바울의 위대한 고백입니다. 죽으심을 본받는 것은 그의 생각, 그의 느낌, 그의 행동뿐만이 아니라, 십자가를 본받으려고 하는 것입니다. 죽으심을 본받아 그때 가서야 부활에 이르게 된다고 그는 신비로운 고백을 합니다. 우리가 복잡하고 어려운 세상에서 삽니다. 그러나 생각을 단순화해야 합니다. 이 본받는다는 것처럼 간단한 일이 없습니다. 그냥 따라가면 되니까요. 그냥 행복하면 되니까요. 이것이 신앙입니다.

사도 바울이 말합니다. 귀한 고백입니다. "나를 본받는 자 되라. 나는 그만큼 만족하게 행복하고 있다. 그런고로 나를 본받는 자 되라. 나와 같이 되라." 더 말합니다. "내가 그리스도를 본받는 자가 된 것 같이 너희는 함께 나를 본받아라." 내가 전적으로 본받고 따라갈 때 아무 어두운 그림자가 없습니다. 그런가 하면, 모든 사람을 향해서 나를 본 받으라고 할 수 있을 때 그 사람의 영혼은 자유할 것입니다. 모든 사람을 향해서 말합니다. "나를 본받으세요. 나와 함께 갑시다. 나와 함께 즐깁시다. 나와 함께 영생을 삽시다." 이것이 그리스도인의 모습입니다. 너희는 나를 본받는 자 되라ㅡ △

하나님이 하시는 일

　　예수께서 길을 가실 때에 날 때부터 맹인 된 사람
을 보신지라 제자들이 물어 이르되 랍비여 이 사람이
맹인으로 난 것이 누구의 죄로 인함이니이까 자기니
이까 그의 부모니이까 예수께서 대답하시되 이 사람
이나 그 부모의 죄로 인한 것이 아니라 그에게서 하
나님이 하시는 일을 나타내고자 하심이라 때가 아직
낮이매 나를 보내신 이의 일을 우리가 하여야 하리라
밤이 오리니 그 때는 아무도 일할 수 없느니라 내가
세상에 있는 동안에는 세상의 빛이로라 이 말씀을 하
시고 땅에 침을 뱉어 진흙을 이겨 그의 눈에 바르시
고 이르시되 실로암 못에 가서 씻으라 하시니 (실로
암은 번역하면 보냄을 받았다는 뜻이라) 이에 가서
씻고 밝은 눈으로 왔더라 이웃 사람들과 전에 그가
걸인인 것을 보았던 사람들이 이르되 이는 앉아서 구
걸하던 자가 아니냐 어떤 사람은 그 사람이라 하며
어떤 사람은 아니라 그와 비슷하다 하거늘 자기 말은
내가 그라 하니 그들이 묻되 그러면 네 눈이 어떻게
떠졌느냐 대답하되 예수라 하는 그 사람이 진흙을 이
겨 내 눈에 바르고 나더러 실로암에 가서 씻으라 하
기에 가서 씻었더니 보게 되었노라 그들이 이르되 그
가 어디 있느냐 이르되 알지 못하노라 하니라

(요한복음 9 : 1 - 12)

하나님이 하시는 일

　심리상담학자인 스캇 펙은 그의 유명한 저서인 「그리고 저 너머에(The Road Less Traveled and Beyond)」에서 우리에게 이렇게 충고합니다. '우리는 일상 속에서 늘 선택하며 살아간다. 선택의 여지, 선택할 수 있는 능력, 선택할 수 있는 기회를 부정해서는 안 된다. 우리는 때때로 이 길밖에 없다고, 다른 길은 없다고 말하는데, 그건 불신앙이다. 그것은 하나님께 대한 도전이다.' 여러분, 다시 한번 생각해보십시오. 언제나 선택의 여지는 있습니다. 하나님께서는 에덴동산의 아담과 하와에게 선악과를 주시면서 이렇게 말씀하셨습니다. "선악과는 먹지 말라. 먹는 날에는 정녕 죽으리라." 무엇입니까? 먹을 수도 있고, 안 먹을 수도 있다는 것입니다. 따 먹을 수도 있고, 따 먹지 않을 수도 있는 것입니다. 그런데, 어느 순간 우리 인간들은 그럴 수밖에 없었다고, 선택의 여지가 없었다고 변명합니다. 이것이 바로 죄요 타락입니다. 우리는 책임감과 복종 사이에서 선택해야 합니다. 책임감을 가지고 주도적으로 하느냐, 아니면, 굴종하며 하는 수 없이 하느냐? ― 또한, 감사와 허무 사이의 선택입니다. 하나님의 은혜를 감사할 수도 있고, 모든 것은 다 헛되다고 여기며 허무주의에 빠질 수도 있습니다. 선택의 기로, 우리는 그 둘 사이에 있는 것입니다. 불행을 축복의 또 다른 모습으로 여기는 믿음은 귀한 선택입니다. 행운을 당연한 것으로 여기지 않는 겸손은 그리스도인의 미덕입니다. 역경을 기회라고 생각하는 긍정적인 세계관이 하나님의 사람의 선택입니다.

오늘본문에는 나면서부터 소경 된 사람이 나옵니다. 선천적인 시각장애인입니다. 아마도 가장 불행한 사람일 것이라고 저는 생각합니다. 흔히 어떤 이들은 말합니다. 사람의 육체를 총 1만 원이라고 한다면, 눈이 7천 원이라고요. 그 정도로 시각은 중요합니다. 우리의 모든 기능 감각이 시각과 함께 오는데, 이 사람은 시각장애인입니다. 시각을 잃어버린 사람입니다. 이런 사람을 앞에 놓고 제자들이 예수님께 중요한 질문을 드립니다. "뉘 죄 때문입니까?" 이런 때마다 도덕성을 물어봅니다. 과거를 물어봅니다. 본인의 죄입니까, 부모의 죄입니까? 본인의 죄라면 나기 전에 무슨 죄가 있을 수 있느냐고 반문할 수 있습니다. 부모의 죄라면 본인은 억울합니다. 참 풀수 없는 도덕적 수수께끼입니다. 이제 예수님께서는 높은 차원에서 말씀하십니다. "하나님이 하시는 일을 나타내고자 하심이라(3절)." 하나님께서 하시는 일을 나타내시고자 이 같은 사건이 여기에 있는 것이라고 말씀하십니다. 한편으로는 이해하기 어려운 말씀이기도 합니다. 그러나 하나님의 말씀을 들어야 합니다. 하나님의 말씀을 믿어야 하고, 수용해야 합니다.

하나님께서 하시는 일을 나타내기 위해서는 딱 하나의 조건이 필요합니다. 바로 그리스도를 만나야 한다는 것입니다. 예수님을 만나야 합니다. 예수님의 말씀을 들어야 합니다. 많은 사람이 예수님을 옹위하여 따르고 있지만, 성경에 나오는 대로, 그 가운데 진짜 예수님을 만난 사람은 딱 한 사람뿐입니다. 이걸 알아야 합니다. 본다고 만난 것이 아닙니다. 같이 있다고 만난 것이 아닙니다. 함께 산다고 만난 것이 아닙니다. 일대일로 예수님을 만난 사람은 이 한 사람뿐입니다. 많은 군중 속에 있었습니다. 어찌 생각하면 가장 불행한 사람입니다. 많은 사람 속에 이 사람만이 앞을 못 보는 시각장애인입니다. 한데, 바로 그 사람이 주님을 만납니다. 아니, 주님께서 그를 만나주십니다. 고난 속에서만 절대적 관계가 형성됩니다. 절박한 고난입니다. 이 절박성 없이는 하나님을 만나지 못합니다. 절박함이 없이는 하나님을 똑바로 볼 수가 없습니다. 아니, 하나님의 음성도 들리지 않습니다.

구약성경에 보면, 야곱이라는 사람이 형의 낯을 피해서 하란으로 갔다가 돌아옵니다. 형님이 4백 명을 거느리고 자기를 만나러 온다는 말을 듣고 너무나 다급해서 이제는 재산도 필요 없고, 가족도 필요 없고, 다 필요 없다고 느낍니다. 이제는 형님을 어떻게 만나느냐만이 중요합니다. 얍복 강변에서 그는 기도합니다. 성경은 말씀합니다. "밤새 홀로 남았더니……" 물리적으로만 홀로가 아닙니다. 정신적으로, 영적으로 이제는 어디에도 의지할 곳이 없습니다. 홀로 하나님과 만납니다. 면대면의 만남입니다. 거기서 그는 이스라엘의 축복을 받습니다. 여러분, 이걸 아셔야 합니다. 시각장애인입니다. 아무도 알 수 없고, 아무도 관심을 주지 않습니다. 바로 그런 순간에 주님만이 이 사람을 만나주십니다. 고난 속에서 만나주십니다. 절박성 속에서 만나주십니다. 그리고 하나님께서 하고자 하시는 일을 하십니다. 어찌 생각하면, 그는 버려진 인간입니다. 그러나 오늘은 선택된 인간입니다. 그는 가장 불행한 사람이었지만, 그리스도를 만남으로 해서 이 시간만은 가장 행복한 사람입니다. 왜 그렇습니까? 주님께서 만나주셨기 때문입니다. 많은 고난 속에서 만나주신 것입니다. 그는 가장 저주스러운 생을 살아왔습니다. 하지만 가장 커다란 은총의 계기가 마련되어 주님을 만나는 가장 자랑스럽고 복된 사람이 됩니다.

오늘성경을 보면, 아주 이해하기 어려운 순간이 있습니다. 잠깐 사이에 지나칩니다마는, 머물러서 오래오래 생각해보아야 합니다. 예수님께서 이 사람을 만나시어 어떻게 하셨습니까? 여느 때라면 "눈을 떠라!"라고 하셨겠지요. 이것만으로도 충분했을 것입니다. 그러나 왜 오늘따라 예수님께서는 이 사람을 상대로 이상한 일을 하십니까? 예수님께서는 침을 땅에 탁 뱉으시고, 그 진흙을 이겨 그의 눈에다 바르십니다. 여러분, 바로 이 순간입니다. 생각해보십시오. 시각장애인의 눈은 눈이 아닙니까? 사람은 눈에 살짝 티끌만 들어가도 아픕니다. 한데 어째서 안 그래도 앞을 못봐 고통을 겪고 있는 이 시각장애인에게 눈에 진흙을 바르는 고통을 더하셨느냐, 이것입니다. 예수님께서는 진흙을 이기시고, 그걸 그의 눈에 바르시어 그를 더 고통스럽게 하셨습니다. 이게 말이 되는 일입니까.

보통 사람은 이쯤 되면 지금 이게 뭐 하는 짓이냐고, 누구를 죽이려는 것이냐고 예수님께 항의하고 따지지 않았을까요? 어떻게 이걸 참겠습니까. 땅에다 침을 뱉어서 그 진흙을 이겨 시각장애인의 눈에다 덥석 바르셨습니다. 그런 일을 당하고도 가만히 있을 사람이 누가 있겠습니까. 하지만 저는 바로 그 순간에 이루어진 이 시각장애인의 믿음이 너무너무 부럽습니다. 그는 그걸, 그 고통을 참았습니다. 솔직히 말하면, 예수님께서 그냥 "그대로 눈을 떠라!"라고만 하시면 되는 것 아닙니까. 대개는 실제로 그렇게 하셨습니다. 하지만 이번에는 오히려 그에게 고통을 더하셨습니다. 그렇지 않아도 불편한 시각장애인의 눈에 진흙을 바르심으로써 불편한 고통을 더하신 것입니다. 그러나 이 사람은 그걸 잘 참았습니다. 왜 그러시느냐고 묻지도 않았습니다. 이게 뭐 하는 짓이냐고 항의하지도 않았습니다. 짧지만, 굉장한 사건이 지나가는 시간입니다. 이 사람이 이걸 잘 참아냈습니다. 그때 예수님께서 말씀하십니다. "실로암에 가서 씻으라." 거기서부터 실로암까지는 한 5리 정도 거리입니다. 저도 한번 직접 거기에 가 보았습니다. 예수님께서 말씀하신 데서부터 실로암까지 가려면 보통 사람의 걸음으로 30분 정도 걸립니다. 하지만 시각장애인이 지팡이를 짚고 더듬거리며 가려면 두 시간은 족히 걸릴 것입니다.

그 순간 실로암을 향해서 가는 이 사람의 모습을 한번 상상해보십시오. 그 두 시간 동안에 그가 무슨 생각을 했겠습니까? 저는 이렇게 생각해봅니다. '참 재수 없는 날이다. 내가 어쩌다가 오늘 이런 일을 당했나? 이게 도대체 뭐 하는 짓인가? 내가 지금 뭘 하고 있는 거지?' 하지만 그는 모든 의심을 다 누르고 순종합니다. '이보다 더 어려운 일도 하라면 해야 하는데, 이게 뭐 대수인가?' 이러면서 두 시간 동안 어정어정 걸어가는 그의 모습을 가만히 상상해보십시오. 굉장한 믿음입니다. 높이 평가해야 합니다. 그는 믿고 순종합니다. 순종하고 실로암까지 가서 자기 손으로 물을 떠서 눈을 씻었습니다. 그랬더니 눈이 떠졌습니다. 얼마나 놀라운 일입니까.

여러분, 우리는 흔히 모든 불행의 원인을 과거에서 찾습니다. 그래서 '과거에 잘못한 일 때문에 오늘 이런 일을 당했다'라고 생각하면서 조상 탓을 하고, 심지어는 전생 탓까지도 합니다. 그렇듯 세상적 역사관은 원인을 과거로 돌립니다. 그러나 기독교의 역사관은 그렇지 않습니다. 모든 원인은 미래에 있습니다. 과거에 무슨 죄를 범하였기 때문에 오늘의 불행이 있는 것이 아니라, 미래에 하나님의 큰 역사를 이루기 위해서 이 사건이 오늘 있는 것입니다. 이 얼마나 중요한 역사관입니까. 가령 어떤 사람이 죄를 지어 형무소에 가서 고생하고 있습니다. 과거에 지은 죄 때문에 오늘 고생을 하는 것입니다. 그러나, 학생들이 공부할 때는 이야기가 좀 다릅니다. 다들 공부할 때 얼마나 수고를 많이 합니까. 옛날에는 도시락을 세 개씩 싸가지고 다니면서 공부했습니다. 제가 프린스턴 대학에서 공부하고 있을 때 바로 옆방에 잘 아는 친구가 한 명 있었습니다. 몸이 좀 약했습니다. 해야 할 공부도 많고, 숙제도 산더미인데, 몸이 약해서 늘 힘이 드니까 저를 만날 때마다 꼭 이런 말을 합니다. "곽 목사님, 우리는 전생에 무슨 죄가 많아서 이 고생을 합니까?" 그래 제가 웃으면서 "죄가 많은가보지"라고 하고 말았습니다. 하지만 여러분, 생각해보십시오. 공부하는 사람이 고생하는 것이 전생에 죄가 많아서입니까? 아닙니다. 이것은 미래를 위해서, 앞에 있는 영광된 미래를 위해서 오늘 하는 고생입니다. 고생의 의미가 다르고, 차원이 다릅니다.

이것이 오늘성경이 말씀하는 메시지입니다. 이 사람은 40년을 시각장애인으로 살았습니다. 그러므로 어찌 보면, 이 시간까지 불행한 생을 산 것입니다. 그러나 이 불행을 당한 것은 과거의 어떤 사건 때문이 아닙니다. "앞으로 하나님께서 하실 일을 하고자 하심이라." 참으로 귀한 말씀입니다. 이 고난의 원인이 미래에 있다는 것입니다. 결론적으로 말합니다. 하나님의 사람들이 순교합니다. 그 순교가 누구의 죄 때문입니까? 그들이 순교하면서 내 죄 때문이라고 하겠습니까? 아닙니다. 그것은 미래에 하나님 앞에 나아가 영광을 누리기 위해서, 순교자의 반열에 올라 영광을 누리기 위해서 오늘 고난을 당하는 것입니다. 결정적으로 이걸 잊지 말아야 합니다. 그 고난의 원인이 미래에 있다는 것입니다. 그리스도인의 고난은 '무슨 잘못 때문에' 당하는 것이 아닙니다. 그런 잘못들은 예수님께서 이미 다 사하셨습니다. 이미 긍휼히 여기신 것입니다. 다 용서하시고 처리하신 것입니다. 우리가 당하는 모든 고난의 원인은 미래에, 영원을 지향하는 미래에 있다는 것을 잊지 말아야 합니다. 가장 불행한 사람을 통해서 가장 큰 역사가 이루어졌습니다. 그러나 오늘은 하나님께서 하고자 하시는 일을 이루셨습니다. 이 고난 속에서, 이 고난을 통해서 주님을 만났습니다. 가장 불행한 고난을 통해서 가장 큰 하나님의 역사를 이루게 되었습니다. 주님께서 말씀하십니다. "실로암에 가서 씻으라."

여러분, 혹 믿음이 가지 않더라도 순종해야 합니다. 많은 분이 흔히 확신을 말합니다마는, 확신보다 중요한 것은 순종입니다. 혹 의심이 가고, 혹 흔들려도 조용히 기도하며 순종할 것입니다. 아마도 그 시각장애인은 실로암까지 가면서 별의 별 생각을 다 했을 것입니다. 그러나 순종 하나만은 완성했습니다. 실로암에 가서 씻는, 그 사건 하나는 완전한 것이었습니다. 그런고로 그는 눈을 떴습니다. 이 사건을 다 아는 사람들이 그에게 물어봅니다. "누가 네 눈을 뜨게 하였느냐?" 그러면서 그것은 안식일에 하나님의 법을 어기는 일이었다고 시비를 겁니다. 성경에 재미있는 말씀이 나옵니다. "내가 아는 것 한 가지가 있습니다. 그 외에 난 아무것도 모릅니다. 그 예수라는 분이 나더러 실로암에 가서 눈을 씻으라고 하셨습니다. 나는 그 말씀 한마디만 알 뿐, 그 밖에는 아무것도 모릅니다. 나는 예수님을 만나 보지도 못했고, 그분에 대해서 하나도 모르지만, 단 한 가지, 예수님께서 내 눈을 뜨게 하셨다는 것만은 알고 있습니다." 놀라운 간증입니다.

키르케고르라는 신학자의 기도문이 있습니다. "지성에는 한 가지를 이해할 수 있는 지혜를 주시고, 감성에는 받아들일 수 있는 성실함을 주시고, 의지에는 오직 한 가지만을 따를 수 있는 진실을 주시옵소서. 정신이 산만할 때는 한 가지만 원하는 집중력을 주시옵소서. 그리고 고통을 당할 때는 한 가지만을 바라보며 참을 수 있는 인내를 주시옵소서." 이 시각장애인은 주님의 말씀만 듣고, 주의 음성만 듣고, 주께만 순종했습니다. 여러 가지로 이해가 안 되는 부분도 있습니다마는, 모든 의심을 누르고, 이성적 비판을 십자가에 못박고, 그는 묵묵히 순종했습니다. 그러므로 하나님께서 하고자 하시는 일을 이루어드렸습니다. 하나님께서 하고자 하시는 일이 완성되었습니다. 여러분, 우리가 지금 이 어려운 시대를 살아갑니다. 이 속에 하고자 하시는 하나님의 경륜이 있습니다. 알고, 듣고, 믿고, 순종하여 그 크신 영광을 드러낼 수 있기를 바랍니다.　△

내게 줄로 재어 준 구역

하나님이여 나를 지켜 주소서 내가 주께 피하니이
다 내가 여호와께 아뢰되 주는 나의 주님이시오니 주
밖에는 나의 복이 없다 하였나이다 땅에 있는 성도들
은 존귀한 자들이니 나의 모든 즐거움이 그들에게 있
도다 다른 신에게 예물을 드리는 자는 괴로움이 더할
것이라 나는 그들이 드리는 피의 전제를 드리지 아니
하며 내 입술로 그의 이름도 부르지 아니하리로다 여
호와는 나의 산업과 나의 잔의 소득이시니 나의 분깃
을 지키시나이다 내게 줄로 재어 준 구역은 아름다운
곳에 있음이여 나의 기업이 실로 아름답도다 나를 훈
계하신 여호와를 송축할지라 밤마다 내 양심이 나를
교훈하도다 내가 여호와를 항상 내 앞에 모심이여 그
가 나의 오른쪽에 계시므로 내가 흔들리지 아니하리
로다

(시편 16 : 1 - 8)

내게 줄로 재어 준 구역

1960년대, 제가 미국으로 유학을 가서 공부하던 때였습니다. 한국에서 온 목사라고 해서 노회가 추천하여 제게 여러 교회를 방문하면서 설교할 수 있는 기회가 주어졌습니다. 대강 꼽아보면 모두 40여 곳 정도의 교회를 방문했던 것 같습니다. 제가 갈 때마다 그 교회의 목사님이나 장로님 댁에서 하룻밤을 묵고, 그 이튿날 설교를 했지요. 한데, 그렇게 방문한 여러 가정이 공통적으로 지니는 특징이 있더라고요. 하나는 집집이 벽에다 성경구절을 하나씩 써 붙여놓은 것이었고, 또 하나는 라인홀드 니버의 기도문을 써 붙여놓은 것이었습니다. 저는 그때 처음으로 라인홀드 니버의 기도문을 보았고, 지금도 그 기도문을 소중히 여기고 있습니다. "God, grant me the serenity to accept the things I cannot change, and the courage to change the things I can, and the wisdom to know the difference(하나님이시여, 제가 할 수 없는 것을 받아들일 수 있는 냉정함을 주시고, 제가 할 수 있는 것을 바꿀 수 있는 용기를 주시고, 고칠 수 있는 것과 고칠 수 없는 것을 식별하는 지혜를 주세요)." 아주 중요한 기도문입니다. 그는 냉정함, 용기, 지혜, 이렇게 세 가지를 구합니다. 신앙적인 냉정이 필요합니다. 이것은 겸손이기도 합니다. 진실이기도 합니다. 우리는 그쪽에 부족함이 있어 냉정하지 못할 때가 있습니다. 그렇기 때문에 우리는 냉정함과 용기와 지혜가 필요합니다. 그것을 달라는 기도입니다.

불행이란 무엇입니까? 불행은 가지고 싶은 것을 못 가졌다는 데에 있는 것이 아니고, 이미 가지고 있는 것의 소중함을 모른다는 데에 있는 것입니다. 못 가져서 불행한 것이 아닙니다. 가지고 있는 것이나, 할 수 있는 것의 진정한 의미를 모르고 있다는 것입니다. 거기에 불행이 있는 것입니다. 또한, 아는 것이 없어서 불행한 것이 아닙니다. 아는 것을 실천하지 않기 때문입니다. 아는 것은 충분합니다. 그러면 이제는 실천해야 하는데, 실천할 용기가 없습니다. 또한, 현실의 뜻을 모르기 때문에 불행하고, 현실을 통해서 주시는 하나님의 능력과 지혜를 미처 깨닫지 못하기 때문에 모든 사람은 불행해지는 것입니다.

구약성경에 보면 참 귀한 말씀이면서도 좀 아쉬운 대목이 있습니다. 아브라함이 75세에 하나님의 음성을 듣습니다. "이 죄악의 땅 갈대아 우르를 떠나라. 네 부모와 친척을 떠나라. 그리고 내가 네게 지시할 땅으로 가라." 하나님의 이 말씀을 듣고 그는 온 집으로 더불어 고향과 친척을 떠납니다. 그리고 하나님의 약속의 땅에 대한 지시를 받습니다. "지금 네가 보는 이 가나안 땅을 너와 네 후손에게 주리라." 이렇게 하나님께서 약속하십니다. 땅에 대한 약속을 받은 것입니다. 그는 믿었습니다. 그리고 그 땅에 거했습니다. 그러나 몇 년 뒤에 흉년이 들어 매우 어려워지자, 하나님께 여쭈어보지도 않고, 그러니까 기도도 하지 않고 살림을 모아서 가족들과 함께 애굽으로 피난을 갑니다. 하나님께서 주신 약속의 땅을 떠난 것입니다. 큰 잘못입니다. 그래서 어떤 보수주의자들은 '아브라함이 이때 가나안 땅을 버렸기 때문에 그 후손들이 애굽에 가서 노예생활을 4백 년이나 해야 했다'라고 해석하기도 합니다. 어쨌든 하나님께서는 그에게 땅을 주셨습니다. 그런데도 흉년이 들었다고 하나님 앞에 여쭈어보지도 않고, 기도해보지도 않고, 그냥 애굽으로 피난을 간 것은 틀림없는 잘못입니다.

그런가 하면, 하나님께서 아브라함에게 "내가 네게 자손을 주마. 하늘의 별처럼, 바다의 모래처럼 자식을 주마"라고 하셨고, 아브라함은 자기 자식에 대한 축복을 받았습니다. 그리고 조용히 10년을 꼬박 기다렸습니다. 이제 아브라함의 나이가 80을 넘어갑니다. 아내도 벌써 70이 되어 단산했습니다. 그때 그는 '내가 하나님의 뜻을 잘못 해석했나?' 하는 의문이 들어서 슬쩍 몸종 하갈을 통해서 이스마엘을 낳습니다. 그러자 하나님께서 말씀하십니다. "이스마엘이 아니라, 네 아내 사라가 내년 이맘때에 아들을 낳으리라." 이것이 진짜 하나님의 뜻인데, 그는 하나님의 뜻이 이루어지기를 기다리는 데 그만 지쳐서 편법으로 이스마엘을 낳은 것입니다. 그래 뒷날 그 이스마엘의 후손 때문에 역사가 바뀌고, 이스라엘이 그 많은 시련을 겪지 않습니까.

여러분, 상상해보십시오. 하나님께서 주신 가나안 땅을 지켜야 하지 않습니까. 그랬으면 참 좋았을 것입니다. 그러니 얼마나 유감스러운 얘기입니까. 인간의 가장 큰 과제는 자기 한계를 아는 것입니다. 이것이 지혜입니다. 오늘본문 6절에 "줄로 재어 준 구역……"이라는 말씀이 있습니다. 공간과 시간을 제한하고 있는 것입니다. 이것은 숙명이기도 하고, 능력이기도 합니다. 재산이기도 하고, 지형이기도 합니다. 또, 건강이기도 합니다. 어쨌든 한계가 있는 것입니다. 이걸 잊어서는 안 됩니다.

제가 오늘 아침에도 교회로 오면서 생각해보았습니다. 제가 이렇게 설교한 지 60년이 되었습니다. 그러나 잊지 마십시오. 이제 얼마 안 남았습니다. 제가 언제까지 설교할 수 있을 것 같습니까? 그 한계가 이제 눈앞에 다가왔습니다. 언젠가는 끝날 것 아닙니까. 모든 사람이 끝난다면 나도 끝나는 것이지, 어찌 끝이 없다고 생각하고 무진장 욕심을 부리겠습니까. 그런고로 오늘 한 시간 여러분 앞에 나타나 설교한 것으로 족하고, 감사합니다. 그러나 다음 시간에 또 만날 수 있을는지는 아무도 모릅니다. 이처럼 한계를 알아야 합니다.

제가 옛날 새마을 운동이 한창일 때 한동안 강사로 일한 적이 있습니다. 그때 그 사무실 건물 입구에 들어가면 문간에 크게 써 붙인 문구가 있었습니다. '하면 된다. 안 되면 되게 하라.' 그걸 보고 많은 분에게 강연을 하면서 "여러분, 안되는 것은 안 됩니다"라고 했습니다. 그러면서 "무조건 하면 된다고 하는데, 아닙니다. 그렇지 않습니다. 오히려 안 될 것은 안 된다는 것을 아는 것이 시작입니다"라고 말했습니다. 여러분, 어찌 그런 오만을 부릴 수 있겠습니까.

오늘본문은 분명히 가르쳐줍니다. "내게 줄로 재어 준 구역은 아름다운 곳에 있음이여……(6절)" 히브리어로 이 '아름답다'라는 말의 어원은 '은혜'로, '아름답다'는 곧 '은혜롭다'입니다. 아름다움이라는 것은 우리 인간의 감성에서 오는 하나의 예술적인 표현이 아닙니다. 이것은 은혜에 대한 응답입니다. 아름다운 것, 은혜로운 것, 하나님을 향한 그런 반응을 말하는 것입니다. 이에 대한 감사와 찬양, 그리고 신앙고백입니다. '내게 줄로 재어 준 이 구역'은 아름다운 곳에 있습니다. 내게 주신 것, 내게 할 수 있게 하신 것, 내가 알 수 있게 하신 것 모두를 소중히 여기고, 감사히 생각해야 합니다.

예수님께서는 언젠가 가정에 대해서 말씀하신 적이 있습니다.

"하나님께서 짝지어 주신 것을 사람이 나눌 수 없느니라." 잘 생각해보십시오. 연애는 저희들이 하고, 결혼도 저희들이 했다고 생각하지만, 예수님의 해석은 아닙니다. 저희들이 어떻게 만났든, 어떤 감정이 들었든, 그리고 어떤 관계를 통해서 결혼이 되었든, 결혼은 하나님께서 짝지어주신 것이라는 게 예수님의 해석입니다. 그러면 그것을 하나님의 뜻으로 받아들이고, 그대로 지켜야 하지 않겠습니까. 이것이 마음에 안 든다고 갈라지면 그 얼마나 불행한 일입니까. 결혼을 하나님께서 짝지어주신 것으로 받아들이는 것이 중요합니다.

언젠가 텔레비전을 보는데, 서울대 교수님이 나왔습니다. 그분의 아내도 교수였습니다. 그런데, 그 남편 교수는 별로 말이 없었고, 아내 되는 교수님은 말을 계속하는 분이었습니다. 그걸 본 아나운서가 남편 교수에게 이렇게 물었습니다. "저렇게 말이 많은 분하고 살기가 힘들지 않으십니까?" 그러자 그 남편 교수가 껄껄 웃으면서 말합니다. "무슨 소리요? 저는 그것을 잔소리로 들은 일이 없습니다. 음악으로 듣고 살지요." 그렇습니다. 그것을 잔소리로 들으면 못살지 않겠습니까. 하나님께서 짝지어 주신 것 — 어떻습니까? 그렇게 수용하면서 내게 정해주신 구역으로 가정이라는 것을 잊지 말아야 합니다. 아름다운 곳에 있다는 것은 은혜스러운 일이고, 생산적인 일입니다. 감사하고 찬양해야 합니다. 없는 것을 찾지 말고, 지금 있는 것, 가능한 것을 소중하게 여겨야 합니다.

구약성경으로 돌아와 보면, 요셉이 얼마나 어려운 일을 당합니까. 그는 마침내 애굽의 총리대신이 되었지만, 그때까지 무려 13년 동안이나 무진장 고생을 했습니다. 자신이 왜 그런 고생을 해야 하는지도 모르는 채 요셉은 애굽에 노예로 팔려 갔습니다. 그러고는 죄 없는 자로 죄수가 되어 감옥에 갇힙니다. 그렇게 많은 고생을 했습니다. 그러나 형님들과 재회했을 때 그가 하는 말이 얼마나 감격스럽습니까. "당신들이 나를 팔았다고 해서 근심하지 마세요. 당신들이 나를 팔아서 내가 여기 온 것이 아니라, 하나님의 뜻으로 보내심을 받아서 온 것입니다. 저는 팔려서 온 것이 아니라, 보내심을 받아서 온 것입니다." 하나님의 뜻을 아는 요셉의 간증입니다. 이 얼마나 놀라운 얘기입니까.

제가 아는 권사님 한 분은 연세가 80이 넘어서 귀가 어두워지고 눈도 침침해졌습니다. 그런데도 성경책을 열심히 읽습니다. 그래 하루에 서너 시간씩 성경을 읽으니까 딸이 옆에서 보다 못해 한마디 합니다. "엄마, 신학교 가서 목사님 되려고 그래요? 왜 그렇게 성경을 많이 봐요?" 그러자 그분이 이렇게 대답합니다. "지금 나는 귀가 어두워졌다. 좀 있으면 눈도 어두워질 게 아니냐? 그래서 눈이 어두워지기 전에 성경을 보려는 거다." 어두워진 귀로 말미암아 불평할 필요가 없습니다. 아직도 눈이 밝으면 그것으로 감사할 수 있어야 합니다. 잃어버린 것을 후회하지 말고, 지금 가지고 있는 것을 소중히 여겨야 합니다. 새로운 관계를 구축하려고 하지 말고, 이미 있는 관계 속에서 하나님의 은혜를 찬양할 수 있어야 하는 것입니다.

세계적으로 유명한 토마스 에디슨은 한평생 천 가지 이상의 발명품을 내놓았습니다. 그런 그에게 기자가 물었습니다. "어찌 이렇게나 많은 발명품을 만들어내는 연구를 하실 수 있었습니까?" 그는 대답합니다. "저는 귀머거리입니다. 아무것도 들리지 않습니다. 들리지 않으니까 제가 연구하는 일에 이렇게 집중할 수 있었습니다." 놀라운 말 아닙니까. 하나님께서 내게 정해주신 구역은 아름다운 곳에 있습니다.

성경에서 가장 극적인 장면의 주인공은 사도 바울입니다. 바울에게는 육체의 가시, 사탄의 사자가 있었습니다. 그것이 무엇인지는 아무도 모릅니다. 하지만 제가 연구한 대로는 간질병이라고 짐작합니다. 그런 병을 앓는 몸으로 복음을 전하다 보니, 아주 어려움이 많았습니다. 갈라디아서 4장에 보면 아주 드라마틱한 장면이 나옵니다. "너희를 시험하는 것이 내 육체에 있으되 이것을 너희가 업신여기지도 아니하며 버리지도 아니하고 오직 나를 하나님의 천사와 같이 또는 그리스도 예수와 같이 영접하였도다(14절)." 무슨 장면입니까? 아마도 바울이 갈라디아 교회에 가서 설교를 하다가 도중에 간질병 발작이 일어나 쓰러졌던 것 같습니다. 얼마나 많은 사람들이 놀랐겠습니까. 그러나 사도 바울은 걱정하고 있었지만, 교인들은 이것을 잘 알고 수용했습니다. 이에 사도 바울은 너무나 고마워서 "너희의 믿음을 시험할 만한 것이 내 육체에 있으되 나를 업신여기지 않고 그리스도와 같이 영접했다"라고 감사해하고 있습니다.

그리고 그는 고린도후서 12장에서 말합니다. 육체의 가시, 사탄의 사자를 제하여달라고 하나님 앞에 세 번 특별기도를 했습니다. 하나님께서는 응답해주십니다. "My grace is sufficient for you(내 은혜가 네게 족하다)." 그때도 사도 바울은 "예, 주의 은혜가 제게 족합니다" 하고 받아들였습니다. 불만스러워하지 않았습니다. 원망하지도 않았습니다. 엄청난 사건입니다마는, 그는 그것을 은혜로 받아들입니다. 그리고 나니까 "이 은혜 때문에 내가 겸손하고, 이 은혜 때문에 은혜가 은혜 되고, 이것 때문에 내가 하나님의 사람으로 능력 있게 역사한다는 것을 깊이깊이 실제적으로 깨달아간다" 하고 고백하는 것입니다.

지금 내게 주신 것, 내게 주어진 분깃, 그리고 지금 남아 있는 것들을 소중히 여겨야 합니다. 그 가치를 알아야 합니다. 그 속에 하나님의 능력이 있고, 하나님의 지혜가 있고, 하나님의 사랑이 구체적으로 나타나고 있다는 것을 잊지 말아야 합니다. 하나님께서 내게 줄로 재어 주신 한계, 줄로 재어 주신 땅은 아름다운 곳에 있습니다. 그것을 은혜로 받아들이고, 감사하고, 찬양할 때 하나님의 영광이 나타나는 것입니다.   △

믿음으로 보는 사람들

믿음은 바라는 것들의 실상이요 보이지 않는 것들
의 증거니 선진들이 이로써 증거를 얻었느니라 믿음
으로 모든 세계가 하나님의 말씀으로 지어진 줄을 우
리가 아나니 보이는 것은 나타난 것으로 말미암아 된
것이 아니니라 믿음으로 아벨은 가인보다 더 나은 제
사를 하나님께 드림으로 의로운 자라 하시는 증거를
얻었으니 하나님이 그 예물에 대하여 증언하심이라
그가 죽었으나 그 믿음으로써 지금도 말하느니라 믿
음으로 에녹은 죽음을 보지 않고 옮겨졌으니 하나님
이 그를 옮기심으로 다시 보이지 아니하였느니라 그
는 옮겨지기 전에 하나님을 기쁘시게 하는 자라 하는
증거를 받았느니라 믿음이 없이는 하나님을 기쁘시
게 하지 못하나니 하나님께 나아가는 자는 반드시 그
가 계신 것과 또한 그가 자기를 찾는 자들에게 상 주
시는 이심을 믿어야 할지니라

(히브리서 11 : 1 - 6)

믿음으로 보는 사람들

시각장애인인 강경구 박사는 미국 유학을 가서 박사가 되어 백악관에서 요직으로 근무했던, 아주 훌륭한 믿음의 사람입니다. 그분이 결혼해서 아들을 낳았습니다. 그분 가정에서는 아침 식사 때마다 가족이 돌아가며 기도했는데, 유치원 다닐 만한 나이의 아들이 기도할 차례가 돌아오면 꼭 이렇게 기도했다는 것입니다. "하나님 아버지, 우리 아버지가 눈을 번쩍 떠서 나와 같이 축구도 하고, 야구도 하게 해주세요." 그렇게 아버지의 눈을 뜨게 해달라고 식사시간마다 기도하는 것입니다. 아버지는 그게 마음 아팠습니다. 그래서 아들을 실망시키지 않으려고 지혜를 짜냈지요. 그 가정에서는 밤마다 잠들 때면 어머니가 아들 방에 들어가 그 머리맡에 앉아서 성경을 읽어주었습니다. 그건 청교도들의 전통적인 신앙교육에서 따온 것입니다. 저도 어렸을 때 어머니가 제 머리맡에서 성경을 읽어주신 것을 늘 기억하고 있습니다. 그렇게 저녁마다 그 어머니가 아들에게 성경을 읽어주었는데, 하루는 그분이 이렇게 말합니다. "여보, 오늘은 내가 아들 방에 들어가겠소." 그러고는 아버지가 아들 방에 들어갔지요. 아들이 아버지를 보면서 말했습니다. "아버지는 성경 못 보잖아." 그러자 아버지가 대답합니다. "걱정하지 말고 불을 끄거라." "아, 불을 끄면 성경 못 보잖아." "걱정하지 마라." 아들이 불을 끄자 아버지는 점자성경을 앞에 놓고 더듬어가면서 성경을 유창하게 읽어나갔습니다. 아들이 깜짝 놀라서 물었습니다. "아빠 참 대단하세요. 불을 꺼서 앞이 안 보이는데도 어떻게 성경을 마음대로 읽을 수 있어요?" 그때 아버지가 침착하게 조용한 음성으로 귀중한 진리를 말해주었습니다. "사람은 눈을 뜨고 보지만, 눈을 뜨고 보는 것보다 눈을 감고 보는 세계가 더 넓고, 더 위대한 것이란다." 나중에 이 아들이 커서 듀크대학을 다녀 박사가 되고, 현재 그 대학의 교수로 있습니다.

여러분, 본다는 게 무엇입니까? 본다는 것은 첫째, 눈으로 보는 것입니다. 다시 말하면, 눈으로 체험하는 것입니다. 이것을 우리가 시각이라고 합니다. 하지만 이게 다가 아닙니다. 둘째, 생각으로 보는 것입니다. 이성의 기능을 통해서 과거를 추리하여 미래를 봅니다. 이렇게 생각으로 보는 것입니다. 셋째, 마음으로 봅니다. 눈으로 보는 것도 아니고, 손으로 만지는 것도 아닙니다. 그러나 마음으로 봅니다. 그 마음으로 보는 시각이 제일 발달한 것이 어린아이들입니다. 어린아이들은 아무것도 모르는 것 같아도 사랑을 감지하는 데는 아주 우수합니다. 딱 보면 압니다. '저 사람이 나를 사랑하는 건가, 안 하는 건가?' 듣지 않아도 압니다. 보지 않아도 압니다. 가슴으로 압니다. 느낌으로 압니다. 이러한 지식이 있습니다. 그런가 하면, 넷째, 믿음으로 봅니다. 이것은 보이지 않습니다. 그러나 봅니다. 내 경험에는 없지만, 내가 경험하는 것보다 더 확실하게 압니다. 이것이 바로 믿음으로 보는 것입니다.

사랑은 오직 믿음으로만 알게 되어 있습니다. 믿지 않는 순간 사랑을 감지하지 못합니다. 아주 중요한 것입니다. 사랑할 때만 아는데, 사랑은 믿어야만 알게 되어 있습니다. 믿는다는 것이 얼마나 소중한지 모릅니다. 믿음은 사랑을 알게 합니다. 믿지 않는 순간 사랑은 전혀 감지되지 않습니다. 이걸 알아야 합니다. 세상에서 가장 불행한 것이 무엇입니까? 사랑이 믿어지지 않는 것입니다. 가장 슬픈 이야기가 무엇입니까? 내가 사랑하는 저 사람이 내 사랑을 믿어주지 않는 것입니다. 우리가 대화도 하고, 교제도 합니다마는, 모든 인간관계에서 제일 중요한 기초가 믿음입니다. 나를 믿어주는 것, 이보다 더 고마운 일이 없습니다. 그런가 하면, 나를 믿어주지 않는 것만큼 슬픈 일이 없습니다. 믿어지지 않는 사람을 믿게 할 재주는 없습니다. 가슴이 터져도 어찌할 수 없습니다. 상대방이 믿지 않는 것을 어떻게 믿게 할 수가 있습니까? 이 속에 십자가의 진리가 있다는 것을 잊지 말아야 합니다. 십자가를 통하지 않고는 믿음의 세계가 이루어지지 않습니다. 이 오묘한 신비를 우리가 알아야 합니다.

유명한 철학자 데카르트는 아침마다 산책을 했는데, 정확한 시간에 늘 다니던 길을 다녔습니다. 그런데, 어느 날 보니까 길 한가운데 뱀 한 마리가 도사리고 앉아 길을 막고 있는 게 아닙니까. 그래서 데카르트는 "이 나쁜 놈을 보았나! 내가 산책하는 길을 가로막는구먼" 하고 옆으로 비켜 갔습니다. 그런데. 다음 날 가 보니까 그 자리에 또 뱀이 있었습니다. 그래서 또 비켜 갔지요. 사흘째 되는 날 보니 뱀이 또 그 자리에 있는 것이었습니다. 데카르트는 생각했습니다. '너하고 나하고 결판을 내자. 더는 참을 수는 없다.' 그러고는 지팡이를 들어서 있는 대로 힘껏 내리쳤습니다. 때리고 나서 보니까 뱀이 아니라 밧줄인 것입니다. 자세히 보니, 새끼줄 같은 밧줄이 거기에 있는데, 그걸 잘못 보고 뱀으로 착각하여 벌써 이틀 동안이나 길을 돌아갔던 것입니다. 그때 데카르트는 유명한 말을 합니다. "내 눈이 나를 속였다. 내가 가장 신뢰하는 눈, 뭐니 뭐니 해도 보아야 한다고, 보는 것만 확실하다고 생각했는데, 그 눈이 나를 속였다."

그러면서 소위 회의 철학, 의심 철학을 만듭니다. 그는 마지막에 결론을 내립니다. I think that I am. '내가 의심하고 있다는 사실만은 내가 믿을 수 있다. 내가 생각한다는 것만 믿는다.' 내가 보는 것, 과연 믿을 수 있습니까?

오늘본문이 있는 히브리서 11장은 이른바 '믿음 장'입니다. 보면, 믿음의 사람들의 이름을 열거합니다. 그리고 그들에게 있는 믿음의 속성을 낱낱이 설명하고 있습니다. 여기에서 가장 중요한 요소는 믿음이 없이는 하나님을 기쁘게 해드리지 못한다는 것입니다. 그렇습니다. 사람과 사람 사이에도 상대방을 기쁘게 할 수 있는 것은 믿음입니다. 반대로, 상대방을 가장 슬프게 하는 것은 의심입니다. 이처럼 하나님을 기쁘게 해드리는 것은 믿음입니다. 하나님을 가장 슬프게 해드리는 것이나, 분노케 해드리고, 진노케 해드리는 것은 의심입니다. '믿음이 없이는 하나님을 기쁘시게 못 한다. 반대로, 오직 믿음만이 하나님을 기쁘시게 할 수 있다.' 믿을 수 있는 것도 믿고, 믿을 수 없는 것도 믿고, 하나님의 말씀이라면 다 있는 그대로 받아들이고 믿을 때, 그것이 하나님을 기쁘게 해드리는 것입니다. '하나님을 기쁘시게 하는 것은 곧 믿음이다.' 이걸 잊지 말아야 합니다.

문제는 여기에 있습니다. 알고 나서 믿느냐, 믿고 나서 아느냐? ─ 알고 나서 믿는다는 것은 지식 안에 제한된 믿음을 말합니다. 그러나 믿고서 안다는 것은 가장 위대한 믿음입니다. 요한복음 6장 69절에 유명하고도 귀중한 진리가 있습니다. "우리가 주는 하나님의 거룩하신 자이신 줄 믿고 알았습니다." 이 '믿고 알았습니다'가 베드로의 고백입니다. 알고 믿은 것이 아니라, 믿으니까 알았다, 믿으니까 알아졌다는 것을 알아야 합니다.

믿음의 세계란 참 놀라운 것입니다. 보이지 않는 실체, 볼 수 없는 것은 믿을 수밖에 없습니다. 다 볼 수 있는 것이 아니고, 다 경험할 수 있는 것이 아니기 때문입니다. 보이지 않는 것은 믿을 때 볼 수 있는 것입니다. 그런가 하면, 내가 경험할 수 없는 세계, 그것은 믿어야 합니다. 믿음으로 내 경험이 되는 것입니다. 저는 아주 오래전에 미국 LA에 갔다가 손님을 기다리느라고 커피숍에 잠깐 앉았는데, 거기에서 아주 유명한 분을 만난 일이 있습니다. 그분도 마침 기다리던 손님이 제때 오지 않아서 한가하게 앉아 있었습니다. 바로 달나라에 가서 달나라 여행을 하고 돌아온 어윈 대령이라는 분입니다. 제가 그분을 보고 인사를 나누고 몇 마디 질문을 했더니, 그분도 아주 신바람 나게 달에 갔던 경험을 약 한 시간 동안이나 이야기해 주었습니다. 저는 그 이야기를 다 듣고 나서 마지막에 딱 한 마디 했습니다. "당신이 달나라 갔다온 걸 들었으니, 나는 이제 달나라에 안 가도 됩니다. 나는 당신이 한 말을 다 믿으니까, 당신이 간 것이 내가 간 것이나 마찬가지입니다." 그렇게 농담을 했습니다.

그렇습니다. 내가 꼭 경험해야 합니까? 다른 사람이 경험한 걸 내가 믿으면 그의 경험이 내 경험이 됩니다. 내가 예수를 만나보지 못했어도 예수를 만난 분을 믿으니까 내가 예수를 만난 것입니다. 내가 부활하신 예수를 못 만났어도 부활하신 예수를 만난 사람들의 말을 믿으니까 나는 부활하신 예수를 만난 것과 같습니다. 이것이 믿음의 위대한 속성입니다. 그래서 성경은 말씀합니다. "그가 계신 것과 그가 상 주시는 이심을, 그리고 약속하시는 하나님이심을 믿어야 할지니라." 그렇습니다. 그분의 존재를 믿습니다. 그분이 우리와 항상 함께 계셔서 우리의 도덕적 생활, 종교적인 생활을 항상 감찰하신다는 것을 믿습니다. 특별히 그분의 약속을 믿습니다. 약속은 미래적 현실입니다. 오늘 이 시간은 아닙니다. 비록 현실은 아니지만, 미래에 있는 것을 약속하고 나서 그걸 믿는 순간, 그 미래적 사건이 바로 오늘의 사건이 되는 것입니다. 이것이 믿음입니다. "그가 계신 것과 그가 상 주시는 이심을 믿어야 할지니라." 특별히 약속을 믿는 것은 너무나 중요한 것입니다.

오늘성경은 누누이 설명하고 있습니다. 노아는 120년 전에 하나님의 음성을 듣고, 120년 동안 방주를 준비했습니다. 그는 하나님의 말씀을 믿었습니다. 믿으니까 120년 동안을 준비한 것입니다. 그것이 노아의 믿음입니다. 아브라함은 하나님의 말씀을 듣습니다. "갈 바를 알지 못하고 갔다." 참 중요한 말씀입니다. 이 말씀은 히브리서에만 있습니다. 아브라함은 하나님의 말씀을 듣고 갈 때, 갈 바를 알지 못하나 약속만 있고, 하나님의 말씀만 믿고, 그 현재성을 믿고 가는 것입니다. 그것이 아브라함의 믿음입니다. 그런가 하면, 사라는 자기 몸이 이미 죽은 것과 같음을 알면서도, 다른 말로 표현하면, 단산한 걸 알면서도 하나님의 말씀을 믿었습니다. 그래서 그는 귀중한 아들인 이삭을 90세에 낳습니다. 이것이 믿음입니다. 히브리서는 "이 모든 사람들은 믿음을 따라 살았다"라고 말씀하면서 끝에 가서 이렇게 말씀합니다. "이 모든 사람들은 다 믿음을 따라 살았으나, 약속을 다 받지는 못했다. 약속은 저 하늘나라에 있다. 저 볼 수 없는 하늘나라, 죽은 다음에 있는 세계, 이것을 믿고 믿음으로 살다가 더 나은 본향을 사모하며 갔다." 이걸 잊지 말아야 합니다.

순교가 무엇입니까? 순교는 죽은 다음의 세계를 믿는 사람이 가지고 있는 신앙의 확증입니다. 이걸 잊지 말아야 합니다. 죽은 다음의 세계를 확실하게 믿기에 순교를 사양하지 않았습니다. 아니, 순교를 더 영광스럽게 생각했습니다. 이렇게 순교함으로 하나님 앞에 가서 받을 상을 바라보며, 약속을 바라보며 오늘의 고난을 극복했던 것입니다. 이 얼마나 놀라 놀라운 일입니까. 믿음은 보이지 않는 것을 믿는 것입니다. 그리고 결국은 그 보이지 않는 것을 보게 됩니다. 그리스도께서는 하나님을 믿으셨습니다. 그래서 엄청난 고난이 다가오는 것을 아시면서도 이렇게 말씀하십니다. "나는 아버지께로 가노라." 십자가를 앞에 놓고 몇 시간 전에 하신 말씀입니다. 그 모진 고난을 다 아시면서 하신 말씀입니다. "나는 아버지께로 가노라." 그뿐입니까? "아버지께서 내게 주신 잔을 내가 마시지 않겠느냐? 오늘 당하는 이 모든 어려운 시련은 사랑하는 아버지께서 사랑하는 아들에게 주시는 시련이다." 왜요? 꼭 필요하니까요. "사랑으로 주시는 것이다. 그러니 아버지께서 내게 주신 잔을 내가 마시지 않겠느냐?" 그리고 말씀하십니다. "환란을 당하나, 담대하라. 내가 세상을 이기었노라."

그뿐입니까. 예수님께서는 하나님을 믿으셨고, 하나님의 영광과 능력과 섭리 속에 내가 있음을 믿으셨고, 현재의 사건이 있음을 믿으셨습니다. 그뿐이 아닙니다. 형편없는 제자들을 믿으셨습니다. 그들은 지금 정신 못 차리고 있습니다. 그들을 생각하면 정말로 한심합니다. 예수님께서 최후의 만찬을 하실 때 가만히 보면, 제자들의 마음이라는 게 한심합니다. 하지만 예수님께서는 말씀하십니다. "지금은 모르지만, 이후에는 알리라." 예수님께서는 제자들을 믿으셨습니다. "지금은 너희들이 이렇게 혼란하지만, 나는 너희들을 믿는다. 뉘우치고 다시 돌아와서 교회를 위해 순교할 것을 나는 믿는다. 지금은 모르지만 이후에는 알리라.” 이 얼마나 중요한 말씀입니까. 약속을 믿는 마음, 하나님의 능력과 하나님의 지혜와 하나님의 사랑, 그것을 마음에 흔들림 없이 믿을 때, 믿음으로 보고, 믿음으로 느끼고, 믿음으로 생각하고, 새로운 세계가 열리는 것입니다. 그것이 바로 하늘이 열리는 것입니다. 이것이 신앙생활입니다. 이걸 잊지 말아야 합니다. 믿음이 없이는 하나님을 기쁘게 해드리지 못합니다. 아니, 믿는 자만이 하나님을 기쁘게 해드릴 수 있습니다. 믿는 자만이 이웃을 기쁘게 합니다. 아니, 믿는 자만이 나 자신을 기쁘게 할 수 있습니다. 그 믿음 속에 늘 승리하는 귀한 생활이 되기를 바랍니다.   △

끝까지 견디는 자

예수께서 감람 산 위에 앉으셨을 때에 제자들이 조용히 와서 이르되 우리에게 이르소서 어느 때에 이런 일이 있겠사오며 또 주의 임하심과 세상 끝에는 무슨 징조가 있사오리이까 예수께서 대답하여 이르시되 너희가 사람의 미혹을 받지 않도록 주의하라 많은 사람이 내 이름으로 와서 이르되 나는 그리스도라 하여 많은 사람을 미혹하리라 난리와 난리 소문을 듣겠으나 너희는 삼가 두려워하지 말라 이런 일이 있어야 하되 아직 끝은 아니니라 민족이 민족을, 나라가 나라를 대적하여 일어나겠고 곳곳에 기근과 지진이 있으리니 이 모든 것은 재난의 시작이니라 그 때에 사람들이 너희를 환난에 넘겨 주겠으며 너희를 죽이리니 너희가 내 이름 때문에 모든 민족에게 미움을 받으리라 그 때에 많은 사람이 실족하게 되어 서로 잡아 주고 서로 미워하겠으며 거짓 선지자가 많이 일어나 많은 사람을 미혹하겠으며 불법이 성하므로 많은 사람의 사랑이 식어지리라 그러나 끝까지 견디는 자는 구원을 얻으리라 이 천국 복음이 모든 민족에게 증언되기 위하여 온 세상에 전파되리니 그제야 끝이 오리라

(마태복음 24 : 3 - 14)

끝까지 견디는 자

　세계적인 자동차 회사를 경영하고 있는 회장님에게 어느 날 한 신입사원이 찾아와 진지한 얼굴로 이렇게 질문했습니다. "회장님은 세계에서 제일 큰 자동차 회사를 만들어내신 분입니다. 분명히 남들과 다른 무엇인가가 있을 것 같은데요. 제게 그 성공의 비결을 알려주십시오." 회장님은 조용히 말했습니다. "자네가 시작한 일이 있다면 끝을 내게." 딱 이 한마디를 일러주었습니다. 그 회장님은 바로 포드 자동차로 유명한 헨리 포드였습니다. 제가 미국에서 유학하고 있을 때 많은 유학생이나 제가 잘 아는 젊은 교인들을 만나면 늘 이런 이야기를 들었습니다. "공부가 너무 힘듭니다. 잘 안 됩니다. 또, 교수님과도 사이가 좋지 않습니다. 그리고 공부를 마쳐봤자, 먼저 마친 사람들을 가만히 보니, 취직도 안 되고, 갈 길이 열리지도 않는 경우가 많았습니다. 여기 미국에서 지금 공부를 마치고 직장 없이 떠돌아다니는 사람이 4백 명이 넘습니다. 그래서 공부를 그만둘까, 하는 유혹을 받고 있습니다. 목사님, 어떻게 생각하십니까?" 저는 그럴 때마다 이렇게 대답했습니다. "간단하네. 시작했으니까 끝내게. 알았나? 끝을 내지 못하면 당신은 일생 폐인이 되고 마네. 아무 일도 할 수 없어. 자존심이 허락하지 않아. 정체감이 무너지니까. 그건 안 되는 거야. 이유를 묻지 말고, 앞으로 어떻게 되느냐도 묻지 말고, 시작했으니까 끝을 내게." 이렇게 충고해주었습니다.
　여러분, 신앙은 끝을 생각하는 데서부터 오는 것입니다. 신학자 찰스 헤럴드 다드는 말합니다. '신앙이란 뭐냐? 과거로부터 생각하는 것이 아니고, 끝으로부터 생각하는 것이다.' 끝으로부터 현재를 생각하는 것이 신앙이다, 이것입니다. 그렇습니다. 끝을 먼저 생각하고, 오늘을 생각해야 합니다. 오늘을 사는 생의 저 끝은 분명히 있습니다. 끝을 먼저 생각하고, 현재를 생각해야 하고, 과거도 해석해야 합니다. 그것이 신앙입니다. 「Growing Old in Christ」라는 책이 있어서 읽어보았는데, 제가 충격받은 몇 가지가 있습니다. 현대 의학에 대해서 회의(懷疑)하는, '치유 문화의 회의론'이라는 학파가 있습니다. 의사들이 병을 고친다고 하지만, 그것이 무슨 의미가 있느냐는 것입니다. 애를 많이 써서 고쳐놓아도 결국 얼마 안 있다가 세상을 떠납니다. 한번 생각해보면, 차라리 처음 병에 걸렸을 때 그냥 죽었으면 훨씬 좋았을지도 모릅니다. 괜히 고치고 치료한답시고 병원을 들락날락하면서 그 많은 시간 동안 본인도 고생하고, 많은 사람을 힘들게 하는 것 아닙니까. 그래서 치유 문화의 회의론 학파는 병원에서 병을 고치는 것이 무슨 의미가 있는가, 하는 것입니다.

제가 다니는 병원의 외과 과장님이 언젠가 보니까 아주 기분이 다운되어 있더라고요. 그래서 무슨 걱정이라도 있느냐고 물었더니, 병원을 경영하고 외과를 운영하는데, 의사를 보충하기가 힘들다는 것입니다. 수술 잘하는 좋은 의사 하나 만드는 데 10년이 걸리는데, 기껏 공부시키고, 훈련시켜서 한 사람의 외과의사를 만들어놓으면 얼마 안 있다가 사표 내고 나가버린다는 것입니다. 이렇게 자꾸 이직을 하기 때문에 의사를 보충하기가 힘들다고요. 그 때문에 그 외과 과장이 아주 근심을 하는 모습을 보았습니다. 왜요? 이유는 간단합니다. 의사는 치료하고, 환자는 병이 나아요. 그래 고맙다고 하는데, 의사는 그 환자가 며칠 못 갈 것을 압니다. 아니나 다를까, 열심히 치료하고 고쳐놨자 며칠 뒤에 보면 영안실에 가 있습니다. 의사는 회의에 빠집니다. '내가 지금 뭘 하고 있는 건가? 처음 병들었을 때 그냥 죽었으면 차라리 좋았을 걸……' 병원에서 고친다고 하면서 의사도 고생하고, 병원도 고생하고, 환자는 더 고생하는 것입니다. 이게 도대체 뭘 하는 거냐면서 의사들이 자꾸 이직한다는 것입니다. 여기에는 대단히 중요한 문제에 대한 질문이 있습니다. '마지막이 무엇이냐?'입니다. 어차피 마지막은 죽음입니다. 그런고로 중요한 것은 죽음과 죽음 다음의 문제를 생각하는 것이 최우선의 것이지, 지금 조금 더 살고 덜 살고, 병이 낫고 안 낫고는 중요한 것이 아닙니다.

오늘본문에서 제자들이 예수님께 여쭈어봅니다. "어느 때에 이런 일이겠습니까? 세상 끝에는 무슨 일이 있겠습니까? 그때의 징조는 무엇이겠습니까?" 물론 세상 끝에 가본 사람은 없습니다. 그러나 이것은 예수님 메시지의 주제입니다. '세상 끝'에 대하여 말씀하십니다. 우리 모든 사람의 미래에 대한 생각은 두 가지입니다. 하나가 유토피아니즘, 곧 낙관론입니다. 무엇인가 좋은 세상이 있을 것이고, 과학이 발전하고, 교육이 발전하고, 의학이 발전하니까 점점 좋은 세상이 오리라고 생각하는 것입니다. 그러나 좋은 세상은 오지 않습니다. 점점 더 어려워져만 갑니다. 그런가 하면, 페시미즘, 곧 염세주의가 있습니다. '모든 것은 끝났다. 다 필요 없다. 인생무상이고, 모든 것이 헛되다.' 이렇게 낙천주의냐 염세주의냐. 유토피아니즘이냐 페시미즘이냐, 딱 둘로 나누어집니다. 하지만 예수님의 말씀은 복음주의입니다. 유토피아니즘도 아니고, 페시미즘도 아닙니다. 복음주의와 복음주의적 통찰력을 말씀하십니다.

오늘본문은 바로 그것을 말씀해주는 신학적으로 확실하고도 중요한 메시지입니다. 세상의 끝이 온다— 세상이 점점 좋아지는 것이 아닙니다. 세상은 끝을 향하여 치닫고 있다— 세상의 끝이 오고 있음을 말씀합니다. 하지만 끝은 끝이 아닙니다. 세상의 끝은 어떤 의미인가? 바로 예수님의 재림입니다. 그러니까 끝이라는 염세적인 세계가 있는가 하면, 예수님의 재림이라는 낙천적인 세계가 있는 것입니다. 이것이 바로 성경의 진리입니다. 오늘본문은 말씀합니다. "난리와 난리 소문을 듣겠으나 너희는 삼가 두려워하지 말라 이런 일이 있어야 하되 아직 끝은 아니니라(6절)." 예수님께서는 아주 깜깜한 세상, 세상이 끝나는 것을 예언하십니다. 그러시면서도 말씀하십니다. "있어야 할 일이 있는 것이다. 끝은 아직 아니다. 우리가 우리 스스로 내가 좀 어려울 때 '이것이 끝이다', 세상이 좀 어려워질 때 '여기가 끝인가 보다'라고 여기지만, 아직 끝은 아니고, 오히려 이것은 재난의 시작이다."

지금 우리는 큰 재난을 겪고 있습니다. 이 재난은 끝이 아닙니다. 이것은 주의 재림을 예언하고 예고하는, 재난의 끝이 아니라 시작입니다. 이걸 잊지 말아야 합니다. 재난의 끝이 아니고 시작이다— 그러시면서 '이 재난의 시작을 앞두고 사람들의 마음은 도덕적으로 타락하게 될 것이다. 그래서 서로 잡아주게 될 것이고, 사랑이 식어질 것이다' 하고 큰 재난을 예고하십니다. 그러므로 예수님께서는 '있어야 할 일이 있는 것이다. 오히려 재난의 시작이다. 그런고로 놀라지도 말고, 두려워하지도 마라'라고 이야기하십니다. 진정한 끝은 그다음에 있는 것입니다.

특별히 오늘본문 14절은 대단히 중요한 말씀입니다. "이 천국 복음이 모든 민족에게 증언되기 위하여 온 세상이 전파되리니 그제야 끝이 오리라.” 이것이 예수님의 역사관입니다. ‘앞으로 재난도 있고, 환란도 있고, 세상의 끝이 오겠지만, 많은 고난이, 상상할 수 없는 큰 고난이 있을 것이다. 그러나 그 모든 환란, 모든 고난을 통해서 복음이 전파되리라. 그제야 끝이 오리라.’ 땅끝까지 복음이 전해지는 이 복음 전파의 역사에 초점을 맞추고 있습니다. 환란과 재난은 복음 전파의 절대적인 요건입니다. 예수님께서 세상에 계실 때 많은 사람이 모였습니다. 그 수많은 사람 가운데 예수님께 가장 가까이 갔고, 예수님의 마음에 가장 합당한 사람이 누구였습니까? 전부 환자들입니다. 문둥병자, 장님, 손 마른 사람…… 모든 환란 당하는 사람들이 예수님을 찾았고, 예수님을 만났고, 예수님과 바른 관계를 맺어왔습니다. 이른 바 편안하고, 잘 살고, 당시 상류층으로 살던 바리새인과 서기관들은 예수님을 영접하지 못했습니다. 심지어 니고데모 같은 사람도 겉으로는 예수를 영접하는 것 같았지만, 당당하게 예수님을 따르지는 못했습니다. 왜냐하면 그 명예와 그 지위 때문입니다.

개인적으로 보아도 복음은 환란을 통해서 전해집니다. 역사가는 연구의 결론을 이렇게 내립니다. ‘전쟁을 통하지 않고는 선교가 성공한 역사가 없다.’ 그렇습니다. 많은 선교사를 보내서 애쓰지만, 심지어는 선교사까지 타락하고, 선교와 선교 정책 자체의 문제도 생깁니다. 이런 것들은 소용없습니다. 오직 환란, 오직 절절한 고난을 통해서 복음은 전해집니다. ‘모든 사람이 사랑이 식고, 재난으로 시달리게 될 것이다. 이것은 재난의 시작이다. 놀라지 마라. 이 환란과 고난을 통해서 복음이 땅끝까지 전해지리라. 그제야 끝이 오리라.’

대단히 중요한 말씀입니다. 저는 '그제야 끝이 오리라'라는 이 한 말씀의 깊은 뜻, 제가 박사학위 논문을 쓸 때 바로 여기에다 초점을 맞추었습니다.

여러분, 이걸 잊지 말아야 합니다. 개인적으로도 그렇고, 국가적으로도 그렇고, 사회적으로도 그렇습니다. 우리에게 원치 않는 재난이 옵니다. 질병이 옵니다. 유행병이 옵니다. 이 모든 환란이 왜 있습니까? 두려워할 것 없습니다. 놀랄 것도 없습니다. 이 모든 일이 있어야 할 것이다— 그리 함으로 믿음이 순수하게 되고, 그리 함으로 주님 앞에 가까이 가게 되고, 이 환란을 통하여 주의 음성을 듣게 되고, 거룩한 주님의 음성에 귀를 기울이게 되지 않습니까. 이것은 사실입니다. 저는 60년 동안 목회하면서 많이 보았습니다. 잘 나간다는 사람은 계속 믿음으로 잘 나갔으면 좋겠는데, 꼭 중간에 문제가 되는 경우가 있습니다. 그저 이 천국 복음 쪽에서 보면, 병들고, 실패하고, 가난하고, 어렵고, 인간으로서는 해결할 수 없는 절박한 현실에 처하지 않고서는 복음을 받아들이지 않습니다.

그러나 이 사건은 그에게 주시는 하나님의 은총입니다. 이 실패, 이 배신당하는 일, 이 고독한 일을 통하여, 아니, 이 질병을 통하여 주님 앞에 나아와 진실하고, 거룩하고, 온전한 믿음으로 가는 것을 볼 때 이 성경말씀을 생각합니다. '그제야 끝이 오리라. 환란을 통해서 복음이 전파되고, 그제야 끝이 오리라.' 이것이 주님의 역사관입니다. 개인적으로, 국가적으로, 사회적으로 이것은 부인할 수 없는 사실입니다. 참 너무나도 그렇습니다. 그저 어떤 때 보면 성도들이 사업하다 잘 되어서 "목사님, 성공했습니다! 사업이 잘 되어서 돈 많이 벌었습니다!"라고 할 때 저는 오히려 '걱정이구나. 저러다 나중에 얼마나 큰 시험을 당할까?' 하는 마음이 들곤 합니다. 새벽에 교회에 나와 열심히 기도하는 사람들을 보면, 다 고난 가운데 있는 사람들입니다. 그러니까 고난을 통해서 말씀하시고, 고난을 통해서 인도하시고, 재난을 통해서 주께서는 역사하심을 믿는 것이 신앙의 근본입니다.

히브리서 12장에 보면, 예수님께서 십자가를 지십니다. 히브리서 저자는 이렇게 말합니다. 십자가, 그 어려운 고난도 잘 참으셔서 하나님의 의를 이루셨다는 것입니다. 예수님께서 말씀하십니다. "너희가 환란을 당하나 담대하라. 내가 세상을 이기었노라." 예수님께서 십자가를 지시기 몇 시간 전에 하신 말씀입니다. 내가 세상을 이기었노라— 예수님께서는 십자가를 피하시는 것이 아닙니다. 십자가를 안 지게 되신다는 것도 아닙니다. 십자가를 지시면서, 십자가를 향하여 나아가시면서 말씀하십니다. "내가 세상을 이기었노라." 이것이 복음의 진수입니다. 환란 속에서 믿음을 새롭게 합니다. 환란 속에서 하나님의 사랑을 확인합니다. 환란 속에서 참믿음, 참소망을 확인합니다. 쓸데없고 부질없는 세상 소망을 다 저버리고, 하늘나라의 소망, 주님과 함께하는 소망을 확인하는 것입니다. 예수님께서 말씀하신 대로입니다. "내 아버지 집에 거할 곳이 많도다. 내가 와서 너희를 나 있는 곳으로 영접하리라. 나와 함께 살리라." 바로 그 소망, 그 영생을 향한 소망과 이 복음의 빛은 바로 많은 환란 속에서 이루어집니다. 그런고로 우리는 환란을 당할 때 낙심할 것이 없습니다. 이상하게 생각할 것도 없습니다. 주님께서 이미 말씀하셨고, 우리가 생활 속에서 다 벌써 경험하고 있는 것입니다. 실제로 조금씩 경험하고 있습니다. 그런고로 복음적 역사관, 복음적 인생관, 복음적 현실관, 복음주의적 통찰력으로 오늘의 세대를 보아야 합니다.

오늘 우리는 많은 재난을 당하고 있습니다. 온 세계가 꼼짝을 못 합니다. 하나님께서 실수하고 계시는 것입니까? 하나님께서 우리를 버리셨기 때문입니까? 아닙니다. 하나님께서 세상을 이처럼 사랑하사 독생자를 주셨습니다. 이처럼 사랑하시기 때문에 재난이 있는 것입니다. 사랑하시기 때문에 질병이 있는 것입니다. 사랑하시기 때문에 고통이 있는 것입니다. 그 고통을 통하여 내가 못 하는 일을 하게 하십니다. 그것이 무엇입니까? 예수님께서 말씀하셨습니다. "너희가 나를 따라오려거든 자기를 부인하고, 자기 십자가를 지고 나를 좇을 것이니라." 자기를 부인하는 일을 내가 할 수 있습니까? 자기 십자가를 지는 일, 내가 할 수 있습니까? 하나님께서 다 하게 하십니다. 사랑하시는 자에게 이렇게 하도록 하십니다. 넉넉히 이기게 하십니다. 자기를 부인하게 하시고, 가치관을 바꿔주시고, 세계관을 바꿔주시고, 그리 미워하던 사람도 사랑하게 하시고, 그렇게 애착하던 것을 깨끗이 끊어버리게 하시고, 하나님의 놀라운 역사가 구체적으로, 역사적으로 세밀하게 나타나고 있습니다.

오늘 예수님께서 말씀하십니다. "끝까지 견디는 자는 구원을 얻으리라." 무엇입니까? 끝까지 믿음을 가집니다. 환란과 전쟁과 재난을 통해서도 놀라지 않습니다. 하나님의 역사가 이루어지는 것을 보며 오히려 기뻐합니다. 지금 우리는 사랑이 식은 시대를 삽니다. 그러나 사랑은 식지 않습니다. 환란을 통하여 사랑이 구체화됩니다. 사랑이 더 뜨거워집니다. 그런가 하면, 예수님의 재림에 초점을 맞춥니다. 이 세상 것은 중요하지 않습니다. 주님께서 재림하십니다.

거기에 마음의 초점을 맞추고, 주의 재림을 기다립니다. 이것이 순교자의 마음입니다. 순교자의 승리입니다.

오늘 주신 말씀 가운데 다시 한번 우리에게 주십니다. "그제야 끝이 오리라(14절)." 담담하게, 오늘의 이 많은 시련을 신앙적으로 잘 소화하고, 극복하고, 오히려 이것을 통하여 주시는 하나님의 영광을 바라보고, 점점 더 온전한 신앙의 경지에 들어가야 할 것입니다. △

나는 하나님을 믿노라

우리가 풍랑으로 심히 애쓰다가 이튿날 사공들이
짐을 바다에 풀어 버리고 사흘째 되는 날에 배의 기
구를 그들의 손으로 내버리니라 여러 날 동안 해도
별도 보이지 아니하고 큰 풍랑이 그대로 있으매 구원
의 여망마저 없어졌더라 여러 사람이 오래 먹지 못하
였으매 바울이 가운데 서서 말하되 여러분이여 내 말
을 듣고 그레데에서 떠나지 아니하여 이 타격과 손상
을 면하였더라면 좋을 뻔하였느니라 내가 너희를 권
하노니 이제는 안심하라 너희 중 아무도 생명에는 아
무런 손상이 없겠고 오직 배뿐이리라 내가 속한 바
곧 내가 섬기는 하나님의 사자가 어제 밤에 내 곁에
서서 말하되 바울아 두려워하지 말라 네가 가이사 앞
에 서야 하겠고 또 하나님께서 너와 함께 항해하는
자를 다 네게 주셨다 하였으니 그러므로 여러분이여
안심하라 나는 내게 말씀하신 그대로 되리라고 하나
님을 믿노라 그런즉 우리가 반드시 한 섬에 걸리리라
하더라

(사도행전 27 : 18 - 26)

나는 하나님을 믿노라

제2차세계대전 말기인 1943년, 영국과 독일 사이에 전쟁이 아주 치열했습니다. 독일의 무인 비행기가 런던을 무차별 폭격했습니다. 그래서 런던의 소중한 문화재들이 다 파괴될 지경이었지만, 영국은 속수무책이었습니다. 그대로 당할 수밖에 없는 그 절박한 시간에 영국의 내각이 모여 서로 의논을 하였습니다. 절망과 낙담 가운데 마침 한 사람이 이렇게 말했습니다. "각하, 이대로 가면 런던이 무너지는 것은 시간문제입니다. 이럴 때 하나님께서 우리와 함께하신다면 얼마나 좋겠습니까." 그러자 당시 수상이었던 처칠 경이 특유의 웃음을 지으면서 말했습니다. "무슨 소리인가? 하나님께서는 언제나 우리 편이실세. 생각해보게. 하나님께서도 선택의 폭이 히틀러와 이 처칠뿐이야. 그러니 둘 가운데 하나 아니겠나? 히틀러 아니면 나인데, 하나님께서 누구를 택하실 것 같은가? 나는 하나님을 믿고 있네. 하나님께서는 분명히 우리 편이실세." '나는 하나님을 분명히 믿는다. 하나님께서는 우리 편에 계시다.' 이 얼마나 귀중한 고백입니까.

철학자 파스칼은 그의 유명한 저서인 「팡세」에서 다음과 같이 사람을 세 가지로 분류합니다. '인간은 세 종류가 있다. 하나는 하나님을 발견하고 섬기는 사람이다. 그는 분명 합리적인 사람이고, 행복한 사람이다. 또 하나는 하나님을 찾기는 하지만, 발견하지는 못하고 사는 사람이다. 그는 합리적이기는 하지만, 불행한 사람이다. 마지막 하나는 하나님을 찾지도 않고, 발견하지도 못한 사람이다.

그는 합리적이지도 못하고, 가장 불행한 사람이다.' 오늘 우리는 어려운 세대를 살아가고 있습니다. 무엇에 기준을 두고 살 것인지, 무엇에 의지하며 살 것인지 전혀 감을 잡을 수 없는 혼돈의 세대를 살아가고 있는 것입니다.

심리학자 롤로 메이는 「Courage to Create」라는 유명한 저서에서 이렇게 말합니다. '결국 인간이 살아갈 수 있는 것은 용기다. 재물도 지식도 권력도 아니다. 사람의 심중에 있는 용기, 딱 그만큼 사는 것이다.' 그러면서 이 용기에 대하여 네 가지를 말합니다. 첫째는 신체적 용기입니다. 몸이 병들면 마음도 병들고, 다 허약해지고 마는 것이기에 신체의 건강이 용기의 바탕이 됩니다. 둘째는 도덕적 용기입니다. 아무리 금전도 있고, 권력도 있고, 신체가 건강하더라도 도덕적으로 타락한 사람, 양심의 가책을 느끼는 사람은 용기가 있을 수 없습니다. 셋째는 사회적 용기입니다. '모든 사람이 나를 지지해주고 있다. 모든 사람에게서 내가 성원을 받고 있다.' 이런 마음을 가지는 것인데, 이것도 용기의 하나입니다. 그러나 이 가운데 가장 중요한 용기는 창조적 용기입니다. 이것은 하나님께서 인정해주시는 용기로, 하나님과 나 사이의 관계에서 생기는 근본적인 용기입니다. 바로 이 용기가 삶의 근본이요 생명력이라고 롤로메이는 말하고 있습니다.

오늘본문에서 276명의 사람이 배에 타고 있었습니다. 2천 년 전에 어떻게 그토록 큰 배가 있었나 싶을 만큼 놀라운 일인데, 그 276명이 탄 배가 지중해를 항해하다가 그레데 섬이라는 곳에 머뭅니다. 그레데 섬 안에 있는 미항이라는 곳에서 기착하고 얼마를 지내다가 '이제 우리가 여기를 떠나서 로마로 가야 되느냐, 아니면 이제

겨울이 가까웠는데, 여기서 과동(過冬)해야 히느냐?'에 대하여 서로 다른 생각으로 갑론을박을 벌였습니다.

　사도행전 27장 11절에 의미심장한 말씀이 있습니다. "백부장이 선장과 선주의 말을 바울의 말보다 더 믿더라." 지금 바울은 죄수입니다. 276명 가운데서도 가장 천한 사람입니다. 이 죄수의 말을 저들이 들을 턱이 없습니다. 그리고 지금으로서는 가장 큰 권한이 백부장에게 있습니다. 백부장은 정치의 상징입니다. 모든 권한을 손에 쥐고 있는 로마군인 백부장이 있고, 그다음은 선장입니다. 선장은 기술의 상징입니다. 오랫동안 배를 운항함으로써 그가 가지고 있는 기술과 경력이 믿을 만한 것이 됩니다. 그리고 선주입니다. 선주는 자본의 상징입니다. 한데, 성경은 이렇게 말씀합니다. "백부장이 선장과 선주의 말을 바울의 말보다 더 믿더라." 바울은 뭐라고 했습니까? "여러분, 여기서 겨울을 납시다. 이 미항은 작은 곳이요, 과동하기에 불편합니다. 그러나 안전합니다. 불편해도 안전한 곳입니다. 여기서 겨울을 나고, 봄이 되면 로마로 갑시다. 어차피 지금은 로마에 못 가니까 여기서 과동하기로 합시다. 좀 불편하지만, 안전한 이곳에서 겨울을 납시다." 하지만 많은 사람은 이렇게 반대합니다. "아닙니다. 여기서 떠나서 아무쪼록 뵈닉스에 가서 겨울을 납시다." 뵈닉스는 어디입니까? 지금 있는 곳에서 조금만 더 가면 나오는 뵈닉스는 큰 섬이요, 큰 항구가 있는 곳입니다. 그런고로 한겨울을 보내는 동안 향락을 즐길 수 있는 곳이었습니다. 그래서 사람들은 성경에 나오는 대로 '아무쪼록' 어떻게 해서라도, 불안하고 걱정되기는 하지만, 요행히 뵈닉스에 가서 과동하자고 이야기했습니다. 그들은 요행 속에서 향락을 찾으려고 한 것입니다.

이렇게 서로의 생각이 달라서 의견이 갈리는데, 사도 바울은 말합니다. "아닙니다. 여러분, 떠나지 맙시다. 불편하지만, 미항에서 겨울을 나도록 합시다." 그러나 백부장도 선주도 죄수의 말을 들을 사람들이 아니었습니다. 결국 그들은 뵈닉스로 가기로 결론을 내리고 출항하여 뵈닉스로 갑니다. 마침 아주 바람이 좋아서 돛을 달고 갑니다. 그들은 처음에 득의한 줄 알고 '잘됐다, 성공했다' 했는데, 이게 웬일입니까. 갑자기 폭풍이 몰아치면서 계절풍이 몰려와 배가 큰 풍랑 속에 어려움을 겪게 됩니다. 여러분도 혹 경험해보셨는지 몰라도 배를 타고 바다에서 풍랑을 한번 겪어보면 그야말로 인간은 아무것도 아닙니다. 한갓 일엽편주입니다. 이 배라는 것이 꼭 그저 나뭇잎 같습니다. 저도 그걸 한번 겪어보았습니다. 배가 풍랑으로 위로 솟구쳤다가 풍덩 하고 물속으로 곤두박질칩니다. 이런 식으로 올라갔다 내려갔다 몇 번을 하고 나면 정신이 하나도 없습니다. 풍랑 속에서 배라는 것은 하나의 나뭇잎 같은 것입니다. 지금 사람들이 그런 큰 고난을 겪습니다. 그래 그들은 다 포기했습니다. 그 소중한 배에 싣고 가던 화물들을 다 버렸습니다. 그래야 배가 가벼워지니까요.

그런가 하면, 마지막에는 나름대로 애쓰다가 그만 손을 놓고 말았습니다. 모든 선원이 다 포기한 것입니다. 그리고 바람 부는 대로 운명에 맡기고 끌려갑니다. 정말 비참한 일입니다. 어느 순간 꽝 하고 부딪히면 끝나는 것입니다. 그렇게 무려 열나흘 동안이나 해와 별을 못 보고 배가 표류합니다. 그렇게 열나흘이 지난 다음, 모든 사람이 소망을 다 잃어버렸을 때 그 276명 가운데, 아무것도 아닌 듯 보이지만, 죄수 된 사도 바울이 여러 사람 앞에서 말합니다. "여러분!” 그러자 모든 사람이 그의 말에 귀를 기울입니다. “안심하십시오. 나는 하나님을 믿습니다.” 너무나도 귀한 말입니다. 그들이 안심해도 되는 것은 어젯밤에 하나님의 음성이 사도 바울에게 들려왔기 때문입니다. 안심의 근본은 하나님의 음성입니다. 하나님의 음성이 들려야 합니다. 기도 응답이 있어야 합니다. 하나님과 소통하는 바가 있어야 합니다. 이걸 꼭 잊지 말아야 합니다.

빌리 그레이엄 목사님은 돌아가시기 전에 아침마다 꼭 시편 다섯 편과 잠언 한 장을 읽었습니다. 누가 왜 그러느냐고 물으니, 시편을 보면서 하나님과 만나고, 잠언을 읽으면서 이 세상을 볼 수 있기 때문이라고 답했습니다. 그래서 자신은 시편 다섯 편과 잠언 한 장을 아침마다 꼭 읽고 기도한다고요. 우리는 하나님의 음성을 들어야 합니다. 감기만 걸려도 하나님의 음성을 가까이 들어야 합니다. 어떤 일을 당해도 하나님의 음성을 들어야 합니다. 하나님의 음성이 들려온다면 이제는 문제가 없습니다. 하나님의 음성을 들을 수 있는 자세가 되고, 오늘도 성령의 감동 속에서 하나님의 음성이 내 귀에 들려온다면 어떠한 환경에 있든 그는 걱정할 필요가 없습니다. 하나님의 음성이 들려왔다는 것은 하나님께서 나와 함께하신다는 뜻이요, 하나님의 음성이 들린다는 것은 하나님께서 내 심령을 받아주신다는 의미이기 때문입니다. 그런고로 하나님의 음성이 들려왔다면 하나님과 소통이 되는 것이므로 안심할 수 있습니다.

또한, 저들은 미항(微港)에서 떠나지 말아야 할 것인데, 자신들의 사사로운 욕심에 의지하여 모험의 길을 떠났습니다. 사실 떠났으면 벌을 받아야 하지 않겠습니까. 하나님의 뜻을 떠났으면 당연히 벌을 받아야 함에도 하나님께서는 그들을 긍휼히 여기셔서 그들을 지켜주셨습니다. 미항에서 떠나지 말아야 할 사람들이 떠났는데도 하나님께서는 우리와 함께하십니다. 잘못된 길을 간 죄를 용서해주십니다. 긍휼히 보고 계십니다. 우리가 미항을 떠난 이 큰 실수를 하나님께서 다 용서해주고 계십니다. 그런고로 안심할 수 있습니다.

그런가 하면, 하나님께서 사도 바울에게 가장 중요한 말씀을 하십니다. "네가 가이사 앞에 서야 하겠고……" 가이사는 로마 황제입니다. 지금 바울은 풍랑 속에 있습니다. 배가 파손될 지경입니다. 이래서야 어떻게 바울이 로마 황제 앞에 가겠습니까. 따라서 이 말씀은 매우 중요합니다. "네가 가이사 황제 앞에 서야 할 것이다. 그런고로 무사할 것이다. 로마까지 무사히 갈 것이다. 반드시 갈 것이다." 약속해주시는 것입니다. "네가 가이사 앞에 서야 하겠고, 가이사 앞에 가서 복음을 전해야겠고, 로마에 가서 복음을 전해야 할 큰 사명이 네게 있다. 그런고로 안심하라." 사도 바울에게 주신 선교적 사명, 이 큰 사명이 있는 고로 절대 문제가 없을 것입니다.

그다음 말씀이 중요합니다. "이 모든 사람을 네 손에 붙였느니라. 네게 주었느니라." 무슨 말씀입니까? 바울이 무사하면 이분들도 다 무사할 것이요, 바울이 로마에 간다면 이 사람들도 다 로마에 무사히 가리라는 이야기만은 아닙니다. 그 생명을 다 네게 주었다는 것은 너무나 신비로운 말씀입니다. 사도 바울을 살리시기 위해서 저들도 살게 하시는 것입니다. 사도 바울이 로마로 가기 위해서는 이들도 로마로 갈 수 있어야 하는 것입니다. 좀 더 연장해서 생각해보면, 사도 바울이 로마에 가서 복음을 전할 때 276명이 전부 다 전도사가 되어 바울을 증거할 것입니다. "이번에 같이 온 바울이라는 사람이 있는데, 우리가 그의 말을 듣지 않아서 처음에는 큰 고난을 겪었습니다. 하지만 이 하나님의 사람인 바울로 말미암아 우리가 위로를 얻고, 힘을 얻고, 용기를 얻고, 그리고 여기까지 왔습니다." 이 276명이 전부 사도 바울로 말미암아 복음의 전도사가 되는 것입니다. 모든 사람을 네 손에 주었다— 사도 바울은 말합니다. "모든 사람을 내게 주셨다고 하나님께서 말씀하셨습니다. 그런고로 한 사람도 다치지 않을 것입니다. 안심하세요. 나는 하나님을 믿습니다. 세상을 믿지 않고, 선주의 말도 믿지 않습니다. 세상 지식도 권력도 경험도 믿지 않습니다. 나는 오직 하나님만을 믿습니다. 하나님의 뜻은 반드시 이루어질 것입니다."

옛날 요한 웨슬레가 선교사로 영국에서 배를 타고 미국으로 가게 되었습니다. 그러나 배가 풍랑을 만나 위태롭게 이리저리 바다 위에서 넘실거릴 때 그 배에 있던 모든 사람이 이제 꼼짝없이 죽었다고 생각하고 절망하면서 아우성을 치고 있었습니다. 그 와중에도 요한 웨슬레는 조용하게 찬송을 불렀습니다. 그가 편안하게 찬송을 부르고 있으니까 다른 사람들이 그를 이렇게 타박합니다. "왜 당신은 이렇게 큰일이 났는데도 하나님께 기도하지 않습니까?" 그때 요한 웨슬레가 말했습니다. "걱정하지 마세요. 잘 갈 것입니다. 무사히 갈 것입니다. 제가 선교사로 가는 길입니다. 제가 무사히 가야 하니까 당신들도 잘 갈 것입니다. 걱정하지 마세요. 안심하세요." 그리고 유명한 말을 했습니다. "하나님께서 나를 두고 계획하신 일을 다 끝내시기까지 나는 절대 죽지 않는다." 이것이 선교적 역사관입니다. 나를 향하신 하나님의 뜻을 다 이루시기까지 나는 절대 죽지 않는다—

가끔 제가 장례식을 할 때 보면 많은 사람이 한마디씩 합니다.

"아이고, 아직 젊고, 할 일도 많은데, 아주 아깝게 세상을 떠났네요." 이런 말을 들을 때 저는 속으로 생각합니다. '아니, 할 일 다 했으니까 갔지.' 하나님께서는 할 일 있는 사람을 데려가지 않으십니다. 할 일이 끝났으니까 데려가시는 것 아닙니까. 그런 생각을 해봅니다. 웨슬레의 말을 다시 한번 들어보십시오. '하나님께서 내게 향하신 거룩한 뜻을 이루시기까지 나는 절대 죽지 않는다.' 그런 신념, 그런 확실한 믿음이 중요합니다.

사도 바울은 오늘본문에서 말합니다. "나는 하나님을 믿노라. 그런고로 우리는 무사할 것이다. 나를 향하신 뜻이 이루어지기 위해서 당신들도 무사할 것이다." 이 얼마나 놀라운 이야기입니까. 하나님의 긍휼과 하나님의 큰 권능을 믿고 있는 것입니다. 하나님께서는 말씀하시는 하나님이십니다. 말씀의 역사가 함께하고, 그 속에서 말씀하시는 사랑을 믿고 있습니다. 그리고 Missio Dei, 하나님의 선교, 하나님의 선교적 사역, 그 속에 내가 있습니다. 절대 이것은 좌절될 수 없습니다. 또한, 하나님의 사람 바울에게 속한 모든 사람들, 바울이 사랑하는 사람들은 다 죽지 않을 것입니다. 그것을 믿으며 사도 바울은 고백합니다. "나는 하나님을 믿노라. 나는 하나님을 믿노라." △

홍해의 광야 길의 은총

바로가 백성을 보낸 후에 블레셋 사람의 땅의 길은 가까울지라도 하나님이 그들을 그 길로 인도하지 아니하셨으니 이는 하나님이 말씀하시기를 이 백성이 전쟁을 하게 되면 마음을 돌이켜 애굽으로 돌아갈까 하셨음이라 그러므로 하나님이 홍해의 광야 길로 돌려 백성을 인도하시매 이스라엘 자손이 애굽 땅에서 대열을 지어 나올 때에 모세가 요셉의 유골을 가졌으니 이는 요셉이 이스라엘 자손으로 단단히 맹세하게 하여 이르기를 하나님이 반드시 너희를 찾아 오시리니 너희는 내 유골을 여기서 가지고 나가라 하였음이더라 그들이 숙곳을 떠나서 광야 끝 에담에 장막을 치니 여호와께서 그들 앞에서 가시며 낮에는 구름 기둥으로 그들의 길을 인도하시고 밤에는 불 기둥을 그들에게 비추사 낮이나 밤이나 진행하게 하시니 낮에는 구름 기둥, 밤에는 불 기둥이 백성 앞에서 떠나지 아니하니라

(출애굽기 13 : 17 - 22)

홍해의 광야 길의 은총

아주 오래전에 제가 인천제일교회에서 목회할 때는 심방을 많이 했습니다. 어느 날 장로님 한 분과 집사님 한 분과 함께 심방을 가게 되었습니다. 도중에 술을 만드는 양조장이 하나 있었는데, 그 양조장 옆을 지나가면 머리가 아플 정도로 술 냄새가 진동했습니다. 같이 가던 장로님이 그 냄새를 맡더니 "참 좋구나!" 하자 그 옆에 있던 집사님도 "냄새 한번 정말 좋네요!" 하는 것이었습니다. 그 소리를 듣고 제가 기가 막혀서 "아니, 지금 무슨 소리들 하시는 겁니까?" 하고 다그쳐 물으니, 그분들이 멋쩍어 하며 이렇게 대답했습니다. "목사님, 실은 저희 두 사람이 옛날에 진남포에서 술을 많이 마셨습니다. 그런데, 예수 믿고 술 끊은 지가 20년입니다." 그분들 이야기인즉슨, 술 끊은 지 20년이 지났지만, 아직도 술 냄새가 코에 들어오면 자기도 모르게 "좋구나!" 한다는 것이었습니다. 여러분, 이걸 어찌해야겠습니까? 그래서 항상 견책해야 하고, 항상 다시 결심해야 하는 것입니다.

오늘본문에 나오는 출애굽 사건은 구속사적으로 매우 중요한 의미가 있습니다. 하나님께서 큰 구원을 이루셨습니다. 출애굽이 그렇게 간단한 사건이 아닙니다. 정치적으로, 물리적으로, 지정학적으로는 간단하게 이루어집니다. 겉보기로는 고작 며칠 사이에 있은 큰 사건으로 말미암아 끝나는 것 같지요. 그러나 아닙니다. 문화적인, 생활 습관적인, 심리적인 출애굽에는 많은 시간이 걸립니다. 그 옛 생활의 습관, 그 문화생활에서 벗어나기가 그렇게나 어렵습니다. 더

구나 신앙적으로는 더 말할 것도 없지요.

여러분, 이스라엘 백성이 애굽에서 나와 광야에 있을 때를 생각해보십시오. 작은 시련만 있어도 저들은 모여서 자기들끼리 애굽으로 돌아가자며 작당하여 소리를 지르고, 집단행동을 했습니다. 애굽에서 고생하던 생각은 다 잊어버리고, 좋았던 것만 기억했습니다. 어이없는 투정의 말이 있지 않습니까. "우리가 노예생활을 할 때는 고기 가마 옆에서 그걸 꺼내 먹던 일이 얼마나 재미있었던지……" 이게 정신이 있는 것입니까. 고통당하던 기억은 진작에 다 잊고, 그저 좋았던 일만 계속 생각나는 것입니다. 이것이 큰 시험입니다. 그뿐입니까. 모세가 시내 산에 올라가 40일 동안 하나님과 교제하고 있을 때 산 밑에 있던 이스라엘 백성들은 그 기간을 참지 못하고 애굽의 농업신인 송아지 모양을 금으로 만들어놓고는 춤을 추고 제사를 올렸습니다. 이것이 있을 수 있는 일이니까. 어떻게 출애굽을 했는데, 다시 옛날의 생활로 돌아간다는 말입니까.

인간은 노정이 항상 직선이기를 바랍니다. 이스라엘 백성이 애굽에서 나왔습니다. 지정학적으로 생각하면, 홍해를 피해서 북쪽으로 블레셋 땅까지 올라갔다가 다시 동쪽으로 향해야 합니다. 그런데, 하나님께서는 이상하게도 처음부터 그냥 동쪽으로만 인도하셨습니다. 그러면 홍해와 만나게 됩니다. 도대체 어쩌라는 것입니까. 이렇게 하나님께서는 그들을 홍해까지 인도하셨습니다. 왜요? 여기에 하나님의 높은 섭리가 있고, 엄청난 은총이 있습니다. 우리 인간은 참으로 나약합니다. 자신은 구원받았다고 하고, 하나님을 따른다고 하지만, 옛 습관에서 벗어나기가 참으로 어렵습니다. 이 세상의 세계관에서 벗어나기가 어렵습니다. 이 모든 사실을 잘 알고 계시는 하나님께서 저들을 홍해의 광야 길로 인도하십니다. 큰 은총의 계기를 만드셔서, 하나님의 큰 섭리 속에 이들을 홍해의 광야 길로 인도하셨습니다.

오늘본문 17절은 말씀합니다. "애굽으로 돌아갈까 하노라." 그들이 출애굽을 했지만, 다시 조금 어려운 일을 당하면 애굽으로 돌아갈까 하노라— 그들의 인성을 하나님께서 다 알고 계시는 것입니다. 그래서 그들을 물리적으로만 출애굽 하게 하신 것이 아니라, 정신적으로 출애굽을 하게 하시고, 또 신앙적으로 출애굽 사건을 완성하시기 위하여 하나님께서는 저들을 홍해의 광야 길로 인도하셨다, 이것입니다. No Return! 회귀는 불가하니, 다시 옛날로 돌아가서는 안 된다— 다시 옛날로 돌아가지 못하게 하시기 위해서 그들로 엄청난 시련의 길을 가게 하셨습니다. 그 속에 홍해가 갈라지는 기적이 있습니다. 이걸 경험하게 하셨습니다. 애굽의 군사들이 그 홍해에서 수장되는 것을 목도하게 하셨습니다. 특별한 은총입니다.

이렇게 그들의 의식구조가 애굽으로 돌아가지 못하게 하셨습니다. 그래서 그들이 온전한 구원을 이루도록, 온전한 출애굽을 완성하도록 하나님께서 그들을 홍해의 광야 길로 인도하신 것입니다. 옛 생활과의 단절은 어려운 일입니다. 이스라엘 백성이 결국은 광야로 들어가 무려 40년 동안 있었습니다. 사도행전에서 스데반은 이렇게 말합니다. "사십 년 동안 광야교회에 있을 때……" 이것은 교회입니다. 오늘의 교회입니다. 광야교회에서 그들은 40년 동안 많은 시련을 겪습니다. 그러면서 온전한 출애굽을 이루었습니다.

그러나 여러분, 꼭 잊지 마십시오. 하나님께서는 이스라엘 백성들이 애굽으로 회귀하는 것은 허락지 않으셨습니다. 애굽으로는 못

가게 딱 막아놓으시고, 광야에서 40년 동안 그들이 많은 시련을 겪으면서 이제 비로소 출애굽을 완성하게 하시는 것입니다. 문화적으로, 정치적으로, 사회적으로, 가정적으로 그 의식구조 속에서 출애굽을 하나님께서 이루어가셨다는 놀라운 사건입니다. 하나님께서는 그들이 애굽으로 회귀함을 막으십니다. 완전한 차단을 원하신 것입니다. 이것이 하나님의 은총입니다. 광야생활 속에서 구름기둥, 불기둥을 보면서 저들은 하나님을 만나게 되고, 만나를 먹으면서 하나님의 은총을 경험하게 되고, 마침내 반석에서 나오는 물을 마시면서 구원의 확신을, 하나님의 은총을 체험하게 됩니다.

더 놀라운 것은 모세를 통하여 십계명을 비롯한 율법을 주시고, 말씀을 주시고, 말씀을 교양하시고, 말씀을 가르치신 것입니다. 저들은 말씀을 배우고, 말씀을 읽히면서 출애굽을 하게 됩니다. 그래서 신앙적으로 온전한 출애굽을 완성해 갔던 것입니다. 우리가 성경을 읽을 때마다 참 특별한 대목에서 은혜를 받을 때가 있습니다. 베드로가 예수님 앞에서 신앙고백을 합니다. 예수님께서 "너희들은 나를 누구라 하느냐?" 하실 때 베드로가 선뜻 나서서 대답합니다. "주는 그리스도시요, 살아 계신 하나님의 아들이십니다." 예수님께서 너무나 기쁘셔서 칭찬하십니다. "이것은 네가 안 것이 아니고, 하나님께서 네게 알게 하신 것이다." 또 말씀하십니다. "내가 네게 천국 열쇠를 주노라. 너는 베드로다. 그 반석 위에 내 교회를 세우리라." 베드로가 얼마나 감격하며 우쭐했겠습니까. '이제야 뭔가 내 소원이 이루어지는가보다!' 하고 수제자로서 베드로는 나름대로 권세를 가지고, 영광과 기쁨을 누리며 예수님을 따라가고 있었습니다.

그러나 웬일입니까. 예수님께서는 체포되십니다. 그리고 재판을 받으십니다. 베드로가 그 가야바의 뜰에 계실 때 한 나약한 여자 아이가 앞으로 나오면서 "당신의 그 말하는 사투리를 들어보니까 당신도 갈릴리 사람이요, 예수님의 제자인 것 같소!" 하고 말할 때 베드로가 세 가지로 예수님을 부인합니다. 첫째, "아니요!" 하고 부인합니다. 둘째, "나는 그런 사람 아니오!" 하고 맹세합니다. 그리고 마지막 셋째, 저주까지 하며 3중의 부정을 합니다. 바로 그때 예수님께서 예언으로 말씀해주셨던 것처럼, 새벽닭이 우는 소리가 들립니다. 전에 예수님께서 말씀하시기를 "닭이 울기 전에 네가 나를 세 번 모른다고 하리라" 하고 미리 경고하신 바가 있었습니다. 베드로는 바로 그것이 생각나서 밖에 나가 통곡하며 울었습니다. '내가 이런 존재인가? 이 정도밖에 안 되나?' 이런 생각을 하며 통곡했습니다.

　이렇게 많은 시련을 겪는 길이 홍해의 광야 길입니다. 우리는 종종 나의 나약함이 얼마나 초라한 것이고, 나의 결심이 얼마나 한심한 것이고, 내 맹세까지도 아무것도 아니라는 걸 깨닫곤 합니다. 그렇게 광야 길을 가는 것입니다. 가면서 하나둘 털어버리고, 하나둘 고치는 그것이 바로 광야교회 안에 있는 우리 교인들의 모습입니다. 옛 생활을 아직 버리지 못했습니다. 하지만, 버리도록 하나님께서 역사하십니다. 많은 시련을 통해서, 많은 경험을 통해서 역사하십니다. 그러나, 절대 회귀 불가입니다. 그들은 결코 예전으로, 옛사람으로 돌아가지 못합니다. 주께서 그것을 차단하십니다. 그리고 광야에서 그들을 훈련시키십니다. 그렇게 그들의 옛 생활로의 회귀를 차단하시고, 그들로 옛 습관을 버리게 하십니다. 그것을 끊게 하시고, 고치게 하십니다. 그것이 은총입니다. 홍해의 광야 길 그 자체가 은총이라는 것을 잊지 말아야 합니다. 하나님께서는 택하신 백성이 옛 생활에 매여 있는 것을 용납하지 않으십니다. 자세히 생각해보십시오. 내가 고치지 못한 것, 하나님께서 고치게 하십니다. 내가 끊지 못한 것, 끊게 하십니다. 내가 생각 잘못한 것, 확 돌려놓으십니다. 광야 40년, 이걸 잊지 마십시오. 너무 서두르지 마시고, 너무 조급하게 생각하거나 판단하지도 마십시오.

미국의 대표적인 영화사 가운데 파라마운트(Paramount Pictures)라고 있지 않습니까. 거기에 회장인 셰리 랜싱(Sherry Lansing)이라는 분이 유명한 그리스도인이었습니다. 그는 이렇게 말한 바가 있습니다. '과정을 즐겨라. 성공은 염려하지 마라. 과정을 즐겨라. 성공은 염려하지 마라. 더 빠른 것이 항상 현명한 것은 아니라는 점을 기억하라.' 그러니 여러분, 서두르지 마십시오. 하나님께서는 하나님의 경륜, 하나님의 교과과정, 광야의 길로 인도하시는 하나님의 섭리를 따라 우리를 온전한 출애굽의 길로 인도하실 것입니다. 하나님께서 원하시는 사람을 만들어 가실 것입니다. 만들고야 마실 것입니다. 이것이 하나님의 섭리입니다. 내게 주신 하나님의 홍해 길은 어디에 있습니까? 그 기간은 얼마입니까? 자세히 생각해보십시오. 우리는 직선으로 가기를 바랍니다마는, 하나님께서는 멀리 돌아가게 하십니다. 왜 그렇게 하십니까? 아직도 고칠 것이 많고, 아직도 버려야 할 것이 많기 때문입니다. 그런고로, 광야의 길로 돌아 돌아 인도하시고, 기적을 경험하게 하십니다. 신비로운 역사입니다.

여러분, 우리가 합동하여 선을 이루시는 하나님의 역사를 봅니다. 고난 속에서 부르시는 하나님의 역사를 봅니다. 시련을 통하여 양육하시는 하나님의 교과과정을 봅니다. 아직도 미워하는 자가 있습니까? 사랑하고야 말게 하실 것입니다. 끊지 못한 버릇이 있습니까? 하나님께서 반드시 끊어버리실 것입니다. 해야 할 일을 미루어 놓고 있습니까? 하나님께서 그 일을 꼭 이루게 하실 것입니다. 내가 나름대로 고쳐야 할 잘못된 버릇들이 있습니까? 게으름이 있고, 나태가 있고, 변명이 있습니까? 하나님께서 그를 원하시는 사람으로 만들어 가십니다. 잊지 말아야 합니다. 그러시기 위해서 하나님께서는 오늘도 우리를 홍해의 광야 길로 내몰고 계십니다. 그렇게 많은 시련을 통하여 하나님께서는 말씀하십니다. 그리고 당신께서 원하시는 길로 우리를 인도해 나가실 것입니다. 그렇다면, 우리의 자세는 오직 하나, 믿음입니다. 이보다 더 귀한 일이 없습니다.

"내 주여, 뜻대로 하시옵소서. 주의 뜻이 무엇인지를 알게 하시옵소서. 주의 뜻을 따르게 하시옵소서. 주의 뜻을 사랑하게 하시옵소서. 그리고 주의 뜻에 순종하게 하시고, 주의 뜻을 찬양하게 하시옵소서." 홍해의 광야 길은 지금 우리 앞에 있습니다. 하나님의 높은 섭리, 그 귀한 사랑을 항상 확인하고 찬송하면서 홍해의 광야 길을 통하여 주시는 은총을 누리고, 감사 찬송해야 할 것입니다.   △

진리가 자유케 하리라

그러므로 예수께서 자기를 믿은 유대인들에게 이르시되 너희가 내 말에 거하면 참으로 내 제자가 되고 진리를 알지니 진리가 너희를 자유롭게 하리라 그들이 대답하되 우리가 아브라함의 자손이라 남의 종이 된 적이 없거늘 어찌하여 우리가 자유롭게 되리라 하느냐 예수께서 대답하시되 진실로 진실로 너희에게 이르노니 죄를 범하는 자마다 죄의 종이라 종은 영원히 집에 거하지 못하되 아들은 영원히 거하나니 그러므로 아들이 너희를 자유롭게 하면 너희가 참으로 자유로우리라

(요한복음 8 : 31 - 36)

진리가 자유케 하리라

우리 한국교회가 존경하는 한경직 목사님이 언젠가 자기 경험을 저한테 얘기해주셔서 함께 웃으며 즐거운 시간을 보냈던 적이 있습니다. 1945년 8월 15일, 그렇게도 오랫동안 기다리고 바랐던 해방이 되었습니다. 일제강점기 36년간 국토와 정치, 문화를 다 빼앗긴 상태에서 우리 온 민족이 신음하고 있었습니다. 심지어는 하나님께 예배할 때도 일본말로 하게 시키고, 찬송을 부를 때도 일본말로 하게 시켰지요. 뿐만이 아니라, 한 가지 제가 절절하게 경험했던 일이 있습니다. 언젠가 교회에 갔을 때 순사가 입구에서 사람들이 들고 있는 찬송책을 펴게 해서 그 가운데 '만왕의 왕'이라는 찬송이 인쇄된 페이지를 일일이 찢어버리게 시켰습니다. 만왕의 왕은 하나님이 아니라, 오직 천황뿐이라는 것이었지요. 그러면서 찬송가를 찢어버리는 장면을 제가 보았습니다. 그래서 해방이 되자마자 '예수의 이름 권세'라는 찬송만 하루종일 불렀습니다. 왜요? 그렇게 일본 사람들이 우리 국토를 침략하고, 우리 정신까지 전부 뜯어고치려던 차에 해방이 되었으니, 얼마나 감격했겠습니까. 일주일 내내 모여 하루종일 찬송을 불렀고, 하루종일 교회를 떠나지 않았습니다.

그런 가운데 해방 뒤 첫 주일이 되었습니다. 한경직 목사님이 그날 그 광복절 예배의 설교를 한국말로 하셨습니다. 그동안 못했던 한국말로 설교를 하니, 얼마나 통쾌하고 기뻤겠습니까. 예배가 다 끝난 다음에 마지막으로 한 목사님이 광고를 이렇게 하셨습니다. "여러분, 이제부터는 일본말을 앗싸리 하지 맙시다." 이 '앗싸리'가

일본말입니다. 그렇게 망신을 당했노라고 당신 스스로 얘기하셔서 같이 웃었던 기억이 있습니다. 알게 모르게 벌써 문화적으로 완전히 우리 정신이, 우리 정서가 침탈되어 있었던 것입니다. 이걸 잊어서는 안 됩니다.

자유에는 먼저 정치적인 자유가 있습니다. 나라의 정권을 빼앗긴 상태에서 해방되는 것이 정치적인 자유입니다. 그런가 하면, 경제적인 자유가 있습니다. 아브라함 링컨 대통령의 유명한 말이 있습니다. '가난한 자는 자유인이 아니다.' 가난하면 부득불 한 끼의 식사를 위해서 자유를 굽힐 수밖에 없고, 그 자유를 반납할 수밖에 없습니다. 그런고로 링컨은 '최소한의 경제력이 있어야 자유인이 될 수 있다. 가난한 자는 자유인이 아니다'라는 유명한 말을 남겼습니다. 또한, 무식한 자도 자유인이 아닙니다. 지식이 있어야 합니다. 무식하면 자유하지 못합니다. 이걸 잊지 말아야 합니다. 해방된 뒤에 아주 귀에 못이 박히도록 듣던 말이 있습니다. '아는 것이 힘이다. 배워야 산다.' 그렇습니다. 정치적으로 해방되었다고 해방이 아닙니다. '아는 것이 힘이다. 배워야 산다.' 이걸 잊지 말아야 합니다. 나라를 빼앗겼을 때 많은 젊은이가 그만 참지 못하고 울분이 터져서 북간도로, 만주로 떠나가서 산맥을 헤매며 애국운동을 했습니다.

또 한편, 여기 우리 한국에 남아 있으면 마음대로 되는 일이 없습니다. 그러니까 그저 "부어라! 마셔라!" 했습니다. 그때 부르던 주제가 '이 풍진 세상'입니다. '이 풍진 세상을 만났으니 우리의……' 이러면서 부어라 마셔라 타락했습니다. 일본 사람들이 그걸 고의로 조장했습니다. 일부러 장려했습니다. 한국 사람을 그렇게 타락시켜 놓고는 그다음에 "조선 사람들은 술 먹는 것이 야만스럽다"라고 비웃었습니다. 그뿐이 아닙니다. 동네마다 유곽을 만들었습니다. 물론 해방 뒤에는 다 없어졌습니다마는, 공식적으로 유곽을 만들어서 젊은 사람들을 일부러 타락시킨 것입니다. 우리는 거기에 놀아났습니다. 무엇입니까? 문화적 침략입니다. 우리가 정치적으로만 침략을 당한 것이 아닙니다. 문화적으로, 정신적으로, 그 가치관에서 그만 도덕적으로 타락되고 말았습니다. 가장 중요한 것은 도덕적 자유입니다. 이것 없이는 참 자유가 없습니다. 양심의 자유 없이는 경제, 정치의 자유가 없다는 것을 잊지 말아야 합니다. 그뿐 아니라, 영적인 자유가 있습니다. 그래서 이것을 다 통합하여 문화적으로 침략을 당했습니다. 그렇기에 문화적으로 독립해야 한다는 것을 잊지 말아야 합니다.

여러분, 함께 한번 생각해보겠습니다. 우리는 알게 모르게 36년 동안 일본의 지배를 받으면서 어느 사이에 문화적으로 침략을 당하고 있었습니다. 그 가운데 좋은 예가 있습니다. 여러분은 길 가다 경찰을 만나면 반갑습니까, 아니면 아침부터 재수 없게 순경을 만났다고 생각합니까? 제가 미국에서 공부할 때 언젠가 가정 방문을 한 적이 있습니다. 그대 제가 그 가정의 아이에게 이렇게 물어보았습니다. "너는 앞으로 커서 무엇이 될 거니?" 그랬더니 그 아이가 "저는 경찰이 될래요" 합니다. 그때 저는 그 말에 깜짝 놀랐습니다. 그 시절 우리 한국에는 경찰이 장래 희망인 아이가 별로 없었습니다. 한데, 그 미국 아이는 경찰이 되고 싶다는 것입니다. 그래 제가 그 아이엑 왜 경찰이 되려고 하는지 물었습니다. 그 아이 대답이, 밤새워 고생하면서 우리 사회의 질서를 지켜주고, 우리를 평안하게 해주는 것이 고마워서 나중에 자기도 나중에 그런 일을 하는 경찰이 되고 싶다는 것이었습니다. 이것이 자유인의 모습입니다. 경찰을 보고 꺼려하거나 두려워하는 사람은 아직도 식민지 의식을 갖고 있는 것입니다. 그 사람은 아직도 해방된 사람이 아닙니다.

또한, 여러분은 교통신호를 볼 때 어떤 생각을 합니까? 파란불에 건너가고, 빨간불에는 멈추어 섭니다. 그런데 만일 빨간 신호가 켜졌는데도 주위를 둘러보고 아무도 없으면 그냥 지나가는 사람이 있다면, 그는 아직도 식민지 의식에 젖어 있는 사람입니다. 신호등이 얼마나 고맙습니까. 신호등이 없으면 어떻게 될 것 같습니까? 사회 질서가 엉망이 될 것입니다. 우리 사회의 질서를 지켜주는 신호등에 대해서 고마워할 줄 아는 것이 민주의식입니다. 좀 더 나아가서는 세금이 문제입니다. 여러분은 세금을 낼 때 '세금은 당연한 것이다'라고 생각하고, 자랑스러운 마음으로 세금을 냅니까, 아니면, 빼앗기는 마음으로 냅니까. 마치 강도를 만난 것처럼 빼앗기는 마음으로 세금을 내는 사람은 식민지 의식에 젖어 있는 사람입니다. 세금을 내는 것은 당연하고, 세금이 있으므로 나라가 유지된다는 의식을 가지고 자랑스럽게 세금을 내야 합니다.

제가 미국에서 공부할 때 차를 타고 고속도로를 가다 보면 여기저기 공사를 하는데, 그 길가에 커다란 광고판이 서 있습니다. 거기에 이렇게 씌어 있습니다. '당신의 세금이 여기 쓰이고 있습니다.' 사람들이 그걸 볼 때마다 '이 고속도로는 내가 만든 것'이라고 생각하는 것입니다. 주인의식입니다. 얼마나 중요합니까. 하지만 세금을 낼 때 빼앗기는 마음으로, 강도를 만나는 마음으로 온갖 욕을 다하면서 낸다면, 그는 아직도 식민지 의식에서 헤어나지 못한 것입니다. 무의식 속에 부자유함이 있습니다. 거기에 그만 아주 익숙해져서 자신이 얼마나 부자유한지도 모르는 것입니다. 참으로 부자유한 사람입니다. 종교개혁자 마르틴 루터는 말합니다. '구원이란 자유로 풀이한다.' 죄와 사망과 사탄과 율법과 진노에서 자유하는 것이 그의 신학 전부입니다.

오늘본문은 신비롭게 자유 의식을 우리에게 가르쳐줍니다. '자유란 쟁취하는 것이 아니고, 은혜로 주어지는 것이다. 자유란 빼앗는 것이 아니고, 축복으로 주어지는 것이다.' 내가 자유를 쟁취하려고 할 때 또다시 노예상태에 빠집니다. 보십시오. 내가 무엇을 빼앗았다면, 그래서 빼앗는 자유를 누렸다면, 나는 증오의 노예가 된 것입니다. 그러므로 이제는 불안할 수밖에 없습니다. 심리학자 에리히 프롬은 그의 저서 「자유로부터의 도피(Escape from Freedom)」에서 '소극적인 자유는 무엇으로부터의 자유다. 그러나 적극적인 자유는 무엇에로의 자유다.' 이 '무엇에로의 자유'를 누리지 못하는 사람은 영영 자유인이 아닙니다. 이걸 잊지 말아야 합니다.

오늘본문은 우리에게 확실하게 계시해줍니다. "진리를 알지니 진리가 너희를 자유케 하리라." 진리를 알지니 ─ 만일 내가 누구에게 무엇인가를 빼앗겼다고 한다면, 내가 그 빼앗긴 것을 도로 찾기 전에는 그 빼앗은 자를 미워할 수밖에 없습니다. 그러나 이러한 관계에서는 절대로 자유할 수 없습니다. 그러므로 이런 것으로는 문제가 해결되지 않습니다. 방향을 돌려서 진리로 향해야 합니다. "진리를 알지니 비로소 자유하리라." 진리를 알고 자유하고, 진리를 깨닫고 자유하고, 진리를 기뻐하고 자유하고, 진리를 행하면서 기뻐하고, 진리와 함께 기뻐하고 감사하면서 자유하는 것입니다. 감사가 있기 전에는 절대 자유인이 아닙니다. 이걸 잊지 말아야 합니다. 또

한, 진리를 떠나서 자유할 수 없습니다. 진리에 완전히 복종하지 않거나, 진리를 이해하지 않고, 진리가 들리지도 않는다면, 그는 벌써 무의식 속에서 완전히 노예가 된 것입니다.

진리가 무거운 짐입니까? 아닙니다. 진리는 행복한 것입니다. 아이들에게 양심이 뭐냐고 물어보면, 양심이라는 것은 그저 거짓말을 하고 나면 얼굴이 빨개지는 것, 또는 남이 못된 일을 하려고 하면 가슴이 두근두근하는 것…… 이렇게 소극적으로 설명해줍니다. 하지만 그런 양심은 소극적인 양심입니다. 진리를 알면서 행복하고, 양심을 따라 살면서 좋은 일을 하고 사랑할 때, 그 행복한 마음이 양심입니다. 이걸 잊지 말아야 합니다. 그러므로 오늘성경은 말씀합니다. "죄를 범하는 자마다 죄의 종이라(34절)." 죄를 짓는 순간 다음 죄를 또 지을 수밖에 없습니다. 죄에 대한 가책에 얽매일 수밖에 없고, 죄의식과 저주의식에 얽매일 수밖에 없습니다. 그래서 죄를 짓는 자마다 죄의 종이 되어 또 다른 죄에 빠지고 마는 것입니다. 그러므로 참된 자유는 여기에서 이루어집니다. "아들이 너희를 자유롭게 하면 너희가 참으로 자유로우리라(36절)."

예수님께서는 종종 말씀하셨습니다. "네 죄 사함을 받았느니라." 네 죄가 사함을 받았다고 하나님의 아들이 선포하실 때 비로소 자유할 수 있습니다. 거기에 자유함이 있습니다. 죄의 용서함을 받는 사죄가 클라이맥스입니다. 여기에 진정한 자유함이 있는 것입니다. 아들이 자유케 하면 참으로 자유하리라― 죄를 용서받고, 양심의 가책에서 자유하고, 모든 저주의식에서 벗어나 온전한 자유를 누립니다. 하나님의 자녀 된 자유, 은혜와 사랑의 품에 안긴 자유, 성령 안에서 말씀과 성령으로 말미암아 참 자유를 누리게 됩니다.

　여러분, 죄 사함을 받음으로 죄로부터 자유합니다. 용서받음으로 미움으로부터 자유합니다. 용서함으로 모든 증오로부터 자유합니다. 사랑하므로 근심으로부터 자유합니다. 믿고 순종하므로 모든 미래에 대한 두려움으로부터 자유합니다. 말씀의 노예가 될 때 참으로 자유합니다. 감사하고 찬양하게 될 때 모든 두려움으로부터 자유합니다. 이 자유가 진정한 자유입니다. 십자가의 사랑을 알고 감격할 때, 그리하여 사랑의 노예가 될 때 온전한 자유인이 되는 것입니다. 날마다 진리를 깨닫고, 은혜에 감격할 때 참자유를 현실에서 경험하게 됩니다. 의와 진리와 사랑의 노예가 될 때 참으로 자유합니다.

　성경은 우리에게 가르쳐줍니다. "진리를 알지니 진리가 너희를 자유롭게 하리라(32절)." 자유는 쟁취하는 것이 아닙니다. 진리가 주는 은총입니다. "진리가 너희를 자유케 하리라. 하나님의 아들이 너희를 자유케 하면 참으로 자유하리라." 그리스도께서 주시는 자유, 그것만이 자유의 원천이요, 자유의 능력이요, 참자유입니다.　△

너는 긍휼을 배우라

예수께서 그 곳을 떠나 지나가시다가 마태라 하는
사람이 세관에 앉아 있는 것을 보시고 이르시되 나를
따르라 하시니 일어나 따르니라 예수께서 마태의 집
에서 앉아 음식을 잡수실 때에 많은 세리와 죄인들이
와서 예수와 그의 제자들과 함께 앉았더니 바리새인
들이 보고 그의 제자들에게 이르되 어찌하여 너희 선
생은 세리와 죄인들과 함께 잡수시느냐 예수께서 들
으시고 이르시되 건강한 자에게는 의사가 쓸 데 없고
병든 자에게라야 쓸 데 있느니라 너희는 가서 내가
긍휼을 원하고 제사를 원하지 아니하노라 하신 뜻이
무엇인지 배우라 나는 의인을 부르러 온 것이 아니요
죄인을 부르러 왔노라 하시니라

(마태복음 9 : 9 - 13)

너는 긍휼을 배우라

　제 목회생활에서 가장 마음 아팠던 경험이 있습니다. 영락교회 선교관에서 예비역 기독 장교 모임(OCU)이 매주 금요일 새벽 7시에 예배를 드리는데, 무려 35년 동안 제가 그 모임에서 연속으로 설교를 했습니다. 예배를 위해 차를 타고 주차장에 들어갔다가 예배를 마치고 다시 주차장 입구를 찾아 빙빙 돌아서 나오는데, 그 입구 바로 앞에 한 걸인이 늘 서 있었습니다. 그분이 거기 딱 서 있다가 제가 밖으로 나오면 "목사님!" 하고 저를 부릅니다. 그러면 제가 그분한테 얼마씩 구제를 하고는 했습니다. 언젠가 한 번은 추운 겨울에 주차장 입구에서 그분을 또 만났습니다. "목사님!" 하고 부르기에 늘 하던 대로 얼마를 드렸지요. 평소 같으면 그분이 "목사님, 고맙습니다!" 하고는 그냥 돌아서 가는데, 그날은 달랐습니다. 이러는 거였지요. "목사님, 조금만 더 주세요." 그 말을 듣고는 제가 조금 더 주었습니다. 그런데도 여전히 그분은 가지를 않고 "더 주세요!" 하는 것입니다. 그래 제가 그만하면 되지 않았느냐고 했더니 그분이 하는 말입니다. "알았습니다. 제가 이렇게 오늘 특별히 부탁하는 것은 병원에 가기 위해서예요." 이러고는 돌아서 갔습니다. 그 말에 제가 그만 깜짝 놀랐지요. 그래 더 주고 싶었지만, 그분은 벌써 떠나고 없었습니다. 그게 마지막이었습니다. 그분은 두 번 다시 나타나지 않았습니다. 그대로 세상을 떠난 것입니다. 그래 저는 그 일을 생각하면 늘 생각합니다. '그때 잔소리하지 말고 그냥 줄 걸. 한 번 더, 얼마라도 더 줄 걸.' 얼마나 한스러운지 모릅니다. 그렇습니다. 선한 일에는 기회가 있습니다. 늘 할 수 있는 것이 아닙니다. 할 수 있을 때 해야 하고, 마음에서 우러날 때 해야 합니다. 기회를 놓치면 다시는 못합니다. 긍휼에도 그 시한이 있고, 기회가 있고, 종말이 있다는 것을 알아야 합니다.

오늘본문에서 예수님 말씀하십니다. "너희는 가서 내가 긍휼을 원하고 제사를 원하지 아니하노라 하신 뜻이 무엇인지 배우라……" 긍휼을 배우라― 제가 참 귀하게 여기는 말씀입니다. 여러분, 생각해보십시오. 예수님께서 세관에 앉아 있는 마태라는 사람을 부르십니다. 그는 로마 사람들을 위해서 세금을 거두는 세리입니다. 그러니까 이스라엘 사람 쪽에서 보면 그는 반민족적인 사람입니다. 사실 그들은 로마 사람들의 권력에 의지해서 같은 유대인들을 수탈하고, 폭행하는 등 좋지 않은 일들을 많이 했습니다. 그래서 세리들은 사람들에게 멸시를 당하면서 살았습니다. 그러다 보니, 멸시당하는 세리들끼리 똘똘 뭉치게 되었습니다. 그렇게 세리들은 나름대로 저희끼리 어울리는 집단이 되었습니다. 당시 유대인들이 얼마나 세리를 멸시했는지, 심지어는 거지조차도 세리가 주는 돈은 안 받고 거절할 정도였습니다.

그러니 사람들에게 배척받는 세리들끼리만 똘똘 뭉쳐서 살 수밖에 없는 것입니다. 그런데, 예수님께서 지나가시다가 세관에 앉아 있는 마태를 보셨습니다. 여기서 중요한 것은 예수님께서 세관에 앉아 있는 그 세리 마태를 보시고 놀랍게도 "나를 따르라!" 하신 것입니다. 세상에 이러실 수가 있습니까. 그래도 예수님의 열두 제자인데, 많지도 않은 그 제자들을 부르실 때는 하다못해 면접시험이라도 보거나, 말이라도 몇 마디 주고받아야 하지 않겠습니까. 하지만 예수님께서는 아닙니다. 마태가 세관에 앉아 있는 것을 보시자마자 "나를 따르라!" 하시니 이 마태가 따랐다고 성경은 기록하고 있습니다.

사무엘상 16장 7절에 보면, 하나님께서 사무엘에게 말씀하시기를 "저 이새의 집에 가서 다윗이라는 청년을 만나서 왕으로 기름을 부으라" 하십니다. 그때 하시는 말씀이 이것입니다. "신장과 용모는 보지 말라. 나는 그것을 이미 버렸노라. 나는 중심을 보느니라." 지난번 사울 왕의 신장을 보았다가 실패했습니다. "그의 신장도 용모도 보지 말라. 나는 중심을 보느니라." 이 말씀에 비추어 볼 때 아마도 예수님께서는 마태라는 세리의 중심을 보신 것 같습니다. 모든 사람이 천대하고 멸시하는 사람이었지만, 그 속에는 하나님을 향한 경건한 마음이 있었고, 메시아를 기다리는 마음이 있었습니다. 그에게 Messiah expectation, 메시아를 대망하는 간절한 믿음이 있다는 사실을 예수님께서는 알아보신 것입니다. 그래 지나가시다가 세관에 앉아 있는 그를 보시고는 바로 "마태야!" 하고 부르신 것입니다. 그리고 "나를 따르라!" 하십니다. 이 장면, 얼마나 신비롭고 은혜스럽습니까. 그 예수님의 부르심에 마태는 모든 것을 버려두고 따릅니다. 그뿐만 아니라, 너무나 감사하여 자기 집에서 잔치를 베풉니다. 예수님을 모신 잔치입니다. 손님들을 부릅니다. 그 잔치에 오는 손님, 누구입니까? 다 세리들입니다. 세리들이 많이 모인 그 집에서 예수님을 모시고, 예수님을 환영하는 잔치를 하게 된 것입니다.

이제 예수님께서 그 집에서 세리들과 함께 음식을 잡수십니다. 이스라엘 사람들의 관례로는 절대 안 되는 일입니다. 원래는 세리를 만나서도 안 되고, 그 집에 들어가서도 안 됩니다. 한데, 그와 더

불어 같이 음식을 나눈다니요? 말이 안 되는 일입니다. 예수님의 사랑이 어디에 있습니까? 마태를 부르셨다는 것, 마태를 아셨다는 것, 마태의 중심을 보셨다는 것만이 아닙니다. 마태의 집에 가서 음식을 잡수셨다는 것입니다. 음식을 대접하는 것만이 봉사가 아닙니다. 대접을 받는 것도 봉사입니다. 같이 앉아 음식을 나누는 것이 바로 섬기는 것입니다. 예수님께서 스스로를 낮추시고 또 낮추시사 세리들과 함께 음식을 잡수십니다. 대접을 받으십니다. 그 받으시는 대접 속에 예수님의 무궁무진한 넓은 사랑이 있습니다. 이때 사람들이 가만히 있겠습니까. 어찌하여 세리의 집에 가서 음식을 잡수시느냐고, 이것은 우리 관례로 있을 수가 없는 일이라고 예수님을 비난합니다. 그때 예수님께서 하신 말씀입니다. '긍휼을 배우라. 건강한 자에게는 의원이 쓸데없고, 병든 자에게라야 쓸 데 있느니라. 긍휼을 배우라.'

이 긍휼이라는 말의 어원을 살펴보면, 참 신비롭고 귀합니다. 히브리어로 여인의 자궁을 뜻합니다. 여인의 품이 아닙니다. 젖가슴이 아닙니다. 여인의 자궁입니다. 그것이 긍휼의 원뜻입니다. 이걸 알아야 합니다. 사람은 여인의 자궁 속에서 자라고 태어납니다. 어쩌면 자궁 속에서 운명이 결정됩니다. 이것이 자궁의 신비입니다. 그러므로 자궁에는 창조적 사랑이 있습니다. 그 속에서 생명이 탄생합니다. '긍휼 속에 내가 있다. 긍휼 속에서 내가 태어난다. 긍휼 속에서 내가 성장한다.' 오직 긍휼 속에서 그 믿음, 그 간증, 그 감사함으로 자라야 한다는 것입니다. 긍휼 속의 창조적 사랑입니다. 그런가 하면, 그 사랑은 주도적 사랑입니다. 모든 책임은 그 어머니가 지는 것입니다. 또한, 그 사랑은 다분히 교육적이기도 합니다.

태교라는 말이 있지요? 아이가 세상에 나오기 전 어머니 뱃속에 있을 때는 아무것도 모를 것 같지만, 아이는 그 속에서 다 듣고 배운다는 것입니다. 그때 가장 극단적으로, 예를 들어, 아버지 어머니가 서로 싸우고, 난리를 치고, 어머니가 울고불고 한다면, 그것이 자궁 속에 있는 아이에게 영향을 끼쳐서 그 아이의 성품을 만든다는 것입니다. 이 얼마나 중요한 얘기입니까. 그래서 자궁 속에 있을 때는 좋은 소리를 들어야 하고, 좋은 음악을 들어야 하고, 좋은 말씀을 들어야 하는 것입니다. 그리하여 기쁨에 충만한 자궁이 될 때 그 속에서 귀한 생명이 성장하고 출생하게 된다는 것입니다. 그 어머니의 자궁 속에 교육적 생명이 있고, 인내와 희생이 살아 있는 어머니의 오래 참음과 희생, 그 거룩한 사랑이 있고, 그 속에서 내가 출생하고 탄생한다는 것입니다. 이 얼마나 놀랍습니까. 어머니의 자궁과 같은 긍휼 속에 내가 있는 것입니다. 이걸 잊지 말아야 합니다.

예수님께서 십자가에 돌아가실 때 하신 말씀을 여러분이 잘 알고 있습니다. "하나님이여, 저들의 죄를 사하소서. 저들이 하는 것을 모르기 때문입니다." 예수님을 십자가에 못박고 소리 지르는 사람들을 향해서 하시는 말씀입니다. 모르기 때문입니다― 그 넓은 사랑을 저들은 다 모르기 때문입니다. 그 사랑을 알았으면, 복음을 알고 진리를 알았으면 저와 같이 사악해지지 않았을 텐데, 모르기 때문입니다. 그럼 그 책임은 누가 지는 것입니까? 누구에게 그 책임이 있는 것입니까? 복음을 전하지 않은 우리에게 있는 것입니다. 아직도 모르기 때문입니다. 예수님께서는 그들을 긍휼히 여기십니다. 십자가에 돌아가시면서까지도 "하나님이여, 저들의 죄를 사하소서. 모르기 때문입니다"라고 하십니다. 예수님의 그 넓은 가슴이 긍휼입니다.

　그런가 하면, 예수님께서 긍휼에 대하여 친히 하신 귀중한 말씀이 있습니다. 마태복음 18장 33절입니다. 예수님께서 비유로 말씀하십니다. 한 사람이 만 달란트 빚을 졌다— 만 달란트, 금화입니다. 하지만 이 사람은 빚을 갚을 수 없습니다. 그래서 그 빚을 준 주인이 그를 불쌍히 여겨서 "만 달란트를 탕감해주노라"라고 했습니다. 빚을 탕감받은 이 사람은 주인에게 감사하며 무릎을 꿇고 몇 번이나 절을 했을 것입니다. 그리고 밖으로 나갑니다. 가다가 보니까 자기에게 백 데나리온 빚을 진 사람을 만났습니다. '달란트'하고 '데나리온'하고는 엄청난 차이입니다. 그런데, 이 사람이 자신에게 빚진 사람을 붙들고 "갚아라!" 하고 다그칩니다. 빚진 사람이"조금만 기다려주세요. 제가 갚겠습니다"라고 하는데도 "안된다. 갚아라!" 합니다. 그러고는 그를 감옥에 처넣었습니다. 이것을 본 사람이 주인에게 가서 이 소식을 전했습니다. "여기서 주인님이 빚을 탕감해주신 그 사람이 가다가 자기에게 백 데나리온 빚진 사람을 보고는 그 빚을 갚지 않는다고 그를 감옥에 처넣었습니다." 만 달란트를 탕감해준 그 주인이 이 애기를 듣고 그를 불러다 놓고는 "내가 네게 만 달란트를 탕감하여주었는데, 너는 고작 백 데나리온을 탕감해줄 수 없더냐? 이놈아, 너도 갚아라!" 하면서 그 사람을 감옥에 처넣었다고 하는, 예수님의 비유의 말씀입니다.

　많은 사람이 연구했습니다. 달란트가 얼마나 될까? 2천 년 전이니까 계산을 정확히 하기는 어렵습니다마는, 그 관계성은 알 수 있습니다. 만 달란트는 지금으로 치면 천만 불쯤에 해당합니다. 백 데나리온은 20불 정도에 해당하고요. 이걸 연구하는 사람들은 그 관계에 대해서 이렇게 말합니다. 데나리온은 달란트의 50만 분의 1이라고요. "만 달란트나 탕감을 받았으면서 그 감격으로 고작 백 데나리온을 탕감해줄 수 없더냐?" 예수님께서는 말씀하십니다. "마땅히 너도 탕감해주어야 할 것이 아니겠느냐!" 기독교 윤리의 핵심은 이 마땅함에 있습니다. 받은 은혜가 크기 때문에 그 은혜에 마땅하게, 그 받은 축복에 마땅하게, 탕감받은 사람의 감격에 마땅하게 탕감해야 하는 것 — 이것이 기독교 윤리의 핵심입니다.

"긍휼을 입었으니 너도 긍휼을 베푸는 것이 마땅하지 않느냐?" 그렇습니다. 꼭 잊지 말아야 합니다. 남을 판단하기 전에 내가 판단을 받는 존재입니다. 내가 내게 빚진 자를 생각하기 전에 먼저 내가 하나님 앞에 빚졌다는 것을 잊지 말아야 합니다. 내가 먼저 탕감받은, 긍휼의 수혜자입니다. 내가 긍휼을 입어야 할 사람입니다. 내가 긍휼을 베풀 사람이 아니라, 나는 긍휼을 입어야 할 사람입니다. 그 긍휼을 이미 입었으니, 마땅히 아무도 판단하지 말아야 합니다. 다 나보다는 나은 사람들입니다. 나는 마땅히 긍휼을 베풀어야 합니다. 예수님께서 산상수훈에서 말씀하십니다. 마태복음 5장 7절입니다. "긍휼히 여기는 자는 복이 있나니 저가 긍휼히 여김을 받을 것임이요." 그 소중한 팔복 중에 말씀하십니다. 사람을 긍휼히 여기는 자는 하나님께 긍휼히 여김을 받을 것이다 — 이것이 주님의 말씀입니다.

여러분이 너무나도 잘 외는 주기도문이 있지요? 이 주기도문을 욀 때마다 가끔 이 부분이 걸리지 않습니까? "내게 죄지은 자를 사하여준 것 같이 내 죄를 사하여주옵시고……" 죄 사함을 받는 것은 하나님의 무조건적인 은혜같이 보입니다마는, 아닙니다. 하나의 조건이 있습니다. 내가 남의 죄를 사해야 한다는 것입니다. 내가 남을 용서해야 합니다. 그렇지 않고는 내 주기도문도 하나님께 상달되지 않습니다. 이걸 잊지 말아야 합니다. "내게 죄지은 자를 사하여준 것 같이 내가 다 사합니다. 내 죄를 사하여주옵소서." 여기에 엄청난 절대적 조건이 있습니다. 그런고로 긍휼을 배우라―

긍휼을 몸에 익혀야 합니다. 긍휼을 생활화 해야 됩니다. 긍휼하심이 내 감정 전체여야 합니다. 항상 긍휼한 마음으로, 불쌍히 여기는 마음으로, 하나님의 불쌍히 여기는 그 마음으로 세상을 봅니다. 저를 보고, 나를 봅니다. 그 긍휼 속에 내가 있습니다. 나는 만 달란트 탕감받은 사람이다― 이 감격으로 오늘을 사는 것입니다. 다윗은 그의 시편 103편 13절에서 말합니다. "아버지가 자식을 불쌍히 여김같이 여호와께서 자기를 경외하는 자를 불쌍히 여기시나니……" 여러분, 자식을 키우면서 보지 않습니까. 우리는 그들을 사랑합니다. 그들을 긍휼히 여깁니다. 왜요? 그들은 모르기 때문입니다. 그들은 자신이 어떤 실수를 해도 모르기 때문에 그들을 긍휼히 여기는 것입니다.

언젠가 한 번은 제가 어떤 목사님 댁에 갔더니, 그 목사님이 외손자 하나를 데려다가 키우고 있었습니다. 아이가 그 하나뿐이니까 얼마나 버릇이 나쁜지 모릅니다. 밖에 나가서 아이들하고 놀다 들어와 자기 할아버지를 발길로 차면서 "이 새끼! 이 새끼!" 합니다. 그걸 보고 우리가 깜짝 놀라서 "아니, 세상에 목사님을 발로 차는 저런 나쁜 놈이 있나?" 하는데, 정작 그 목사님은 그런 아이를 자기한테 오라고 하고는 또 안아주면서 좋아하는 것입니다. 그래서 제가 "아, 이런 못된 놈을 목사님은 왜 사랑하십니까?" 했더니, 그 목사님 하시는 말이 이랬습니다. "얘가 몰라서 그러는 건데요, 뭐. 얘가 할아버지가 뭔지, 새끼가 뭔지 알아요? 몰라서 그러는 겁니다." 그 이야기를 듣는데, 예수님의 말씀이 생각나더라고요. "하나님이여, 저들의 죄를 사하소서. 저들이 모르기 때문입니다." 여러분, 이것이 긍휼입니다. 이것이 할아버지의 긍휼입니다. 그 넓은 긍휼하심 속에 우리가 있다는 걸 잊지 말아야 합니다.

긍휼을 배우라─'내가 먼저 긍휼을 입었다. 아니, 긍휼을 입어야 할 것이다. 내가 긍휼하심을 먼저 입고 사는 존재다.' 이것부터 생각해야 합니다. 그리고 그 긍휼하심을 체질화해서 모든 사람을 볼 때 긍휼한 마음으로, 불쌍히 여기는 마음으로, 그리고 그 속에 사랑하는 마음으로 보는 이것이 하나님의 사람의 모습입니다. 여러분, 마음에 깊이 생각하십시다. "긍휼을 배우라. 긍휼을 생활화하라. 긍휼을 가슴 가득 채워서 긍휼하심으로 긍휼을 배우라." △

지식을 버린 사람들의 종말

그들이 다시 예루살렘에 들어가니라 예수께서 성전에서 거니실 때에 대제사장들과 서기관들과 장로들이 나아와 이르되 무슨 권위로 이런 일을 하느냐 누가 이런 일 할 권위를 주었느냐 예수께서 이르시되 나도 한 말을 너희에게 물으리니 대답하라 그리하면 나도 무슨 권위로 이런 일을 하는지 이르리라 요한의 세례가 하늘로부터냐 사람으로부터냐 내게 대답하라 그들이 서로 의논하여 이르되 만일 하늘로부터라 하면 어찌하여 그를 믿지 아니하였느냐 할 것이니 그러면 사람으로부터라 할까 하였으나 모든 사람이 요한을 참 선지자로 여기므로 그들이 백성을 두려워하는지라 이에 예수께 대답하여 이르되 우리가 알지 못하노라 하니 예수께서 이르시되 나도 무슨 권위로 이런 일을 하는지 너희에게 이르지 아니하리라 하시니라

(마가복음 11 : 27 - 33)

지식을 버린 사람들의 종말

저의 60년 목회생활 가운데 늘 마음에 잊히지 않는 특별한 사건이 있습니다. 그것은 아주 유망했던 어느 35세 청년에게 찾아온 임종이었습니다. 이분은 미국 유학을 했고, 하버드 대학에서 박사학위를 받았습니다. 그리고 한국에 돌아와 큰 회사에 취직하여 특별히 외국 담당 전무로서 한 해의 3분의 1을 해외에서 보내고, 여행도 많이 하면서 아주 열심히 일하는, 성공한 젊은 실업가였습니다. 어느 날, 해외에서 돌아온 뒤 감기에 걸렸는데, 두 주일 정도 앓았는데도 몸이 좋아지지 않아서 결국 병원에 갔습니다. 진찰 결과 급성 간염이라는 진단이었고, 시한부 선고를 받았습니다. 그래 급히 저를 불러서 제가 갔지요. 그분 결혼 주례도 제가 했고, 그분이 사업 시작할 때 제가 개업 예배도 인도한 사이였습니다. 한데, 그런 날벼락 같은 순간을 맞게 된 것입니다. 하여 가서 보니, 그 부인은 옆에서 계속 울고 있었습니다. 이분이 한창 잘나갈 때 잠시 탈선해서 조금 방탕한 생활을 했습니다. 집에 안 들어오는 날이 많았고, 부인을 독수공방시킬 때가 많았습니다. 저는 그 사실을 이미 알고 있었는데, 그 부인이 아주 슬피 울고 있기에 제가 위로하려고 이렇게 우스갯소리를 했습니다. "남편이 당신을 독수공방시킬 때 집에서 무슨 생각을 했습니까?" 그랬더니, 그 부인이 울면서 하는 말이, 차 사고가 나서 죽었으면 좋겠다고 생각했답니다. 그래 그럼 오늘은 어떠냐고 다시 물으니, 이렇게 대답했습니다. "한 달에 한 번만 집에 돌아와도 좋으니까 제발 죽지만 말았으면 좋겠습니다." 이렇게 부인의 생각이 바뀌었습니다. 이제 임종기도를 드리고 인사를 한 뒤 문밖으로 나설 때 이 남편이 다시 한번 저를 부릅니다. "목사님, 제가 한 말씀만 꼭 드리겠습니다." 그때 그분이 한 말을 제가 잊을 수 없습니다. "오늘 같은 날이 있다는 것을 벌써 알았더라면 지난날처럼 살지는 않았을 겁니다." 여러분, 그분이 과연 몰랐습니까? 그렇게 모를 수 있는 것입니까? 이날이 있다는 것을 몰랐다― 이는 부인하는 것이고, 일부러 몰랐던 것입니다.

호세아 4장 6절에 귀한 말씀이 있습니다. "내 백성이 지식이 없으므로 망하는도다 네가 지식을 버렸으니 나도 너를 버려 제사장이 되지 못하게 할 것이요……" 지식을 버렸다― 지식이 없는 것이 아니라, 지식을 버린 것입니다. 철학자 로크는 인간이 하나님께 이성이라는 소중한 선물을 받았는데, 그 선물로 받은 이성이 병들어서 첫째는, 근시안이 되고 말았다고 이야기합니다. 그래서 주신 이성으로 멀리 하늘까지 보아야 하는데, 가까운 곳밖에는 못 보는, 근시안적인 존재가 되고 말았습니다. 내 손에 돈 몇 푼이 주어지는 것에 만족하거나, 조그마한 사건들에 매여서 멀리 볼 수 있는 시각을 잃어버렸습니다. 둘째는, 정념에 사로잡혀서 자기 자신을 볼 수 없게 되었습니다. 기분에 사로잡히고, 또 지나친 감성에 사로잡히고, 손익계산에 빠르고, 별것도 아닌 물질의 욕심에 빠져서 어느 사이에 자기 존재의 소중한 이성마저 흔들리게 되었습니다. 가장 중요한 것은 셋째입니다. 과거 경험에 매여서 미래를 보지 못하는 존재가 되었습니다. 그렇습니다. 우리가 생각할 때 미래보다 더 밝은 미래를 바라보고 오늘을 보아야 하는데, 과거로부터 오늘을 봅니다. 과거에 철저하게 매이고 붙들려서 노예가 된 상태로, 병든 이성을 가지고 현재를 봅니다. 그러니, 현재는 암담할 수밖에 없습니다. 또 한 가지는, 과거의 잘못된 경험에 매여서 그만 신령한 세계를 보지 못하는 존재가 되고 말았습니다. 이걸 잊지 말아야 합니다.

예수님께서 돌아가실 때도 십자가상에서 일곱 가지 말씀을 하셨습니다. 그래서 우리가 그것을 '가상칠언(架上七言)'이라고 합니다. 그 십자가상에서 첫째로 하신 말씀이 이것입니다. "하나님이여, 저들의 죄를 사하소서. 저들이 하는 것을 모르기 때문입니다." 모르기 때문입니다─ 말이 중요합니다. 모르는 것이 문제입니다. 무식이 문제입니다. 인간은 의식으로 삽니다. 의식이 떠나면 죽은 것입니다. 의식이 맑으면 건강한 것입니다. 예수님께서 말씀하십니다. "하나님이여, 불쌍히 여기소서. 저들이 모르기 때문입니다. 저들이 저렇게 아우성을 치고, 나를 십자가에 못박는 것은 모르기 때문입니다." 이렇게 불쌍히 여기십니다.

호세아 6장 3절은 말씀합니다. "우리가 여호와를 알자 힘써 여호와를 알자……" 칼뱅의 유명한 명언이 있습니다. '하나님을 알고야 나를 안다. 하나님에 대한 지식이 없이는 나 자신에 대한 지식도 없다.' 이걸 잊지 말아야 합니다. 하나님을 알고야 나를 아는 것입니다. 하나님을 알 때까지는 나를 모릅니다. 그래서 말씀하는 것입니다. "우리가 여호와를 알자. 힘써 여호와를 알자." 문제는 지식을 부인하는 데 있습니다. 아는 지식을 부인하면 무식이 됩니다. 무식이 짙어지면 어리석음이 되고, 어리석음이 길어지면 고집이 됩니다. 참 이상합니다. 어리석은 사람일수록 고집이 셉니다. 바꾸어 말하면, 고집이 있는 사람은 어리석은 사람이기도 합니다.

그런가 하면, 점점 더 깊은 멸망으로 빠지게 됩니다. 여러분, 술의 죄악을 알고 있지요? 맑은 이성으로도 살기가 어려운데, 그 이성을 흐리게 하는 것이 술입니다. 술 취한 자는 어떻습니까? 정신이 없어지지 않습니까. 맑은 정신으로 살기도 어려운 세상에 일부러 정신을 흐리게 만들고야 어떻게 살아갈 수 있겠습니까. 이성을 흐리게 만들고, 양심을 흐리게 만들고, 양심의 가책마저 땅에 묻어버리면, 그 뒤에 무식한 용기가 생깁니다. 무식이 주는 용기, 술 취함으로 말미암아 생기는 용기— 이것은 만용입니다. 오늘날 우리가 차를 타고 다닐 때 그로 말미암아 사고가 많이 납니다. 놀랍게도 그 원인의 40퍼센트가 알코올입니다. 술 때문에 차 사고가 나는 것입니다. 술 먹고 운전하면 안 된다고 아무리 말려도 술 취한 사람들은 괜찮다고 하면서 만용을 부립니다. 도대체 그 고집이 어디서 나오는 것입니까? 술 취한 사람들은 목소리가 큽니다. 자신만만합니다. 그러나 그것은 죽음으로 향하는 만용입니다. 잊지 말아야 합니다.

성경에서 보면 가장 최고로 어리석은 사람의 고백을 들을 수 있습니다. 그것이 바로 대제사장 가야바입니다. 대제사장 가야바가 요한복음 11장 49절로 50절에서 유명한 말을 합니다. "너희가 아무것도 알지 못하는도다 한 사람이 백성을 위하여 죽어서 온 민족이 망하지 않게 되는 것이 너희에게 유익한 줄을 생각하지 아니하는도다……" 사람들이 이 때문에 예수를 십자가에 못박습니다. 이걸 잊지 말아야 합니다. 대제사장이 예수를 십자가에 못박습니다. 자기 딴에는 나라를 평안하게 하기 위해서입니다. 예수가 의인인지, 하나님의 아들인지, 그런 것은 알 바가 아닙니다. 예수가 여기 있으면 정치적으로 혼란스럽게 되니까 예수를 죽여버려서 정치적 안정을 얻겠다는 것이 가야바의 철학입니다. 참으로 무서운 것입니다. "너희는 아무것도 모르는도다. 왜 이유를 알지 못하느냐? 한 사람이 죽어서 온 백성이 편안할 수 있다면, 그냥 죽이는 것이 낫지 않은가. 의인이냐 아니냐, 하나님의 아들이냐 아니냐, 그런 것은 알 바가 아니다."

여러분, 번영이 먼저가 아닙니다. 잘 사는 것이 먼저가 아닙니다. 자유 평등이 먼저가 아닙니다. 진리가 먼저입니다. 정의가 먼저입니다. 요새도 보면, 많은 정치가들이 이렇게 하면 잘 살고, 이렇게 하면 부요하고, 이렇게 하면 평등하고, 이렇게 하면 뭐가 되고 합니다마는, 빠진 것이 하나 있습니다. 바로 정의와 공의입니다. 정의와 공의가 있어야 합니다. 바르게 할 때 구원이 있는 것이지, 또 번영도 따라오는 것이지, 불의함, 거짓됨, 위선의 안에는 평화가 없습니다. 물론 번영도 없습니다. "한 사람이 죽어서……"라는 것이 얼마나 무서운 얘기입니까. 그렇게 한다고 온 백성이 평안할 수 있습니까? 아니었다는 말입니다.

오늘본문에는 성전에서 하신 예수님의 말씀이 나옵니다. 예수님께서 십자가를 지시기 전에 성전에 올라가 보셨습니다. 유월절 때 많은 사람이 제물을 가지고 와서 제사를 드리는데, 그 제물을 검사하는 권한은 대제사장에게 있었습니다. 깨끗한 제물이어야 합니다. 제물들이 깨끗하지 못하다고 판정되면 불합격입니다. 그럼 하는 수 없이 그 제물을 가지고 나가서 팔아야 합니다. 그리고 다시 다른 양을 사 가지고 와야 합니다. 이렇게 사고팔고 하는 일이 생기는데, 이러다 보니까 장사치들이 그 성전 마당에 들어와서 장사를 합니다. 거기에서 제물을 바꾸거나 팔고 삽니다. 그렇게 거룩한 성전이 그만 시장바닥이 되고 말았습니다. 예수님께서 그 꼴을 보시고 "만민이

기도하는 집을 어찌하여 강도의 굴을 만드느냐?" 하고 크게 외치시면서 다 몰아내셨습니다. 예수님께서 힘이 있으셔서가 아닙니다. 뒤에 군사력이 있으신 것도 아닙니다. 단지 저들이 다 양심의 가책을 느끼며 "이래서는 안 되지" 하던 중에 예수님께서 말씀하시니까 다 물러간 것입니다. 성전이 깨끗해졌습니다. 십자가에 돌아가시기 전에 성전을 깨끗케 하시는 큰 역사를 이루신 것입니다.

그런데, 전설에 따르면, 제사장의 집에 강도가 들었답니다. 그래서 그동안 부정하게 모아놓은 재산을 몽땅 가져갔답니다. 이 소문이 쫙 퍼지니까 백성들은 생각합니다. '잘됐다. 그놈의 제사장, 욕심만 부리더니, 강도 잘 만났다.' 이런 소문이 돌았고, 예수님께서도 그 소문을 다 아시고서 하신 말씀 같습니다. "만민이 기도하는 집을 어찌하여 강도의 굴로 만드느냐?"라고 예수님께서 책망하십니다. 이 말씀을 들으면서 저들은 할 말이 없었습니다. 당연히 들어야 할 책망을 듣는 것이고, 당연히 받아야 할 심판을 받는 것이니까 저들은 할 말이 없습니다. 그래도 대제사장과 그 무리들이 가만히 있을 수는 없지 않겠습니까. 그래서 예수님 앞에 와서 구차한 질문을 하는 것입니다. "당신이 이렇게 지금 성전을 깨끗이하는 권세를 행사하는데, 이 권세를 누가 주었느냐? 누가 준 권세를 이렇듯 우리에게 행사하느냐?"라고 물었습니다. 예수님께서는 그 질문에 "하늘이 주신 것이다. 하나님께서 주신 것이다"라고 간단하게 대답하실 수 있지만, 아닙니다. "나도 너희에게 물어보겠다. 분명히 대답해라. 세례 요한의 세례가 하늘로부터냐, 사람으로부터냐?" 이 질문을 듣고 저들이 나가서 자기들끼리 의논했습니다. "하늘로부터라고 대답하면 왜 세례 요한을 믿지 않았느냐고 할 것이고, 사람으로부터라고 대답하면 백성들이 돌로 칠 것이다.” 그들은 이럴 수도 없고, 저럴 수도 없는 딜레마에 빠졌습니다. 그래서 그들이 대답합니다. “모른다.”

세상에서 제일 간단한 대답은 모른다는 것입니다. 여러분, 진짜 모르는 것입니까? 아닙니다. 스스로 알고도 부인하는 것이지, 모르는 것이 아닙니다. 그들이 모른다고 하니까 예수님께서 말씀하십니다. “나도 무슨 권세로 이리하는지 말하지 아니하리라. 너희들의 마음속에 그것을 받아들일 만한 자세가 없으니, 내가 말할 필요도 없다. 나도 너희에게 말하지 아니하리라.” 이것이 중요합니다. 이제 심판받는 시간이 옵니다. 그때부터는 점점 모르게 됩니다. 교만하게 됩니다. 완악하게 됩니다. 회개할 기회를 잃어버립니다. 다시는 회개할 수 없게 됩니다. 회개도 하나님께서 주신 은사입니다. 하나님께서 은혜를 주실 때 회개할 수 있습니다. 은혜 앞에서 회개할 수 있습니다. 그러나 심판과 율법 앞에서는 회개가 없습니다. 은혜를 떠날 때, 은혜 밖으로 쫓겨나는 순간 저들은 회개를 잃어버립니다. 죄는 무식입니다. 죄는 무식에 대한 합리화입니다.

모르는 것이 아닙니다. 많은 사람이 몰랐다는 이유로 자기의 행동을 합리화합니다. 몰랐다면 모르는 죄가 있습니다. 이걸 잊지 말아야 합니다. 아는 지식을 부인하면 완전히 완악하게 되고, 무식하게 되고 맙니다. 지식을 떠나게 됩니다. 맑은 이성으로부터 지식을 얻고, 성경말씀으로부터 밝은 지식을 얻고, 성령의 감화로 밝은 영혼이 되는 것인데, 이것을 다 덮고, 억지로 부인하고, 지식을 부인하는 순간 지식을 잃어버린, 버려진 인간이 되는 것입니다. 오늘도 여러분이 모르는 것 아닙니다. 알고 있습니다. 성령께서 말씀하십니다. 기도하며 말씀을 듣습니다. 설교말씀을 들을 때 또 가르쳐줍니다. 그러므로 아는 대로 회개해야 합니다. 바로 응답해야 합니다. 한 번 부인하면 점점 굳어집니다. 완악해집니다. 강퍅해집니다. 그러면 이제는 돌이킬 길이 없습니다.

저는 나이아가라 폭포를 몇 번 간 일이 있습니다. 나이아가라 폭포 바로 뒤에는 큰 휴양지가 있습니다. 거기서 하룻밤 자면서 재미있는 걸 보았습니다. 나이아가라 폭포 위에서는 강물이 천천히 흐릅니다. 그 흐르는 강물이 마지막에 나이아가라 폭포로 떨어지는 것입니다. 거기에 큰 유원지가 있어서 많은 사람이 뱃놀이를 합니다. 그러다가 그 배가 천천히 흘러서 나이아가라 폭포까지 올 때가 있습니다. 거기다 줄을 쳐놓았기에 거기까지만 오면 됩니다. 그러면 다시 노를 저어서 더 올라갔다가 가만히 놔두면 또 아래로 흘러 내려옵니다. 이런 식으로 즐기는 것입니다. 그런데, 이 선을 한 번 딱 넘고 나면 아무리 노를 저어도 소용없습니다. 한 해에 일곱 명 이상이 그대로 폭포로 떨어져 내려 죽는다고 합니다.

회개에는 기회가 있습니다. 들릴 때 들어야 합니다. 감동이 올 때 거기에 진실함으로 응답해야 합니다. 잊지 말아야 합니다. 하나님께서 내게 주시는 밝은 이성을 통하여 가르쳐주실 때 진실하게 응답해야 합니다. 믿고 순종하면 총명해집니다. 믿고 순종하면 충만해집니다. 믿고 순종하면 용기를 얻습니다.   △

이 아브라함의 딸

    예수께서 안식일에 한 회당에서 가르치실 때에 열여덟 해 동안이나 귀신 들려 앓으며 꼬부라져 조금도 펴지 못하는 한 여자가 있더라 예수께서 보시고 불러 이르시되 여자여 네가 네 병에서 놓였다 하시고 안수하시니 여자가 곧 펴고 하나님께 영광을 돌리는지라 회당장이 예수께서 안식일에 병 고치시는 것을 분 내어 무리에게 이르되 일할 날이 엿새가 있으니 그 동안에 와서 고침을 받을 것이요 안식일에는 하지 말 것이니라 하거늘 주께서 대답하여 이르시되 외식하는 자들아 너희가 각각 안식일에 자기의 소나 나귀를 외양간에서 풀어내어 이끌고 가서 물을 먹이지 아니하느냐 그러면 열여덟 해 동안 사탄에게 매인 바 된 이 아브라함의 딸을 안식일에 이 매임에서 푸는 것이 합당하지 아니하냐 예수께서 이 말씀을 하시매 모든 반대하는 자들은 부끄러워하고 온 무리는 그가 하시는 모든 영광스러운 일을 기뻐하니라

(누가복음 13 : 10 - 17)

이 아브라함의 딸

R. B. Perry라고 하는 교수가 쓴 유명한 '인간 가치론'이라는 글이 있습니다. '인간의 가치가 얼마나 될까?' 그 가치를 잘 평가하고 분석해서 우리에게 여러 종류의 가치에 대해 말해주고 있습니다. 첫째가 물질적 가치입니다. 모든 사람이 다 같지 않습니다. 그 사람이 얼마의 재산을 가지고 있느냐에 따라서 평가를 받을 때가 있습니다. 저도 어떤 때 옷을 잘 입고 어디에 들어가면 환영을 받지만, 허술하게 입고 들어가면 아주 기분 나쁘게 무시당할 때가 있습니다. 이것이 바로 물질적 가치입니다. 돈이 있으면 값이 있는 것이고, 돈이 없거나 구걸하게 되면 인간 가치 자체가 추락하는 것입니다. 그것은 사실입니다. 그래서 물질적 가치는 얼마나 소유했느냐에 따라 내 가치가 높이 평가될 수 있는 것입니다. 이것은 다른 말로 하면 소비적 가치입니다. 가지고 있다고만 가치가 있는 것이 아닙니다. 어떻게 쓰느냐가 중요합니다. 돈을 많이 가졌다고 부자가 아닙니다. 돈을 잘 써야 부자입니다. 그런 사람이 행복도 한 것입니다. 잔뜩 쥐고 있다가 그냥 죽으면 성경에 나타나는 어리석은 부자처럼 이는 잘못된 것입니다. 가치가 없는 것입니다. 그러니까 경제적 가치, 다시 말하면, 많은 소유도 중요하지만, 어떻게 소비하느냐, 어떻게 소비하고 살아가느냐, 그 소비적 가치에서 인간을 평가하게 되는 것입니다. 둘째로, 신체적 가치가 있습니다. 건강해야 합니다. 병들면 가치가 없습니다. 요즘 얼짱, 몸짱, 많이들 그러지 않습니까. 좋은 몸, 건강한 육체는 그만큼 가치가 있습니다. 병들고 허약해지면 인간 가치가

추락합니다. 셋째는 정신적 가치입니다. 그가 아는 지식만큼의 가치입니다. 만일 돈도 있고 건강도 한데, 멍청하면 가치가 없는 것입니다. 그 사람이 가지고 있는 지식, 심리적 건강, 예술적 감정이 정신적으로 풍부할 때 인간 가치가 높이 평가될 수 있습니다. 넷째는 인격적 가치입니다. 그 사람이 사회적으로 어떻게 살아가느냐, 또 삶의 의미를 어떻게 평가하고 사느냐, 하는 것이 중요합니다. 쉽게 말하면 행복지수입니다. 이 사람이 얼마나 행복을 누리며 사느냐? 돈은 있는데, 밤낮 걱정하고 살아갑니다. 권력은 얻은 것 같은데, 항상 불안에 떨고 삽니다. 그러면 가치가 없는 것입니다. 하지만, 나름대로 스스로 행복을 갖고 살아간다면, 그 행복한 만큼 인간 가치가 평가될 수 있는 것입니다.

이렇게 가치론에서 오늘본문에 나오는 이 여자에 대하여 평가한다면, 참으로 비참합니다. 보십시오. 여기에 나타난 여인은 평가할 가치조차 없습니다. 첫째, 신체적으로 보면, 18년 동안이나 꼬부라져서 조금도 펴지 못하고 있는 여인입니다. 척추병이 있어서 18년 동안을 꼬부라진 채 펴지 못하고 살아온 사람이 무슨 신체적 가치가 있겠습니까. 또한, 정신적 세계를 보더라도 귀신 들려 살아갑니다. 정신병자입니다. 정신적 가치가 바닥입니다. 그런가 하면, 18년 동안 많은 사람과 온 가족을 불편하게 만들었습니다. 전혀 쓸모없이 많은 사람을 불행하게 만드는 존재로 살았습니다.

특별히 오늘본문에 감추어진 이야기가 하나 있습니다. 그것은, 이 사람이 예수님 앞에 나아오지 못했을 뿐만 아니라, 이 사람을 예수님께 데리고 나아온 사람도 없다는 것입니다. 자신의 친구를 불쌍히 여겨서 그 침상을 네 사람이 둘러메고, 그를 예수님께 데려오기 위해 지붕을 뚫고 침상을 내린 가버나움의 이야기가 있지 않습니까. 병자, 그 사람의 믿음보다 그 친구들의 믿음이 중요한 사건입니다. 그렇다면, 오늘 이 여자도 누군가가 여자를 붙들어서 예수님께 데리고 와야 하는데, 그런 사람마저 없습니다. 아무도 없습니다. 그러니까 이 여자는 그저 버려진 사람입니다. 뿐만 아니라, 가정으로나 사회적으로나, 어디서나 없어져야 할 존재입니다. 얼마나 불쌍합니까.

여러분, 성경에는 수많은 사람이 나오는데, 특별히 예수님 앞에 모인 사람들은 전부 고난을 당하는 사람들 아닙니까. 병자요 세리요, 몹시 억압을 당하는 소외층 사람들이 예수님 앞에 나왔습니다. 어쩌면 그들이 병자이기 때문에 예수님을 만났고, 예수님을 찾아온 것입니다. 그렇게 불행한 사람들이 다 예수님 앞에 왔는데, 그 모든 사람을 자세히 평가해보십시오. 문둥병 환자라고 하지만, 예수님께 말은 할 수 있습니다. "예수여, 저를 불쌍히 여기소서!" 시각장애인이었던 바디매오도 예수님 앞에 와서 말합니다. "내 눈을 뜨게 해주세요!" 이렇게 말을 하지 않습니까. 그러나 오늘본문의 이 귀신 들린 여자는 말이 없습니다. 심지어는 38년 된 환자도 예수님 앞에 나아와 자기 병 고쳐주시기를 간구하고 있지 않습니까.

그러나 오늘 이 여자는 예수님께 "제 병 좀 고쳐주세요! 저를 불쌍히 여겨주세요!"라는 단 한마디 기도를 할 수 없는 사람입니다. 그래서 저는 생각합니다. '이 여자는 예수님께서 만나셨던 모든 불행한 사람들 가운데서도 가장 불행하고, 가장 비참했던 사람이다.' 이렇게 평가하고 싶습니다. 쉽게 말하면, "저를 불쌍히 여겨주소서!"라는 말 한마디를 못 하는 사람입니다. 예수님 앞에 가까이 와서도 단 한마디, 자신을 불쌍히 여겨주십사 하는 말 한마디를 할 수 없는 사람입니다. 그러니 가장 불쌍한 사람 아니겠습니까. 또한, 누군가가 대신이라도, 이 사람이 못 하면, 그 부모든 형제든, 누구라도 대신 와서 "이 사람을, 제 딸을 불쌍히 여겨주세요!"라고 하는 말을 해줄 사람도 없습니다. 그래서 저는 이 여인이 가장 불행한 사람이라고 생각합니다. 그런데, 더 불행한 것이 있습니다. 그것은 이 여인이 자기의 불행을 모르고 있다는 것입니다.

이것이 정신병자의 특징입니다. 정신병자는 대개 히죽히죽 웃지 않습니까. 정신병자가 우는 일은 없습니다. 자기가 얼마나 불행한지, 얼마나 무가치한 존재인지, 얼마나 억울한 생을 살고 있는지를 이 여인은 모르고 있습니다. 그런고로, 불행 자체를 모르는 불행이 이 여인의 모습입니다. 그런데, 오늘본문에 보면 예수님께서는 이 여자를 아주 적극적으로, 긍정적으로, 그리고 영적으로 보십니다. 놀라운 말씀입니다. 저는 이 성경을 읽을 때마다 예수님의 마음, 예수님의 자비하심, 그 넓은 능력과 그 사랑을 생각할 때마다 감격하지 않을 수 없습니다.

미국에 가서 미국 사람들하고 대화할 때, 만나서 이런저런 이야기를 나눌 때 주의사항이 있습니다. 미국 사람들하고 만나서 얘기할 때는 절대 이것은 물어서는 안 됩니다. 첫째, 나이가 얼마냐고 묻지 말아야 합니다. 만나서 나이를 묻는 것은 큰 욕입니다. 그러면 그들은 아주 크게 분노합니다. 둘째, 고향을 묻지 말아야 합니다. 고향이 어디인지를 물어보는 그 자체가 아주 불순한 일입니다. 그런가 하면, 미국 사람들의 세계에서 물어서는 안 되는 것이 출신학교입니다. 출신학교를 물어보면 안 됩니다. "당신은 어느 학교 나왔습니까?" 이 세 가지는 미국 사람들에게 물어보면 안 되는데, 유감스럽게도 우리는 이 세 가지 질문이 입버릇처럼 되어 있습니다. 만나기만 하면 고향이 어디인지, 나이는 어떻게 되는지, 학교는 어디를 나왔는지를 물어봅니다. 이 세 가지를 기본으로 그 사람의 가치를 평가하겠다는 생각입니다. 잘못된 평가 기준입니다. 요새 적폐라는 말을 너무들 많이 합니다. 그러는 사람들을 많이 봅니다.

세상에 실수 없는 사람 있습니까. 오히려 실수가 있었던 사람이 진정 위대한 사람이 될 수 있는 것입니다. 그런데도 실수한 사람을 전부 적폐라고 하면서 다 쳐버린다면, 남는 사람이 어디 있겠습니까. 나를 보나 남을 보나, 실수라는 것은 누구나 다 하기 마련입니다. 오히려 실패는 성공의 어머니라고 하지 않습니까. 실패도 소중한 것입니다. 그런데, 적폐라는 이름으로 모든 과거를 다 소멸시켜버리고 맙니다. 그 소중한 경험들, 그 소중한 지혜들, 그 소중한 기회를 다 없애버리는 것은 참으로 불행한 일입니다.

오늘본문의 이 여인의 가치를 지금까지 평가해보지 않았습니까. 전혀 가치가 없는 여자입니다. 그는 쓸모없을 뿐만이 아니라, 숫제 살아서는 안 되는 사람입니다. 그녀가 살아 있음으로 말미암아 많은 사람이 불행해질 뿐입니다. 그런데도 이런 사람을 예수님께서는 만나주셨습니다. 그리고 오늘 놀라운 말씀을 하십니다. "이 사람도 아브라함의 딸이다." 저는 이 본문을 읽을 때마다 감동합니다. 아브라함의 딸— 무엇입니까? "선택받은 백성이다. 하나님의 백성이다. 아브라함의 딸이다." 그녀의 내면세계를 봅니다. 하나님의 형상인 그 내면세계— 지금은 비록 사탄에게 사로잡혀서 고생하고 있지만, 또 악한 병에 사로잡혀서 자유롭지 못하지만, 그 속에 살아 있는 하나님의 딸, 아브라함의 딸이 있다고 보고 계시는 것입니다.

Spiritual insight, 그 영적 통찰력이 너무너무 감격스럽습니다. 그뿐만 아니라, 오늘본문에 감동적인 말씀이 있습니다. "열여덟 해 동안 사탄에게 매인 바 된 아브라함의 딸을 안식일에 푸는 것이 당연하지 않느냐? 아무리 안식일이라 하더라도 하루라도 빨리 풀어주는 것이, 하루라도 빨리 자유케 하여주는 것이 하나님의 뜻 아니겠느냐?" "저를 고쳐주세요! 저를 불쌍히 여겨주세요!" 이 말 한마디도 못 한 이 여자, 그 기도 한마디를 못 하는 이 사람을 예수님께서는 불쌍히 여기셨습니다. 18년 동안이나 사탄에게 매인 바 된 몸으로 살아온 이 아브라함의 딸을 보시는 예수님의 시각, 관찰력, 통찰력, 마음가짐이 얼마나 놀라운 것입니까.

예수님께서는 오직 하나님의 은총 속에서 이 여인을 보고 계십니다. 하나님의 은혜가 함께하는, 하나님 은혜의 빛으로 보고 계십니다. 하나님의 은혜, 그 빛 속에서 이 여자를 보고 계십니다. 그 큰 사랑 속에서 보고 계십니다. 이 여인, 어쩌면 18년 동안을 기다렸습니다. 그리고 오늘 주님을 만나게 됩니다. 주님께서 그를 불쌍히 여기시고 "네가 18년 동안 얼마나 고생했느냐? 네게는 자유도 없었다. 네게는 의지도 없었다. 판단 능력도 없었다. 그러니 얼마나 고생했느냐?"라고 하십니다. 그리고 그 가장 천대받는 여인을 예수님께서는 여기까지 오셔서 불쌍히 여기시고, 아브라함의 딸이라고 하시고, 이제 풀어주십니다. 이것이 하나님의 뜻 아니겠습니까.

여러분도 다 아시겠지만, 또 우리가 늘 헌금하고 계시건만, 저 나진에 고아원이 있습니다. 그 고아원을 이제 소망교회에서 세우고, 오늘까지 그 어려운 가운데도 계속 돕고 있습니다. 거기에는 한 6백 명 고아가 있습니다. 그 고아원을 세우게 된 동기가 있습니다. 예전에 제가 한번 나진을 방문했습니다. 그때 나진 시장하고 같이 식사도 하고, 여러 가지 얘기를 하는데, 그분이 "목사님, 저와 같이 한 군데 가보실 데가 있습니다"라고 해서 "갑시다!" 하고 따라나섰습니다. "목사님, 저 산기슭에 움막집을 지어놓고 버려진 고아들, 불쌍한 아이들을 모아 거기 살게 하였는데, 좀 도와주시기 바랍니다." 그래 거길 가서 보니, 정말로 땅속에 움막집을 지어놓았고, 거기에 고아들이 모여 살고 있습니다. 옷도 제대로 입지 못했습니다. 그 좁고 더러운 곳에 아이들이 그냥 우글우글 모여 있는데, 얼마나 비참한지요. 도저히 눈 뜨고 볼 수가 없었습니다.

잠시 뒤에 다음 움막집 고아원으로 갔습니다. 거기서 같은 장면을 또 보았습니다. 이제 세 번째 고아원으로 가려고 했더니, 그 시장님 말씀이 이랬습니다. "목사님, 죄송합니다만, 이 둘만 보시고, 저 세 번째는 안 보시는 게 좋겠습니다." "왜요?" "목사님이 그걸 보시고 나면, 한 달 동안 식사를 못 하실 것입니다." 그래서 "그래요? 그럼 안 보겠습니다" 하고 안 봤습니다. 그때 시장님이 제게 물어본 것이 있습니다. "목사님의 손에 카메라가 있는데, 왜 저 장면을 찍지 않으십니까? 왜 이 고아들을 사진으로 찍지 않으십니까?" 그래서 제가 그랬습니다. "시장님, 미안합니다마는, 저도 사람입니다. 저 비참한 것을 한 번 보기도 괴로운데, 언제 또 보겠다고 사진을 찍습니까. 누구한테 보여주겠다고 사진을 찍습니까. 그래서 나는 저 아이들 사진을 찍을 수 없습니다." 그랬더니, 그 시장이 감격스러워하면서 자신도 고아원을 짓는 데 적극적으로 돕겠다고 해서 고아원을 지은 것입니다. 그리고 지금까지 잘 운영하고 있습니다.

여기에 무슨 조건이 있습니까. 불쌍히 여기는 마음뿐입니다. 하나님의 큰 은총 속에서 보는 것입니다. 이걸 잊지 말아야 합니다. 오직 하나님의 은총적 시각에서 새로운 인간상을 보는 것입니다. 내면을 봅니다. 겉을 보는 것이 아니라, 속을 봅니다. 육체를 보는 것이 아니라, 영혼을 봅니다. 뿐만이 아니라, 자유하게 된 미래를 봅니다.

우리는 아이들을 사랑합니다. 미래를 보기 때문입니다. 현재를 보는 것이 아닙니다. 과거도 아닙니다. 문제는 미래입니다. 이 철없는 아이가 여기 있지만, 이 아이의 미래를 바라보기 때문에 귀한 것입니다. 소망 가운데 보기 때문에 귀한 것입니다. 이걸 잊지 말아야 합니다. 예수님께서는 이 아브라함의 딸을 보시며, 미래를 보았습니다. 은총 안에 있는 자유인을 보았습니다. 귀신 들린 여자가 아니라, 꼬부라진 여자가 아니라, 18년 된 쓰레기 같은 인간이 아니라, 아브라함의 딸, 아주 아름다운 여인을 예수님께서 보고 계십니다. 그래서 '이 매임에서 푸는 것이 마땅하지 않느냐?' 하는 이것이 하나님의 사랑입니다. 이것이 아가페적 사랑입니다.

저는 신학대학에서 '기독교 윤리'라는 과목을 한 십 년 가르쳤습니다. 기독교 윤리라는 것은 한마디로 가치론입니다. 제가 여러 가지 학설과 여러 가지 이론들을 다 정립해서 한 학기 동안 가르쳤습니다. 그 가르침의 핵심은 인간 가치론입니다. 사람의 가치가 어디에 있느냐 하면, 사도 바울의 신학에 있습니다. "그리스도께서 위하여 죽으신 형제를 식물로 망하게 하지 마라." 아주 귀중한 말씀입니다. 사람을 볼 때 그의 과거도 아니고, 그의 미래도 아니며, 오직 그리스도께서 위하여 죽으신 형제, 그 사람을 십자가를 놓고 보는 것입니다. 십자가를 통해서 저를 보고, 나를 보는 것입니다. 이것이 기독교 윤리의 가치관, 그 중심입니다.

　여러분, 과거를 묻지 마십시오. 미래를 두려워하지도 마십시오. 하나님의 자녀인 저와 하나님의 자녀인 나 자신을 보십시오. 그러면 그 속에서 하나님의 은총을 보고, 하나님을 찬양하게 될 것입니다.
△

성전에 들어가는 경건

　너는 하나님의 집에 들어갈 때에 네 발을 삼갈지어다 가까이 하여 말씀을 듣는 것이 우매한 자들이 제물 드리는 것보다 나으니 그들은 악을 행하면서도 깨닫지 못함이니라 너는 하나님 앞에서 함부로 입을 열지 말며 급한 마음으로 말을 내지 말라 하나님은 하늘에 계시고 너는 땅에 있음이니라 그런즉 마땅히 말을 적게 할 것이라 걱정이 많으면 꿈이 생기고 말이 많으면 우매한 자의 소리가 나타나느니라 네가 하나님께 서원하였거든 갚기를 더디게 하지 말라 하나님은 우매한 자들을 기뻐하지 아니하시나니 서원한 것을 갚으라 서원하고 갚지 아니하는 것보다 서원하지 아니하는 것이 더 나으니 네 입으로 네 육체가 범죄하게 하지 말라 천사 앞에서 내가 서원한 것이 실수라고 말하지 말라 어찌 하나님께서 네 목소리로 말미암아 진노하사 네 손으로 한 것을 멸하시게 하랴 꿈이 많으면 헛된 일들이 많아지고 말이 많아도 그러하니 오직 너는 하나님을 경외할지니라

(전도서 5 : 1 - 7)

성전에 들어가는 경건

　1945년 8월 15일, 우리가 일제 치하에서 해방되었습니다. 이 일로 말미암아 교회 문이 활짝 열렸지요. 일본의 방해로 몇 달 동안이나 예배를 드리지 못했는데, 이제 제대로 예배를 드릴 수 있게 되었습니다. 또한, 예배당의 종까지도 일본 사람들이 다 가져갔는데, 그걸 되찾아 종각에 다시 달아놓고, 너무나 감격스러워서 하루 종일 그 종을 쳤습니다. 그렇게 예배가 감격스러울 수 없었지요. 그래 당시 교회가 엄청나게 부흥되었습니다. 제 고향의 교회에도 입추의 여지 없이 사람들이 모여들었습니다. 당시 새벽기도는 지금과 달랐습니다. 기도회라는 것이 숫제 없었고, 그냥 각자 교회에 와서 기도하고 돌아가는 것이었습니다. 그런데도 새벽에 가 보면 깜깜한 밤에 불도 켜지 않았는데, 발 들여놓을 데가 없을 정도였습니다. 들어가려야 들어갈 수가 없었지요. 그야말로 수많은 사람으로 꽉 찬 분위기였습니다.

　1946년 여름 장마 때의 어느 날이었습니다. 비가 얼마나 많이 오던지, 교회에 가기가 어려울 정도였습니다. 그러나 저는 결석할 수는 없다고 생각해서 우산도 제대로 쓰지 못하여 비를 다 맞으면서 새벽기도회에 갔습니다. 그랬더니, 교회 안에서 대성통곡하는 소리가 들리는 것입니다. 깜짝 놀라 웬일인가 하고 들어가서 보니, 박 장로님이라는 분이었습니다. 비가 억수로 쏟아지는데, 새벽기도회에 나가 보니 교회 지붕에서 비가 주룩주룩 새는 것 아닙니까. 그걸 보고 답답해진 장로님이 급한 대로 양동이를 가져다놓았는데, 이제는 그 양동이가 빗물로 가득 차서 바야흐로 넘치는 것이었습니다. 결국 온 예배당이 빗물로 가득 차오르는데, 그래 장로님이 그 빗물 속에 엎드린 채로 통곡하며 기도하고 있었던 것입니다. 이런 내용이었습니다. "하나님 아버지, 제가 죽일 놈입니다. 장마철을 당해서 비가 샐까봐 저의 집 지붕은 돌아보고, 교회당 지붕은 돌아보지 않았습니다. 그래서 이 모양이 됐습니다. 제가 죽일 놈입니다." 그러면서 통곡하는 모습을 제가 보았습니다. 일생 잊을 수 없는 좋은 경험이었습니다. 뒷날 그 장로님의 아들이 목사가 되어서 한평생 교회를 섬기는 것을 보았습니다.

다윗은 외모가 출중한 사람이 아닙니다. 사무엘상 16장 7절 이하에 보면, 하나님께서 사울 왕을 마땅히 여기지 않으시고, 사무엘 선지자를 통해서 "저 이새의 집에 가서 앞으로 왕이 될 사람에게 기름을 부어라"라고 말씀하셨습니다. 사무엘이 그 명령을 받고 이제 기름병을 준비하여 이새의 집으로 갑니다. 그리고 묻습니다. "너희 집에 아들이 있느냐?" "예, 있습니다." "아들들을 다 불러와라." 이새가 일곱 아들을 불러 사무엘 앞에 죽 세웠는데, 사무엘이 이렇게 보니까 그 가운데 기름 부음 받을 사람이 없는 것입니다. "이들이 다냐?" "아닙니다. 하나 더 있는데, 별로 시원치를 않아서 지금 양을 지키고 있습니다." 이 말은 무엇입니까? "설사 우리집 아들 가운데 왕이 될 사람이 있다 하더라도 저 아들은 아닙니다. 워낙 시원치 않은 아이여서 지금 심부름을 시키고 있습니다." 이런 말입니다. 그래 사무엘이 말합니다. "그 아들을 불러오라." 불러왔습니다. 보니까 용모가 아름다울 뿐만 아니라, 성령께서 말씀하십니다. "이 사람이 유대 나라 왕이 될 사람이다." 그때 하나님께서 하신 말씀입니다.

"사람은 외모를 보거니와 나 여호와는 중심을 보느니라." 다윗의 중심이 하나님 앞에 있기 때문에 하나님께서 그를 선택하시고, 사무엘에게 기름을 부으라고 말씀하셨습니다. 그래서 그가 사울을 이어 유대 나라의 왕이 됩니다.

그뿐이 아닙니다. 다윗은 아무리 보아도 성자가 아닙니다. 죄가 많습니다. 부끄러운 일도 많고, 전쟁도 많이 치렀기 때문에 많은 사람을 죽였고, 실수도 많았고, 허물도 많습니다. 그러나 다윗은 하나님의 선택된 사랑을 받은 사람입니다. 우선 성경에 나오는 사람들 가운데 제일 많이 나오는 이름이 다윗입니다. 무려 8백 번이나 나옵니다. 하나님께서 복을 주실 때마다 '내 종 다윗처럼'이라고 말씀하십니다. 그는 축복받은 자의 표본입니다. "내 종 다윗을 보아서 내가 너를 사랑하노라." 그는 복의 근원이기도 합니다. 하나님께서는 다윗을 사랑하셨습니다. 극진히 사랑하셨습니다. 정말 넘치도록 하나님의 사랑을 받은 사람이 다윗입니다. 그러면, 다윗이 어떻게 해서 이렇듯 하나님의 사랑을 받게 된 것입니까? 그걸 알자는 것입니다. 다름이 아닙니다. 다윗이 하나님을 사랑했습니다. 모든 사람이 하나님을 사랑한다고 하지만, 그 사랑은 추상적입니다. 그러나 다윗이 하나님을 사랑하는 그 사랑은 구체적입니다. 그리고 자원적입니다. 그는 아무 보상도 바라지 않는 깨끗한 마음으로 하나님을 사랑합니다. 그 사랑을 하나님께서 기뻐하시고, 다윗에게 듬뿍 넘치도록 복을 주시어서 결국은 다윗의 후손으로 예수님께서 이 세상에 오십니다. 그 예수의 이름이 '다윗의 자손'입니다. 이 얼마나 놀라운 축복입니까. 이렇게나 복을 받은 다윗입니다. '다윗은 도대체 어찌하여 이런 복을 받았을까?' 이것 좀 생각해보아야 하지 않겠습니까.

사무엘하 7장 1절부터 나타납니다. 저는 이 본문을 볼 때마다 교역자로서 성전을 지은 경험이 있기에 늘 이 본문을 소중하게 여깁니다. 다윗이 하나님께서 허락하시어 다윗성을 건설합니다. 예루살렘 성 다윗 왕국을 만들었습니다. 궁전을 지었습니다. 백향목으로 큰 궁전을 잘 지었습니다. 그리고 영화롭고 호화스럽게 왕궁에서 생활합니다. 그러던 어느 날 생각합니다. '아, 나는 이렇게 백향목 궁전에 있는데, 하나님의 법궤는 저 깜깜한 수달피 가죽 천막 속에 있도다.' 이것은 안 될 일이다, 싶어서 다윗은 자원하여 나단 선지자를 부릅니다. "제가 하나님의 전을 지을 마음이 있습니다." 그 말을 듣고 나단 선지자가 하나님께 여쭈어봅니다. "하나님, 어떡할까요?" 하나님께서 얼마나 기뻐하시는지 모릅니다. 이 성경본문을 자세히 읽어보면, 하나님께서 어린아이처럼 기뻐하시는 모습을 볼 수 있습니다. "내가 언제 너더러 성전을 지으라고 하더냐? 내가 이 천막 속에 있다고 불평하더냐? 어떻게 그런 마음을 품었느냐? 어떻게 성전 지을 마음을 먹었느냐?"

여러분, 꼭 같은 이야기지만, 고난을 당하면서 하나님을 부르는 것은 쉽습니다. 맹세도 하고, 서원도 하지만, 영화로울 때, 잘될 때, 형통할 때 하나님을 기억하는 것이 최상의 은혜입니다. 잘되고 형통할 때, 성공할 때, 영화로울 때 하나님을 기억해야 합니다. 하나님께서 말씀하십니다. "네 이름을 존귀케 하리라 내가 네 몸에서 날 자식을 네 뒤에 세워 그 나라를 견고케 하리라 저는 내 이름을 위하여 집을 건축할 것이요 나는 그 나라 위를 영원히 견고케 하리라." 이때 주신 축복입니다. 이걸 잊지 말아야 합니다. 이것은 다윗이 기도한 것이 아닙니다. 이것은 보너스입니다. 보너스로 주시는 것입니다.

다윗은 이렇게 하나님을 구체적으로 사랑했습니다. 그냥 감상적으로 사랑하는 것이 아닙니다. 어려울 때 사랑하는 것이 아닙니다. 내가 병들었을 때 부르짖는 것이 아닙니다. 일이 잘되고, 건강하고, 형통하고, 영광스러운 때, 그때 하나님을 기억한 것입니다. 그리고 하나님의 성전을 지을 마음을 품습니다. 이것은 그의 경건이요, 그의 자원하는 마음이요, 그리고 성전 중심의 신앙입니다. 그 이유는 간단합니다.

첫째, 가까이하여 — 오늘본문에 나옵니다. 하나님께 가까이 가기 위해서 성전을 지으려고 하는 것입니다. 하나님께 가까이 가려는 마음은 아주 중요합니다. 다니엘서에 보면, 다니엘이 바벨론에서 포로생활을 합니다. 그것이 얼마나 어려운 생활입니까. 하지만, 그는 언제나 하루에 세 번씩 시간을 정하여 예루살렘 쪽을 향한 창문을 열어놓고, 예루살렘 쪽을 보고 앉아서 하나님 앞에 기도했습니다. 이것이 이스라엘 사람들의 경건입니다. 저는 그런 자세를 직접 확인할 수 있었습니다. 제가 여러 번 이스라엘 사람들 가운데 특별히 경건하게 사는 분들의 집을 방문했던 일이 있습니다. 그 집에 들어가서 보니, 집 안에 예루살렘 쪽을 향한 창문을 딱 열어놓고, 그 밑에 성경책을 펴놓았습니다. 그리고 언제나 하루에 세 번씩 예루살렘 쪽을 향한 창문을 열어놓고 하나님 앞에 기도하는 것입니다. 이것이 바로 다윗의 마음입니다. 성전 중심의 경건입니다. 아주 중요합니다. 가까이 가는 것, 주님께 가까이 가는 상징적 표현으로 예루살렘 성전을 바라보는 것입니다. 아주 중요한 것입니다. 제가 아는 우리 교인들 가운데서도 그런 분이 있습니다. 자기 집의 방 하나를 기도하는 방으로 딱 구별해놓고, 그 방의 창을 열어놓고 기도하는 것입니다. 성전 쪽을 향해서 기도하는 그 상징적 의미가 참 중요한 것입니다. 그것이 가까이 가는 마음입니다. 내가 이 자리에서 그리 가지 못하지만, 내 마음으로 가까이 가는 마음, 주님께 가까이 가는 그 마음이 중요합니다.

둘째 경건은 듣는 마음입니다. 가까이하여 말씀을 듣는 것, 아주 중요합니다. 여러분 잘 아시는 대로, 솔로몬은 하나님 앞에 기도합니다. 스물한 살 때 왕이 되었습니다. 너무나 답답하고 괴로워서 하나님 앞에 철야기도를 했습니다. 그렇게 일천번제를 드릴 때 하나님께서 나타나셨습니다. "너는 내게 구하라. 내가 네게 무엇을 줄까?" 기가 막힌 시간 아닙니까. 그때 그는 여러 가지를 구하지 않고, 딱 한 가지를 구했습니다. "하나님이여, 듣는 마음을 주세요. 하나님의 음성을 듣는 마음을 주세요." 이것이 지혜입니다. 그냥 지혜가 아닙니다. 지혜로운 마음입니다. 원어의 뜻대로 말하면 '듣는 마음'입니다. "하나님, 듣는 마음을 주세요." 이 듣는 자세가 참 중요합니다.

가만히 보면, 우리가 하나님 앞에 나아갈 때 두 가지 자세가 있습니다. 하나는 보는 마음이고, 다른 하나는 듣는 마음입니다. 뭘 그렇게 보고 싶은 마음이 많은지요? 하지만, 그러다가 우상을 섬기게 됩니다. 그래서 십계명은 말씀합니다. "너는 우상을 섬기지 마라. 어떤 형편에든지 형상을 만들지 마라. 아니, 형상을 상상하지도 마라." 보고 싶어 하는 마음은 우상에 빠지게 합니다. 신앙생활 열심히 하는 분들을 보면, 많은 분이 보고 싶어 합니다. 천사도 보고 싶고, 하나님도 보고 싶고…… 그래서 보여달라고 떼를 씁니다. 그러다가 이상한 것을 보게 되는 것입니다. 그 자체가 우상 섬기는 마음입니다.

반면에 "주님, 말씀하소서. 종이 듣겠나이다"라고 하는, 바로 이 듣고자 하는 마음이 하나님에 대한 사랑의 고백이요, 사랑의 극치입니다.

우리 인간관계도 그렇습니다. 보려는 마음이 아닙니다. 듣는 마음입니다. 예수님께서 마르다와 마리아의 집에 가셨을 때도 마르다는 음식을 만드느라고 부산을 떨었습니다. 하지만 마리아는 예수님 앞에서 가만히 들었습니다. 말씀하시는 것을 재미있게 마음을 열어 놓고 아마도 "아멘! 아멘!" 하면서 들었을 것입니다. 우리는 하나님의 전에 들어갈 때 '듣는 마음'을 가지고 들어가야 합니다. 교회에 올 때마다 듣는 마음이지, 보고 싶은 마음이 아닙니다. 내 소원을 이루려는 것이 아닙니다. 내 뜻이 아닌 하나님의 소원을 이루는 것이고, 하나님의 뜻을 알자는 것입니다.

특별히 오늘본문은 말씀합니다. "급한 마음을 내지 마라." 급한 마음, 조급한 마음을 내지 말라고 말씀하십니다. '하나님께서는 왜 내 기도를 안 들어주실까? 왜 장사가 안 될까? 왜 하나님께서 내게 건강을 안 주실까?' 이렇듯 급한 마음에, 지나치면 시험에 빠지게 됩니다. 조급한 마음은 옳지 않습니다. 내가 내 뜻을 하나님께 아뢰는 것이 아니라, 하나님의 뜻을 알려고 하는 것입니다. 하나님의 뜻을 깨닫는 것입니다. 하나님의 뜻을 기뻐하는 것입니다. 하나님의 뜻을 찬양하는 것입니다. 그런고로 급한 마음은 금물입니다.

출애굽기 14장에 유명한 말씀이 있지 않습니까. "조용히 있어 내가 하나님 됨을 알지니라(Be still know that I am God)." 아주 중요한 말씀입니다. 이스라엘 백성들이 애굽에서 나왔습니다. 앞에는 홍해가 있고, 뒤에서는 애굽 군대가 따라옵니다. 어떻게 하면 좋습니까? 꼼짝없이 독 안에 든 쥐입니다. 뒤에는 애굽 군대가 따라오고, 앞에는 홍해가 있습니다. 이스라엘 백성들이 아우성을 칩니다. 우리는 다 죽었다고 원망, 불평하고, 이럴 줄 알았으면 왜 우리를 인도했느냐고 난리를 칩니다. 바로 그때 하나님께서 주신 중요한 말씀이 있습니다. "조용히 있어 내가 하나님 됨을 알지니라." 그리고 홍해가 열립니다. 놀라운 일 아닙니까. 홍해 사건이 거기에만 있는 것이 아닙니다. 오늘도 마찬가지입니다. 앞뒤가 꽉 막힌 것 같지만, 이것을 통해 하나님께서는 기적을 나타내십니다. 하나님의 위대한 역사를 나타내십니다. 하나님 구원의 역사를 여기서 구현하십니다. 이걸 알아야 합니다. "그런고로 조급한 마음으로 기도하지 마라. 내가 생각한 대로 되어야 한다고 고집하지 마라. 급한 마음을 버리라. 깨끗이 마음을 비우라." 이렇게 말씀하십니다.

유명한 케슬린 케이시가 쓴 「안식일의 선물」이라는 책이 있습니다. 이 책에서 그는 예배자에게 주는 유익에 대해서 말합니다. 우리가 하나님 앞에 예배하면, 첫째, 마음을 비우게 됩니다. 자신 안에 있는 욕심과 정욕과 미움과 복잡한 마음이, 하나님 앞에서 예배하게 되면, 깨끗이 비워진 빈 마음을 가지게 됩니다. 둘째, 균형의 선물을 받습니다. 속도를 멈추고, 초조한 마음을 버리게 됩니다. 셋째, 새로운 창조의 선물을 받게 됩니다. 하나님의 세계, 하나님께서 이루시는 창조적 역사를 감지하게 됩니다. 그리고 마지막으로, 하나님의 현존하시는 선물을 받게 됩니다. 그리하여 하나님의 뜻이 벌써 이루어지고 있음을 깨닫게 됩니다.

주기도문의 '뜻이 하늘에서 이루어진 것같이 땅에서도 이루어지이다'라는 말씀은 '뜻이 하늘에서 이루어진 것처럼 현실에서 이루어지이다. 내 현실에서 이루어지이다'라는 의미입니다. 하늘의 뜻이 내 현실 속에서 구현되기를 기도하는 내용이 주기도문에 담겨 있습니다. 다윗은 그래서 시편 84편의 유명한 시를 지었습니다. 그는 피난길을 다닐 때 성전을 사모했습니다. 여호와의 전을 사모했습니다. 그래서 제비와 참새를 부러워했습니다. 제비와 참새들은 마음대로 날아서 성전에 갈 수 있는데, 나는 이렇게 멀리 떠나 피난의 길을 다니고 있다고 하면서 제비와 참새를 부러워하고 있습니다. 그는 하나님 앞에 간절히 사모하며 기도합니다.

"시온의 대로가 있는 자는 복이 있다." 시온의 대로, 곧 성전으로 가는 대로가 그 마음에 있는 사람은 복이 있다는 것입니다. 왜 그렇습니까? 그것이 샘물이 될 것이기 때문입니다. 사막이 변해서 오아시스가 될 것이기 때문입니다. 그리고 다윗은 말합니다. "궁전에 살기보다 여호와의 집에 문지기로 있는 것이 좋사오니……" 여호와의 집에 문지기로 있는 것이 좋다는 다윗의 마음이 얼마나 귀합니까. 이렇기에 하나님께서 다윗을 사랑하신 것입니다.

오래전 이야기입니다. 한기원 목사님이 동신교회에서 목회하고 계실 때 제가 한기원 목사님을 특별히 만날 일이 있어서 밤 9시에 동신교회를 방문했습니다. 그래서 목사님하고 같이 얘기를 몇 마디 나누고 나오는데, 거기 보니까 깜깜한 밤인데, 그 교회의 이봉수 장로님이 교회 문 앞에 서 있는 것입니다. 그래서 인사하며 "이 장로님, 이 밤에 웬일이십니까?" 하고 물었습니다. 그때 저는 아주 귀중한 말을 들었습니다. "예, 저는 저녁에 퇴근할 때 반드시 교회를 한 바퀴 둘러보고 퇴근합니다. 제가 들어가서 기도를 길게 하고 그런 건 아닙니다마는, 하나님의 집을 한번 돌아보고 가려고 합니다. 제가 그래도 명색이 장로가 아닙니까. 그래서 하나님의 집을 한 번 돌아보고 집에 갑니다.”

이것이 주님을 사랑하는 사람의 자세요, 주님을 사랑하는 사람의 마음이요, 하나님께서 사랑하시는 자의 기본자세입니다. 이걸 잊지 말아야 합니다. 다윗이 하나님을 극진히 사랑했습니다. 구체적으로 사랑했습니다. 현실적으로 사랑했습니다. 그런고로, 하나님께서 다윗을 사랑하셨습니다. 그 사랑의 근거, 그 축복의 근거가 어디 있는가를 깊이 생각해야 합니다. “여호와의 집에 들어갈 때 발을 삼갈지어다. 가까이하여 말씀을 듣는 것이 우매자의 제사보다 낫다.” 이러한 성전 중심의 경건을 하나님께서 귀히 보시고, 복의 근원을 삼으실 것입니다.   △

십자가 없는 신앙고백

이 때로부터 예수 그리스도께서 자기가 예루살렘에 올라가 장로들과 대제사장들과 서기관들에게 많은 고난을 받고 죽임을 당하고 제삼일에 살아나야 할 것을 제자들에게 비로소 나타내시니 베드로가 예수를 붙들고 항변하여 이르되 주여 그리 마옵소서 이 일이 결코 주께 미치지 아니하리이다 예수께서 돌이키시며 베드로에게 이르시되 사탄아 내 뒤로 물러 가라 너는 나를 넘어지게 하는 자로다 네가 하나님의 일을 생각하지 아니하고 도리어 사람의 일을 생각하는도다 하시고 이에 예수께서 제자들에게 이르시되 누구든지 나를 따라오려거든 자기를 부인하고 자기 십자가를 지고 나를 따를 것이니라 누구든지 제 목숨을 구원하고자 하면 잃을 것이요 누구든지 나를 위하여 제 목숨을 잃으면 찾으리라 사람이 만일 온 천하를 얻고도 제 목숨을 잃으면 무엇이 유익하리요 사람이 무엇을 주고 제 목숨과 바꾸겠느냐 인자가 아버지의 영광으로 그 천사들과 함께 오리니 그 때에 각 사람이 행한 대로 갚으리라 진실로 너희에게 이르노니 여기 서 있는 사람 중에 죽기 전에 인자가 그 왕권을 가지고 오는 것을 볼 자들도 있느니라

(마태복음 16 : 21 - 28)

십자가 없는 신앙고백

여러분이 너무나 잘 아시는 철학자 파스칼은 그의 저서 「팡세」에서 이렇게 말하고 있습니다. '인간은 천사도 아니고 짐승도 아니다. 그러나 불행한 것은, 인간은 천사처럼 살려고 하면서도 사실은 짐승처럼 행동한다는 것이다.' 천사처럼 살려고 하면서 짐승처럼 행동하는 거기에 자기모순이 있는 것입니다. 여러분, 스스로 생각해보십시오. 천사처럼 살려고 합니다. 그러나 실상은 짐승처럼 살고 있습니다. 그러한 갈등과 모순 속에 인간이 살아가고 있습니다.

저는 사도 바울의 자기 고백을 볼 때마다 참 존경스럽고, 신앙적으로나 신학적으로, 그리고 인간적으로도 놀랍게 생각할 때가 있습니다. 사도 바울은 자기 고백을 합니다. 자기 얼굴을 보지 못한 로마에 있는 사람들에게 편지를 씁니다. 사도 바울이 위대한 이방인의 사도라고 알고 있는 로마의 교인들에게 자기소개를 하며, 편지를 합니다. 그 편지 속에서 말하는 것입니다.

저는 특별히 로마서를 몇 년 동안 신학대학에서 강의했습니다. 이 본문에 올 때마다 정말 어찌 이렇게 겸손할 수 있고, 진실할 수 있을까 싶어 감동합니다. 로마서 7장 18절은 말씀합니다. "원함은 내게 있으나 선을 행하는 것은 없노라." 원하는 것은 있지만, 행하는 것은 없노라— 로마 사람들에게 자기 자신을 정직하게 이렇게 말하고 있습니다. 그런가 하면, 7장 24절은 또 말씀합니다. "오호라 나는 곤고한 사람이로다 이 사망의 몸에서 누가 나를 건져내랴." 여기에서 '곤고한 사람이로다'의 본디 의미는 비참한 존재, 모순된 존재,

하찮은 존재입니다. 그는 자기 자신을 생각하여 그렇게 말하고 있는 것입니다. 자기가 자기 자신을 똑바로 보는 것입니다. 정직하게 고백합니다. 자기가 자기를 똑바로 아는 것, 그것이 진실이요, 그것이 경건입니다.

종교개혁자 장 칼뱅은 그의 저서인 「기독교 강요」의 첫 페이지에서 이렇게 말합니다. '하나님에 대한 지식이 없이는 사람에 대한 지식도 없다.' 한 장을 넘기면 반대로 말합니다. '자기 자신에 대한 지식이 바로 서지 않으면 하나님에 대한 지식도 없다.' 함께 말하면, 하나님에 대한 지식과 나 자신에 대한 지식이 함께 이루어진다는 것입니다. 동시에 이루어진다는 것이고, 한 가지 사건이라는 것입니다. 하나님을 알고야 나를 압니다. 나를 바로 알고야 하나님을 압니다. 이것이 칼뱅이 쓴 「기독교 강요」의 총주제입니다.

오늘본문에서 베드로는 모름지기 이러했다고 생각합니다. 많은 유대 사람이 로마 정치 하에서 억압을 당하며 고생할 때, 지금도 그렇듯이, 유대 사람들은 항상 메시아 대망사상(Messianic Expectation)을 가지고 메시아가 반드시 올 것이라 생각하며 살았습니다. 많은 유대인이 지금도 그걸 가슴에 채우고, 일도 하고, 세리도 되고, 길을 걷고, 행동합니다. 그러한 가운데 예수님을 만납니다. 예수님을 따릅니다. 감사하게도 예수님께서 베드로를 제자로 불러주십니다. 그래 베드로는 예수님과 함께 3년 동안 동고동락하면서 예수님의 모든 모습과 모든 사역을 몸소 경험합니다. 그러고 나서 그는 신앙고백을 합니다. 예수님께서 제자들을 향하여 이렇게 물으십니다. "너희는 나를 누구라 하느냐?" 중요한 시간입니다. 마지막에는 베드로를 향해서 말씀하십니다. "너는 나를 누구라 하느냐?" 베드로가 고백하니다. "주께서는 그리스도시요, 하나님의 아들이십니다." 예수님께서 참 흡족하셨던 것 같습니다. 기뻐하시면서 말씀하십니다. "네 이름이 베드로다." Petra, Petros. "너는 베드로, 반석이다. 이 반석 위에 내 교회를 세우리라. 음부의 권세가 침해하지 못하리라." 그리고 또 베드로에게 말씀하셨습니다. "네게 천국의 열쇠를 주노라. 네가 땅에서 매면 하늘에서도 매일 것이고, 네가 풀면 하늘에서도 풀릴 것이다. 천국열쇠를 주노라." 굉장하지 않습니까. 그래서 로마에 가 보면 석상들이 많이 있습니다. 바울도 있고, 베드로도 있고, 열두 제자들도 다 있지만, 그 가운데 커다란 열쇠를 들고 있는 사람이 바로 베드로입니다. 그는 큰 칼도 들고 있습니다. 비록 얼굴은 모르지만, 그것을 보면 그가 베드로임을 알 수 있습니다. 베드로의 특성, 베드로의 가장 큰 영광은 예수님께로부터 천국열쇠, 하늘의 권세를 받았다는 것입니다. 그런데 이걸 알아야 합니다.

이렇게 신앙고백을 했지만, 성경을 자세히 보면 예수님께서 마태복음 16장 17절에서 말씀하십니다. "바요나 시몬아, 네가 복이 있다. 여기까지 알았고 깨달았으니, 너는 복이 있다." 그러고 나서 참 신중한 말씀을 하십니다. 신비로운 말씀입니다. "이를 네게 알게 한 것은 혈육이 아니요, 이를 알게 한 것은 너 자신이 아니요, 네 지식이 아니요, 네 경험도 아니라. 이를 알게 하신 분은 하늘에 계신 내 아버지시니라. 하늘에 계신 아버지께서 이를 알게 하셨느니라." 아주 신비로운 말씀입니다. 무엇입니까? 베드로 네가 신앙고백을 하고 있지만, 그것은 아직 유치한 것이고, 비로소 고백이 되었으나, 아직도 너는 그 고백 속에 깊이 신앙을 뿌리박고 있지 못하다는 뜻입니다.

마르틴 루터의 신학에서는 하나님의 계시에 두 가지가 있습니다. 하나가 객관적 계시(Objective Revelation)이고, 다른 하나는 주관적 계시(Subjetive Revelation)입니다. 이 구분은 대단히 중요한 신학적 발상입니다. 객관적 계시라는 것은 한마디로 주님께서 이 땅에 오신다는 것입니다. 하나님께서 우리에게 오시어 객관적으로 역사하십니다. 이것은 역사요 성경이요 교훈이요 선지자입니다. 이런 분들을 통하여 우리에게 가까이 오시고, 또 말씀을 주십니다. 이것이 객관적 계시입니다. 이 사건이 먼저 있어야 합니다. 역사성이 아주 중요합니다. 역사를 접해야 합니다. 또 하나는, 성령께서 감화하셔야 한다는 것입니다. 성령의 감화— 아무리 들어도 성령의 역사가 없으면 모릅니다. 아무리 보아도 성령의 역사가 없이는 모릅니다. 성령의 역사가 함께해야 합니다. 그래서 객관적 계시, 만남의 역사, 체험의 역사가 있는가 하면, 주관적 계시는 우리 안에서 성령께서 함께하실 때 비로소 주님을 만날 수 있다는 것입니다. 이걸 잊지 말아야 합니다.

그런고로, 오늘 베드로가 "주는 그리스도시요 살아 계신 하나님의 아들입니다"라고 고백했지만, 예수님께서 보실 때는 "고백은 있는데, 아직 네 속에 진정한 영적 고백은 없다. 지금 모르고 대답하는구나. 하나님께서 대답하게 하시고, 하나님께서 알게 하신 것뿐이지, 이것이 네 속에서, 너의 내면에서 고백되는 것은 아니다"라고 예수님께서 말씀하시는 것입니다. 사실이 그렇습니다. 고백은 있는데, 내면적 고백이 없습니다. 이걸 잊지 말아야 합니다. 고백은 현재진행형입니다. 이제부터 이 고백과 함께 살아가야 합니다. 고백은 한순간의 외침이 아닙니다. 고백과 함께 사는 것입니다. 생활 속에서 고백해야 합니다. 이것을 말씀하는 것입니다. "네가 안 것이 아니고, 하나님께서 알게 하신 것이니라." 그다음 말씀은 이것입니다. "이제부터 알기 시작하는 것이니라. 이제부터 알게 되는 것이니라." 그래서 예수님께서 이때부터 십자가를 지실 것을 예언하십니다. 예수님의 칭찬으로 베드로는 마음이 들떴는데, 아마 이 이야기를 듣고 깜짝 놀랐을 것입니다.

"우리가 그렇게 기다리던 메시아께서 오셨는데, 웬 십자가란 말이야? 이게 말이 안 되잖아!" 그래서 예수님께서 "십자가를 지노라"라고 하시니, 베드로가 예수님을 만류합니다. "그런 일은 절대 없을 것입니다" 이때 예수님께서 말씀하십니다. "사탄아, 물러가라!" 단호하십니다. 어찌 이리 냉정하실 수가 있습니까. 방금 "천국 열쇠를 준다. 너는 베드로다"라고 칭찬하셨는데, 그 베드로를 향하여 "사탄아, 물러가라! 너는 나를 넘어지게 하는 자로다. 너는 하나님의 일을 생각지 않는 자다"라고 책망하십니다.

여러분, 베드로가 "이런 일은 없을 것입니다. 십자가는 없을 것입니다. 아, 그런 불길한 말씀은 하지 마십시오!"라고 말할 때 무슨 마음이었을까요? 어디까지나 제 짐작입니다. "제가 성경을 아는 대로는, 제가 아는 메시아에 대한 성경 지식으로는 메시아는 영광의 메시아이십니다. 영광의 메시아시요, 권세가 있는 메시아신데, 그 메시아께 십자가라니, 말도 안 되는 소리입니다. 제가 아는 메시아는 그런 메시아가 아닙니다. 그런고로 십자가는 없습니다!" 또 있습니다. "예수님, 잘 모르시지요? 요새 예수님의 인기가 대단하십니다. 충천합니다. 수천 수만의 무리가 지금 예수님을 메시아로 알고, 환영하고 있는데, 불길하게 십자가라니요? 이게 무슨 말씀이십니까? 그런 일은 없을 것입니다!” 상황으로 볼 때 또 하나가 있습니다. 아마 최소한 “예수님, 어찌 십자가를 말씀하십니까? 제가 있지 않습니까. 아, 저희가 있지 않습니까. 여기 제가 있는데, 예수님께서 십자가에 돌아가시도록 내버려두겠습니까?”라고 자기 충성을 암시적으로 고백하고 있는 것 같습니다. 이 모든 것을 아시는 예수님께서 책망하십니다. “사탄아, 물러가라! 그건 전부 사탄의 생각이다. 사탄아, 물러가라!”

여러분, 깊이 생각해야 합니다. 마태복음 26장 이하에 보면, 베드로의 신앙고백은 허상이었습니다. 26장 33절에서 35절까지를 보면, 베드로가 말합니다. 예수님께서 십자가를 지시겠다는 말씀을 바로 듣고 하는 말입니다. “다 버릴지라도 저는 아닙니다. 다 버리고 도망갈지라도 저는 아닙니다. 저는 수제자입니다. 저는 베드로입니다!” 그런데, 여기서 생각해보십시오. “저만은 아닙니다!”라고 했는데, 역사를 가만히 보면, 베드로만 예수님을 모른다고 했습니다. 다른 사람들은 도망가고 말았지만, 베드로는 주님을 세 번이나 부인하는 부끄러운 일을 저질렀습니다.

또한, 마태복음 26장 35절에서 베드로가 말합니다. “내가 주와 함께 죽을지언정 주를 부인하지 않겠나이다……” 죽을지언정 — ‘만약 주님께서 십자가를 지신다면, 저는 주님과 함께 죽을 것입니다’라는 고백입니다. 그러나 베드로는 그 뜻이 무엇인지를 모르고 장담하고 있는 것입니다. 예수님께서 말씀하십니다. “베드로야, 닭 울기 전에 네가 세 번 나를 모른다고 하리라.” 슬픈 말씀입니다. 예수님께서 부활하신 다음, 베드로가 갈릴리에 가서 물고기를 잡으려고 할 때입니다. 예수님께서 그 베드로를 찾아가시어 물으십니다. “바요

나 시몬아, 네가 나를 사랑하느냐? 내 양을 먹이라. 네가 나를 사랑하느냐? 어찌하여 여기에 있느냐? 네가 나를 메시아로 고백했느냐? 어찌하여 여기 물고기 잡으러 와 있느냐? 네가 나를 사랑하느냐? 내 양을 먹이라!"

이제 생각해보십시오. 베드로는 인간적인 생각에서 십자가 없는 신앙고백을 했습니다. 십자가가 없기를 바랐습니다. 십자가를 불결하게 생각했습니다. 십자가 없는 메시아, 십자가 없는 그리스도를 생각했습니다. 그래서 그는 예수님께 "사탄아, 물러가라!"라는 책망까지 듣습니다. 십자가가 무엇입니까? 십자가는 고통입니다. 십자가는 아픔입니다. 십자가는 죽음입니다. 그 가운데서도 가장 중요한 십자가의 의미는 '대신 죽는 것'입니다. '대신 고통을 당하는 것'입니다. 네가 당할 고통을 내가 당하는 것입니다. 내가 능력이 없어서 당하는 것이 아닙니다. 얼마든지 안 지실 수도 있는 십자가지만, 예수님께서는 죄인을 구속하시기 위하여 대신 십자가를 지십니다. 뿐만이 아니라, 십자가는 자원하여 당하시는 것입니다. 불가피하게 당하신 것이 아닙니다. 이리저리 피해 다니시다가 하는 수 없이 얽히셔서 십자가를 지신 것이 아닙니다. 꼭 잊지 말아야 합니다. 십자가 사건은 자발적인 것입니다. 예수님 스스로 선택적으로, 자발적으로 십자가를 지신 것입니다.

예수님께서 말씀하십니다. "내 제자가 되려거든 자기를 부인하고, 자기 십자가를 지고, 나를 좇을 것이니라." 이렇게 세 가지 조건을 말씀하십니다. 자기 십자가가 무엇입니까? 자발적이라야 합니다. 부득이 당하고, 팔자타령, 신세타령을 하면서 당하고, 도망가다 당하고…… 아닙니다. 자발적으로─ 이것이 십자가의 의미입니다. 뿐만이 아니라, 깊은 곳에 사랑이 있습니다. 사랑의 열매로 이루어지는 것입니다. 예수님께서 십자가를 지시면서 하신 맨 첫 말씀이 이것입니다. "하나님이시여, 저들의 죄를 사하소서. 저들이 하는 것을 모르기 때문입니다." 불쌍히 여기시는 마음입니다. 사랑의 열매로, 사랑의 마음으로 십자가를 지십니다. 십자가는 죽음입니다. 그런고로 해답은 부활신앙입니다. 십자가의 신앙 없이는 부활의 영광을 바라볼 수 없습니다. 십자가 없는 신앙고백은 허상입니다. 십자가를 피하려 하고, 모면하려 하는 마음속에 참 신앙고백은 없습니다.

신앙고백의 근본은 자발적이고, 자원적이며, 창조적인 것입니다. 그런고로, 이 부활신앙을 확실하게 지니신 예수님을 보십시오. 예수님께서는 말씀하십니다. 요한복음 10장 18절입니다. "이를 내게서 빼앗는 자가 있는 것이 아니라 내가 스스로 버리노라……" '나는 누가 나를 빼앗는 것도 아니고, 죽이는 것도 아니다. 나는 생명을 스스로 버리노라.' 여기서 '스스로 버리노라'가 자발적입니다. 자원적입니다. 그것이 사랑입니다. 불가피한 것이 아닙니다. 그런가 하면, 예수님께서 비유로 말씀하셨습니다. "한 알의 밀이 땅에 떨어져 죽으면 많은 열매를 맺거니와 죽지 아니하면 그대로 있느니라." 암시적이고, 비유적이고, 실제적입니다. 내가 십자가에 죽으면 많은 열매를 맺느니라— 그런 말씀 아니겠습니까. 십자가 없는 부활은 없습니다. 십자가를 통하고 나서야 비로소 저 앞에 부활이 있습니다. 부활이 없이는 십자가를 설명할 수 없습니다. 그런고로, 신앙고백은 부활신앙 안에서 온전해지는 것입니다. 부활신앙이 확실할 때 십자가가 있고, 그 십자가가 부활신앙과 함께 온전한 신앙고백이 되는 것입니다. 그래서 베드로가 신앙고백을 했습니다마는, 오순절에 성령께서 강림하신 다음에야 비로소 십자가가 있는 신앙고백을 하게 됩니다. 그리고 주님을 다시 만나고, 주의 역사를 이루어 가면서 마침내 부활신앙과 함께 온전한 신앙고백을 하게 될 때 그가 로마에 가서 순교하지 않습니까.

제가 로마에 갔다가 베드로가 예수님을 만났다고 하는 그 장소를 가 보았는데, 그 만났던 그 지점에 예수님의 발자국이 있었습니다. 그걸 제가 가서 확인해 보았습니다. 베드로가 로마에서 피신하여 딴 도시로 가려고 할 때 예수님께서 나타나신 바로 그 자리입니다. 예수님께서 로마로 가시는 것처럼 하시니까 베드로가 급하게 묻습니다. "쿼바디스 도미네(주여, 어디로 가십니까)?" 예수님께서 말씀하십니다. "네가 버리고 온 로마로 들어가서 다시 십자가에 죽으려고 한다." 이에 베드로가 고백합니다. "아닙니다, 예수님. 제가 가겠습니다." 그러고는 다시 로마에 자발적으로 들어가서 십자가를 지는데, 이렇게 요구합니다. "나는 예수님과 같은 모양으로 십자가에 달릴 수 없으니, 나를 거꾸로 매달아라." 그래서 그는 거꾸로 십자가에 못박혀 순교합니다.

여러분, 신앙고백은 반드시 십자가와 함께하고, 부활신앙과 함께 있습니다. 부활신앙의 고백이 아니라면 신앙고백은 허상입니다. 거룩한 부활신앙을 재확인하면서 우리 앞에 있는 영광을 볼 때 우리가 지는 십자가는 아무것도 아닙니다. 아주 가벼운 것입니다. 오히려 영광된 것입니다. 베드로의 신앙고백을 주님께서 온전케 하셨습니다. △

나는 스스로 버리노라

　　나는 선한 목자라 선한 목자는 양들을 위하여 목숨을 버리거니와 삯꾼은 목자가 아니요 양도 제 양이 아니라 이리가 오는 것을 보면 양을 버리고 달아나나니 이리가 양을 물어 가고 또 헤치느니라 달아나는 것은 그가 삯꾼인 까닭에 양을 돌보지 아니함이나 나는 선한 목자라 나는 내 양을 알고 양도 나를 아는 것이 아버지께서 나를 아시고 내가 아버지를 아는 것 같으니 나는 양을 위하여 목숨을 버리노라 또 이 우리에 들지 아니한 다른 양들이 내게 있어 내가 인도하여야 할 터이니 그들도 내 음성을 듣고 한 무리가 되어 한 목자에게 있으리라 내가 내 목숨을 버리는 것은 그것을 내가 다시 얻기 위함이니 이로 말미암아 아버지께서 나를 사랑하시느니라 이를 내게서 빼앗는 자가 있는 것이 아니라 내가 스스로 버리노라 나는 버릴 권세도 있고 다시 얻을 권세도 있으니 이 계명은 내 아버지에게서 받았노라 하시니라

(요한복음 10 : 11 - 18)

나는 스스로 버리노라

제가 소망교회에서 목회하고 있을 때입니다. 어느 날 사무실에 한 여자 청년이 찾아와서 제게 기쁜 소식을 전해주었습니다. 이 청년이 나이가 좀 많이 들었는데, 사무실에 들어서면서 하는 말입니다. "목사님, 저 시집갑니다! 목사님께서 주례해주세요!" 당연히 제가 기쁜 마음으로 허락했지요. "아, 그러고말고!" 이 청년은 교회 봉사도 잘하고, 성실히 신앙생활 하는 사람인데, 나이가 어느덧 오십이 되었거든요. 그런데, 이제야 결혼하겠다고 하니, 진심으로 축하하면서, 즐거운 마음으로 결혼 주례를 해주었습니다. 그리고 얼마 뒤에 그 청년이 찾아와서 또 하는 말입니다. "목사님, 제가 늦었지만, 아이를 가지고 싶은데요. 제가 임신할 수 있을까요?" 그래 제가 "그거야 내가 아니라, 하나님께서 하시는 일이니, 기도해보게"라고 이야기해주었습니다. 그러더니, 또 얼마 뒤에 와서 드디어 임신했다고 얼마나 자랑을 하는지, 온 교회가 다 알 만큼 자랑을 하는 것이었습니다. 그리고 마침내 해산 때가 되었지요. 본인이 하는 말입니다. "하나님께서 제게 이렇게 귀한 생명을 주셨는데, 저는 제왕절개 안할 겁니다. 자연분만할 거예요." 그래 제가 한마디 했지요. "다시 한번 생각해봐라. 그러다가 잘못하면 네가 위험해질 수도 있어." 그래도 막무가내입니다. "아닙니다, 목사님. 하나님께서 귀하게 주시는 선물이니까, 제가 어떤 고난을 치르고라도 자연분만하겠습니다." 그러고는 정말로 나이 오십에 자연분만을 해서 아들을 낳았습니다. 저는 거기서 보았습니다. 도대체 참사랑이 뭐냐? 참사랑에는 어두운 그림자가 없습니다. 모두가 감사하고, 모두가 기쁨이고, 모두가 은총입니다. 모든 것이 축복입니다. 그것이 사랑하는 자의 정체의식입니다.

예수님의 수제자였던 베드로가 그의 편지 속에서 인간의 고통을 세 가지로 분석하여 말해주고 있습니다. 첫째가 애매한 고난이 있다는 것입니다. 이유를 모르는 고난입니다. 원인도 모르고, 결과도 모릅니다. 왜 이 고생을 해야 하는지, 왜 이 고난을 당해야 하는지, 내가 모릅니다. 그렇기에 애매한 고난입니다. '무슨 이유인지는 모르지만, 때로는 본인의 잘못도 없이 계속 고난을 당하고 사는, 이런 애매한 고난이 있다.' 그러나 베드로 사도는 이렇게 결론을 맺습니다. '하나님을 생각하고 참으면 은혜가 된다.' 둘째는 죄가 있어서 당하는 고난입니다. 자기가 뿌린 씨를 자기가 거두는 것입니다. 하나에서 열까지, 생각해보면 이것은 다 자기 잘못입니다. 자기 잘못으로 말미암아 많은 고생을 하게 되는 것이지요. 할 말이 없습니다. 그저 자기가 행한 대로 옛날을 되씹으며, '그때 그러지 말았어야 했는데……'라고 하는 회한 속에 살아가는 고난입니다. 셋째는 선을 행하므로 자원해서 당하는 고난입니다. 불가하게 당하는 것이 아닙니다. 피할 수 없어서 당하는 것도 아닙니다. '자원해서, 자발적으로, 아니, 선택적으로 당하는 고난이 있다. 이 고난만이 하나님 앞에 축복이 될 것이다.' 사도 베드로는 그렇게 말하고 있습니다.

불가피하게 당하는 필연적인 고난은 문제를 모르는 것입니다. 원인도 모르는 것입니다. 의미도 없는 것 같습니다. 무지하고 무능함으로 부득이하게 고난을 당하면서, 고난을 되씹으면서 사는, 그런 생활이 있습니다. 조금 더 분석해서 말하면, 빼앗기는 생활이 있는 것입니다. 원치는 않지만, 이미 자기가 행한 행위 때문에 잘못된 선택의 결과로 오늘 고난을 당하는 것입니다. 필연적으로 당하는 고난입니다. 중요한 것은 마음의 자세입니다. 빼앗기는 마음으로 당하는 고난이 우리 주변에 너무나 많습니다. 자기가 자기 자식을 낳아 키우면서 '하나님께서 주신 생명, 하나님께서 제게 주신 선물, 감사합니다!' 하는 마음으로 자녀를 키우는 것이 아닙니다. '무엇인가 운명이 잘못됐다. 운명적인 고통처럼 물질적으로나, 시간적으로나, 정신적으로나 다 빼앗긴다'라고 생각하는 것입니다. 그래서 '내가 저것 때문에 고생하지. 이건 내게 큰 실수였어. 저것을 낳았다는 자체가, 아니, 결혼했다는 자체가 큰 내 인생의 실수였어!'라고 과거를 되씹으면서 피해의식에 젖어 삽니다. 열등의식과 강박관념에서 헤어나지 못합니다. 잠깐이라도 '이 모든 운명, 이 고난이 있어야 할 것이 아닌데' 하는 것이 아니라, 항상 빼앗기는 마음으로, '과거도 빼앗겼고, 오늘도 빼앗기고 있다'라고 자기 스스로를 불행하게 저주하면서 사는 것입니다. 그런 생을 볼 수 있습니다.

지난날은 벌써 지나간 것입니다. 이미 지나간 회한에 잡혀 사는 것처럼 불행한 일은 없습니다. 후회로 삽니다. 피할 수 없는 현실로, 부득이하게요. 우리가 하는 말처럼 죽지 못해 살고, 아니, 죽을 수도 없는 삶을 삽니다. 그래서 그것을 그냥 운명처럼 생각하고, 고난을 견디어 가고 있습니다. 그러나, 한번 생각을 해보면, 놀라운 비약적인 세계가 있습니다. 그것이 바로 현재를 항상 새롭게, 선택적으로 살면서 감사하는 마음입니다. 그 사람이 자유인입니다. 오늘도 무엇에 쫓기는 것이 아닙니다. 내가 선택하는 것입니다. 내가 누구를 미워하고 있지 않습니다. 저는 사랑하고 있습니다. 그 누구도, 어떤 형편에도 사랑을 잃지 않고, 사랑하는 마음으로— 바로 그가 자유인입니다. 사랑하는 자에게만 자유가 있고, 사랑하는 자만이 그 자유인의 행복을 누릴 수 있는 것입니다.

오늘성경말씀에는 목장의 양과 목자의 아름다운 이야기가 있습니다. 저는 이 성경을 읽을 때마다 양과 목자, 목자와 양의 관계를 보면서 너무나 아름다운 그 관계를 좀 더 알고 싶었습니다. 그래서 언젠가 제가 이스라엘 나라에 여행을 갔을 때 일부러 하루 시간을 내서 차를 몰고 유목민 목자들이 천막을 치고 사는 곳에 가서 하루를 보낸 적이 있습니다. 여러분, 이런 말 있는 것 아십니까? '유목민처럼 살아라.' 그들은 집도 없습니다. 아무 욕심이 없습니다. 그냥 양과 같이 사는 것입니다. 성경에 '양의 문'이라는 말이 있습니다. 둥그렇게 만들어놓은 우리인데, 거기에 문이 따로 있지 않습니다. 그 문을 가로 막는 자세로 목자가 거기에 누워서 잡니다. 그것이 바로 '양의 문'입니다. 한데, 양은 절대로 그 목자를 타넘어가지 않습니다. 거기에 누워 낮잠을 자는 목자에 대해서 저는 '아, 저 사람의 마음속에 있는 행복을 누가 침해할 수 있을까?' 하는 생각을 해보았습니다.

그 우리 안에는 양이 한 3백 마리쯤 있는데, 그 양들이 양의 문을 통해서 밖으로 나갈 때 보니까 목자가 양들의 머리를 톡톡 치면서 뭐라고 한 다음 앞으로 가면 양들이 그 뒤를 줄줄이 따라갑니다. 그것도 한 줄로 따라갑니다. 재미있는 것이 있습니다. 소를 인도하기 위해서는 그 소의 코를 꿰ㅂ니다. 말은 인도하기 위해서는 그 말 입에 재갈을 물립니다. 개는 목을 줄로 매고요. 그러나 양은 아무것도 없습니다. 목을 맨 것도 아니고, 코를 꿴 것도 아닙니다. 그런데도 순순히 목자를 따라갑니다. 그것도 한 줄로 따라가지요. 그 모습을

보면서 제가 무슨 생각을 했는지 아십니까? '우리 교인들이 다 저러면 얼마나 좋을까.'

　양들은 그저 졸졸졸 따라갑니다. 어디로 가느냐고 묻지 않습니다. 알려고 하지도 않지요. 그냥 목자가 가는 곳에 가는 것입니다. 이 얼마나 아름다운 장면입니까. 저는 하루 종일 그 목자들의 생활을 보고, 그들과 이야기도 하면서 많은 것을 배웠습니다. 목자와 양은 서로를 압니다. 서로를 아는 지식이 있습니다. 서로를 믿습니다. 그리고 양은 목자가 자기를 선한 길로 인도할 줄로 믿습니다. 목자는 양을 사랑합니다. 양도 목자를 사랑하고요. 서로의 사랑을 믿고 사는 것입니다. 시편의 말씀을 보십시오. "사망의 음침한 골짜기로 다닐지라도 해 받음을 두려워하지 아니함은……" 이 얼마나 아름다운 말씀입니까. 사망의 음침한 골짜기를 밤에 통과하더라도 양들은 아무 말 하지 않고 따라갑니다. 목자가 자기들을 선한 길로 인도할 줄로 믿고, 이 길이 복된 길이라 믿고, 목자를 믿으며, 말없이 사망의 음침한 골짜기에서도 따라가는 것입니다. 그리고 그 결과를 알고 있습니다. '이렇게 따라가면 저 앞에 푸른 초장이 있을 것이다. 아름다운 시냇물이 있을 것이다.' 양은 믿고 있는 것입니다. 그리고 따라가는 것입니다. 주도적이고 자율적입니다. 그것은 선택적인 순종입니다. 억지로 하는 것이 아닙니다. 믿고 사랑하고 떠나가는 것입니다. 얼마나 아름다운 장면입니까. 이것이 예수님과 우리와의 관계요, 우리에게 요구하시는 귀한 계시의 말씀입니다. 원인은 믿음과 사랑입니다. 사랑을 믿고, 믿는 자를 사랑하는 것입니다. 그 깊은 곳에는 목자의 믿음이 있고, 목자의 사랑이 있다, 이 말입니다. 오랜 경험 속에서 양들은 목자를 믿습니다. 또한, 목자는 양을 사랑합니다.

　오늘본문에 주신 말씀은 읽을 때마다 깊은 감동을 줍니다. "나는 스스로 버리노라. 누가 빼앗는 것이 아니다." 여러분, 가만히 생각해보십시오. 빼앗기고 산다면, 그것은 사랑이 아닙니다. 스스로 버리는 것만이 사랑입니다. 스스로 버릴 때만 사랑의 위력이 나타납니다. 스스로 버리는 자의 마음에는 행복이 있습니다. 한평생을 사랑해도 빼앗기는 자의 마음은 사랑이 아닙니다. 고역입니다. 이걸 잊지 말아야 합니다. "스스로 버리노라." 무슨 말씀입니까? 그만큼 사랑한다는 얘기입니다. '스스로 버리노라. 버릴 만큼 사랑하노라. 버리면서 나는 행복하노라. 버리는 자유 속에서 나는 너를 만나고 있노라.' 이것이 예수님의 말씀입니다.

　빼앗기는 것이 아니라, 스스로 버리노라— 사랑하기 때문에 자원적으로, 기쁜 마음으로 버리고, 버리는 속에서 무한한 행복을 느끼고 산다는 말씀입니다. 사도 바울도 같은 간증을 하고 있습니다. 다음은 빌립보서 2장 18절 말씀입니다. "너희 믿음의 제물과 봉사 위에 내가 나를 관제로 드릴지라도 나는 기뻐하리라 이와 같이 너희도 기뻐하고 나와 함께 기뻐하라." 여기서 관제가 무엇입니까? 양의 목을 치고, 거기에서 나오는 피를 양동이에 받아 제단에 붓는 것이 관제입니다. 내가 너희를 위해서 관제로 드릴지라도 나는 기뻐하노라—

　저는 한평생 목사로 살았지만, 이 같은 마음을 늘 가지고 살지는 못합니다. '이 교인을 위해서라면, 내가 저분들을 위해서라면 이대로 죽어도 좋다. 아, 온 재산, 온 명예, 온갖 것을 다 희생해도 나는 기뻐하노라. 관제와 같이 피를 쏟아붓는 것처럼 그렇게 부음이 되어도 나는 기뻐하노라.' 이것이 사도 바울의 마음이고, 예수님의 마음입니다. 목자가 양을 위하여 품는 거룩한 사랑입니다. 나는 스스로 버리노라— 얼마나 아름다운 얘기입니까. 누가 빼앗는 것이 아닙니다. 이것이 기독교 신앙의 핵심입니다. 2천 년 동안 수많은 사람이 여기서 시험에 빠졌습니다. 예수님께서 십자가를 지실 때 로마 군인에게 끌려가십니다. 가야바와 안나스와 그 무리들의 음모에 걸려드신 것입니다. 가룟 유다 때문에 예수님께서 하는 수 없이 십자가를 지셨다는 거기에 문제가 있는 것입니다.

십자가는 절대로 그럴 수밖에 없었던 필연성이 아닙니다. 예수님 스스로 말씀하십니다. "나는 선한 목자다. 양을 위하여 목숨을 버리노라. 누가 빼앗는 것이 아니다. 내가 스스로 버리노라." 스스로 버리는 그 자율성, 그 자발성, 거기에 사랑의 핵심이 있고, 아가페의 속성이 있는 것입니다. 아가페는 스스로 버리는 것입니다. 아무것도 원하지 않습니다. 무엇 때문이라고 생각하지도 않습니다. 스스로 버리노라— 한평생 아프리카에서 수고한 슈바이처 박사의 말을 들어보십시오. '나는 한 가지 외에는 아는 바가 없다. 진실로 행복한 사람은 섬김의 법을 아는 사람이다. 섬김의 법을, 아니, 섬김의 행복을 아는 사람, 희생의 행복을 아는 사람입니다. 그것만이 내 삶의 지표다." 사랑만이 이유입니다. 그 외에는 아무것도 없습니다.

여러분, 다시 한번 물어보십시다. 사랑한 일이 있습니까? 사랑을 아십니까? 얼마나 사랑해보셨습니까? 참사랑이 있는 곳에는 낙심도 없고, 피곤함도 없고, 절망도 없습니다. 참사랑에는 자유함과 행복만이 있습니다. 이걸 잊지 말아야 합니다. 참으로 사랑해보셨습니까? 사랑은 스스로 버려서 얻는 것입니다. 사랑은 버려서 자유한 것입니다. 사랑은 스스로 버리며 승리하는 것입니다. 아니, 사랑은 스스로 버리며, 무한한 자유와 행복을 느끼는 것입니다. 그 순간만 사랑하는 것입니다. 사랑을 아는 것입니다. 이걸 잊지 말아야 합니다. 십자가의 뜻을 어디에서 찾아야 합니까? 오직 자유함입니다. 십자가는 예수님께서 스스로 선택하신 것입니다.

그리고 오늘본문은 말씀합니다. "이를 내게서 빼앗는 자가 있는 것이 아니라 내가 스스로 버리노라……(18절)" 누가 빼앗는 것이 아니라, 나는 양을 위하여 스스로 버리노라— 바로 이 자유함입니다. 그래서 십자가가 승리의 십자가가 되는 것입니다. 신비로운 것입니다. 우리에게 피곤이 있다면, 다시 물어봅시다. 환경을 묻지 말고, 사랑의 진실을 물으십시오. 우리에게 낙심이 있다면, 절대로 그 누구 때문도 아닙니다. 내 마음 깊은 곳에 있는 사랑을 다시 한번 점검 하십시오. 아가페적인 사랑, 하나님의 거룩한 사랑, 그 높은 사랑을 받아서 그 사랑에 응답하며, "나는 스스로 버리노라"라는 예수님 말씀대로 우리도 스스로 버리는 바로 그 순간, 그때부터 사랑의 위력을 알고, 그 승리를 알고, 그 행복을 알 것입니다. 그 자유함을 누리게 될 것입니다.   △

하나님은 하실 수 있느니라

예수께서 둘러 보시고 제자들에게 이르시되 재물
이 있는 자는 하나님의 나라에 들어가기가 심히 어렵
도다 하시니 제자들이 그 말씀에 놀라는지라 예수께
서 다시 대답하여 이르시되 얘들아 하나님의 나라에
들어가기가 얼마나 어려운지 낙타가 바늘귀로 나가
는 것이 부자가 하나님의 나라에 들어가는 것보다 쉬
우니라 하시니 제자들이 매우 놀라 서로 말하되 그런
즉 누가 구원을 얻을 수 있는가 하니 예수께서 그들
을 보시며 이르시되 사람으로는 할 수 없으되 하나님
으로는 그렇지 아니하니 하나님으로서는 다 하실 수
있느니라

(마가복음 10 : 23 - 27)

하나님은 하실 수 있느니라

　예수님께서는 세상에 계실 때 온 지방을 두루 다니시며 복음을 전하셨습니다. 여러분이 잘 아시는 대로, 그때 예수님 앞에 나온 사람들은 대부분 병자들이었습니다. 한센병 환자, 앞을 보지 못하는 사람, 그리고 가난하고 어려운 처지에 있는 사람들이 예수님 앞에 나왔습니다. 특별히 하류층에 속하는 사람들, 경제적으로나 사회적으로나 종교적으로나 소외당한 사람들이 예수님 앞에 나와서 위로를 받고, 병 고침을 받고, 구원을 받았습니다. 그 역사를 우리가 잘 알고 있습니다. 그러나 예수님께서 만나신 사람들 가운데는 꼭 그런 경우만 있는 것은 아니었습니다. 특별히 니고데모는 지체가 높은 사람입니다. 사회적으로나 종교적으로나, 많은 존경을 받는 높은 신분의 사람입니다. 그가 예수님께 와서 말씀을 듣고, 중생의 교리를 듣습니다.

　또 하나는 오늘본문에 나타난 이름 없는 사람입니다. 성경은 그를 가리켜 그저 율법사라고 말씀합니다. 이 사람은 젊은 귀족입니다. 부자입니다. 종교적으로도 많은 사람에게 존경을 받는 사람입니다. 그런 사람이 예수님 앞에 나와서 소원을 구합니다. 아주 특별한 경우입니다. 눈이 어두워서 나온 것이 아닙니다. 병을 고치러 나온 것도 아닙니다. 복잡한 문제를 해결 받으려고 나온 것도 아닙니다. 그의 소원은 딱 하나입니다. "무엇을 하여야 영생을 얻으리이까(17절)." 지금 그는 영생의 문제를 가지고 예수님 앞에 나온 것입니다. 대단히 귀한 일입니다. 성경은 말씀합니다. "예수님께서 그를 보시고 사랑하사……(21절)" 그가 구하는 것이 너무나 고상하기에, 너무나 신령하고 예수님의 마음에 들기에 예수님께서는 그 청년을 아주 귀하게 보셨습니다. 여러분, 병 고쳐달라고 나온 사람하고, 영생의 도리를 알기 위해서 나온 사람하고는 차원이 다릅니다. 그러므로 예수님께서 그 청년을 크게 칭찬하신 것을 볼 수 있습니다.

초점은 '무엇을 하여야'에 있습니다. "제가 무엇을 하여야 영생을 얻겠습니까?" 이때 예수님께서는 아마도 일부러 이러셨던 것 같습니다. "율법을 지켜라." 그러니까 이 사람이 하는 말이 이렇습니다. "선생님이여 이것은 내가 어려서부터 다 지켰나이다(20절)." 어렸을 때 가정에서부터 교육을 받고, 율법을 다 지켰나이다— 예수님께서 그를 귀하게 보시고, 마지막 말씀을 하십니다. "네게 아직도 한 가지 부족한 것이 있으니……(21절)" 오히려 한 가지 부족한 것, 근본적인 것입니다. "네게 있는 것을 다 팔아 가난한 자들에게 주라…… 그리고 와서 나를 따르라 하시니(21절)." 그런데, 여기서 한 가지가 마음에 걸립니다. 이 사람이 그 말씀을 듣고 "예, 그리하겠습니다!"라고 했더라면 얼마나 좋았겠습니까. 기독교사에 보면, 성 안토니라는 사람은 바로 이 말씀을 읽다가 "이 사람은 예수님의 말씀을 듣고 슬퍼하며 돌아갔지만, 나는 그러지 아니하겠다!"라고 하며 자기 재산을 다 팔아 가난한 자들에게 주고, 자신은 수도원에 들어가 남은 평생을 수도사로 살았습니다. 그런데, 성경에는 이어 유감스러운 말씀이 한마디 나옵니다. "재물이 많은 고로……(22절)" 얼마나 많은 재물인지는 모르겠지만, 성경말씀은 이렇습니다. "재물이 많은 고로 이 말씀으로 인하여 슬픈 기색을 띠고 근심하며 가니라(22절)." 참으로 유감스럽습니다.

일생에 예수님을 한번 만나는 것, 얼마나 귀한 일입니까. 지금 어떤 시간입니까. 얼마나 절절하고 소중한 시간인데, 말씀대로 살지를 못하고, 권면대로 따르지 못하고, 오히려 슬픈 기색을 띠고 근심하며 돌아가다니요? 이 말씀이 그렇게 가슴을 찌릅니다. 이때 예수님께서는 부연하여 더 길게 말씀하십니다. 이 사람이 돌아가는 모습을 보면서 하시는 말씀입니다. 영생을 구하러 왔다가 포기하고, 슬픈 기색을 띠고 세상으로 나아가는 이 젊은 영혼을 보면서 하신 말씀입니다. "낙타가 바늘귀로 나가는 것이 부자가 하나님 나라에 들어가는 것보다 쉬우니라……(25절)" 여러분, 낙타가 얼마나 큽니까. 반면, 바늘귀는 얼마나 작습니까. 참으로 어렵다는 얘기지만, 그러나 단순합니다. 문제는 영생입니다. 낙타가 바늘귀로 나가는 것이 부자가 하나님 나라 들어가기보다 더 쉽다─ 이 자체를 놓고 보면, 아주 어려워 보이지만, 아닙니다. 너무나도 간단한 얘기입니다. 재물과 영생의 문제이기 때문입니다.

그 둘이 비교가 됩니까. 재물과 영생─ 지금 비교할 수 없는 것을 비교하고 있는 것입니다. 영생을 얻을 수 있다면, 그까짓 재물이 문제입니까. 무엇인들 문제가 되겠습니까. 그런데, 이 사람은 영생을 포기하고 재물을 따라갔습니다. 참으로 불쌍한 심령입니다. 어떤 면에서는 현대적으로 불쌍한 사람이라고 보입니다. 그는 비교할 수 없는 것을 비교하고 있습니다. 왜 이 둘이 비교가 안 됩니까? 종말 때문입니다. 재물이란 지킬 수 없는 것입니다. 내가 아무리 부여 쥐고 있고, 가지려고 해도 언젠가 내가 세상 떠날 때 손놓을 수밖에 없습니다.

온 세계를 지배하던 알렉산더 대왕이 세상을 떠날 때 "내 관에 구멍을 뚫어서 내 두 손을 밖으로 나오게 하고 장례식을 하라"라고 유언을 남겼습니다. 여러분, 상상해보십시오. 사람들이 관을 메고 가는데, 관의 구멍이 뚫린 곳으로 두 손이 밖에 나와 있습니다. 그 두 손이 흔들거립니다. 어떠했겠습니까. 어떤 사람이 "그게 무슨 뜻입니까?" 하고 물으니, 알렉산더 대왕은 한마디로 간단히 대답했습니다. "공수래공수거." 아무것도 가지고 가지 못한다는 것, 알렉산더 대왕마저도 빈손으로 간다는 것을 보여주는 이야기입니다. 그러면, 언젠가는 다 내놓을 수밖에 없는 것인데, 어떻게 이것을 영생하고 바꿉니까? 다 버리고라도 영생을 얻어야 할 것 아니겠습니까. 그런데, 이 사람은 영생을 포기하고 재물을 얻었다는 것입니다. 참으로 불쌍한 사람입니다.

여러분, 다들 한번쯤 성지순례로 로마 같은 데 가보셨겠습니다마는, 많은 사람이 로마에 가서 보는 것은 베드로 성당 같은 화려한 것들입니다. 예전에 제가 로마에 갔을 때 저한테 가장 인상적이었던 것은 카타콤베입니다. 이것은 굴입니다. 제가 그때 카타콤베를 방문하여 크게 세 가지를 깨닫고 깜짝 놀랐습니다. 제가 어렸을 때 살던 고향에는 산이 많았습니다. 그 산에 놀러 가서 보면 굴이 많았습니다. 그래 그 굴속에 들어갔다 나왔다 하면서 놀았지요. 그렇게 어렸을 때 굴 구경을 많이 했던 경험이 있습니다. 당연히 기독교인들도 박해를 피해서 산 속에 많이 있던 굴 속에 들어가 숨었으리라고 생각했습니다. 그런데, 아니었습니다. 실제로 보니 산이 아니라 평지였습니다. 그 평지를 파고 들어간 것입니다. 자연스럽게 생긴 동굴이 아니라, 사람들이 땅을 파고 들어가 굴을 만들고 거기에 살았던 것입니다. 그것이 카타콤베입니다. 그뿐만이 아닙니다. 핍박을 피해 굴 속에 숨은 것이니까 거기에서 고생하며 살다가 죽었나보다 생각했는데, 아니더라고요. 그들은 그 굴 속에 얼마든지 들어가고 나올 수 있었습니다. 그런데, 자원해서 세상을 버리고 굴속에 들어가 있었습니다. 그리고 또 제 생각에 '그 사람들은 어떻게 먹고 살았나?' 하고 궁금해서 그곳 안내원한테 물어보니, 재미있는 이야기를 해주었습니다. 큰 건물을 지을 때는 돌과 돌 사이에 점토를 놓는데, 그 점토가 동굴을 팔 때 거기에서 나온 것이었습니다. 그래 그 점토를 팔아다가 식량으로 바꾸고, 또다시 거기에 들어가 살았다는 것입니다. 저는 핍박 때문에 숨어 들어가서 거기서 죽은 줄 알았더니, 아니었습니다. 단지 그곳을 거처로 택한 것뿐입니다. 자원해서 거처로 택한 굴 속에 들어가 살았습니다. 그 굴 속 길이가 45킬로미터나 됩니다. 그 엄청난 카타콤베를 보며 거기에 서서 한참 기도했습니다. 그리고 그곳에서 먼저 가신 성도들의 흔적을 보고 생각했습니다. '저들은 영생을 알았구나!' 그들은 속된 세상, 죄악 된 세상에 살면서 시험에 빠지기보다는 차라리 카타콤베에 들어가 명상하고, 기도하며, 영생을 사모하다가 주님 앞에 가고 싶었던 것입니다. 그렇게 살다 간 사람이 수만 명입니다. 그렇게 카타콤베에 서서 기도하다가 받은 충격은 대단히 컸습니다.

여러분, 마지막을 알아야 합니다. 종국이 무엇입니까? 종국은 모든 게 없어지는 것입니다. 건강도 없어지고, 지혜도 없어지고, 물질도 없어집니다. 안 그렇습니까. 제 아내는 세상을 떠나기 전에 하루 종일 성경을 열심히 읽었습니다. 그래서 제 딸이 물어보았지요. "엄마, 신학대학 갈래? 목사 될래? 왜 이렇게 성경을 많이 봐?" 여러분, 제 아내의 말을 들어보세요. "내 귀가 지금 어둡다. 잘 안 들

리는데, 조금 있으면 눈도 어두워지지 않겠느냐? 눈 어두워지기 전
에 성경을 볼란다." 여러분, 귀가 어두워질 것입니다. 정신 차리십시
오. 눈도 어두워질 것입니다. 그런고로, 아직 눈이 밝을 때 해야 할
일을 해야 하지 않겠습니까. 모든 것을 할 수 없는 때가 올 것입니
다. 그러니, 할 수 있을 때 해야 합니다. 우리는 끝이 있다는 걸 알아
야 합니다.

C. H. 다드의 유명한 말이 있습니다. '과거로부터 미래를 생각
하는 것은 지혜요 지식이지만, 미래로부터 현재를 생각하는 것은 신
앙이다.' 종말로부터 현재를 생각하는 것이 신앙의 근본입니다. 그
러니까 재물과 영생은 서로 비교할 것이 못 됩니다. 재물은 어차피
없어지는 것이고, 떠나는 것입니다. 하지만 영생은 다가오는 것입니
다. 이 사람이 이렇게 실수하게 된 것은 자기 자신을 잘 몰랐기 때문
입니다. 이 재물이 어디서 주어진 것입니까? 하나님의 은총으로부
터 온 것 아닙니까. 자기의 수고와 노력과 눈물 때문에 생긴 것이 아
닙니다. 내가 수고를 했지만, 이 재물 자체가 하나님께서 내게 주신
큰 은총이요 선물입니다. 이것을 통해서 하나님의 영광을 드러내고,
하나님의 사역을 이루라는 것이므로, 이 재물이 귀한 사명이라는 걸
잊어서는 안 됩니다. 그러나 그는 자기 자신을 몰랐습니다. 그 재물
에 은총이 있고, 사명이 있다는 것을 미처 몰랐습니다. 진실하지도
못했고, 겸손하지도 못했습니다.

예수님께서 말씀하십니다. "다 팔아 가난한 자들에게 주라……
(21절)" 무슨 말씀입니까? '가난한 자가 네 앞에 있는 동안은 네 마
음에 영생이 없다. 가난한 자가 네 앞에 있는 동안은 네 심령에 영생
은 없다.' 이런 의미입니다. 이걸 알아야 합니다. 가난한 자들, 그 비

참한 사람들을 보면서도 자기는 부귀와 영화를 누리고, 그걸 하나님의 축복으로만 알았다는 것입니다. 아닙니다. 그것은 축복이 아니라, 사명이었습니다. 그걸 몰랐기에 그는 영생을 버리고, 재물을 선택하는 어리석음을 범하게 됩니다. 예수님께서 말씀하십니다. "저런 사람이 천당에 가는 것은 낙타가 바늘귀로 들어가는 것보다도 어려울 것이다."

재미있는 이야기가 있습니다. 유치원 아이들끼리 성경 이야기를 하다가 '낙타가 바늘귀로 들어간다'라는 이야기를 했습니다. 다들 안 된다고 말하는데, 유독 한 아이가 된다고, 쉽다고 이야기했습니다. 그래 아이들이 "어떻게 그게 쉬냐?"라고 물으니, 그 아이가 답합니다. "마술을 걸어서 낙타를 조그맣게 만들면 되잖아. 바늘귀로 쏙 들어가게." 우스운 이야기지만, 사실입니다. 낙타를 바늘귀로 쏙 들어갈 만큼 작게 만들면 들어갈 것 아닙니까. 오늘본문에서 예수님께서는 이렇게 말씀하십니다. "사람으로는 할 수 없으되 하나님으로는 그렇지 아니하니 하나님으로서는 다 하실 수 있느니라(27절)." 사람은 못하지만, 하나님께서는 하실 수 있다―

하나님께서는 하실 수 있다― 이 말씀이 너무나 소중합니다. 우리가 하늘나라에 들어갈 만큼, 바늘귀로 들어갈 만큼 작아져야겠는데, 아직도 덜 작아졌습니다. 아직도 너무 큽니다. 아직도 거칠 것이 너무 많습니다. 작아지고, 작아지고, 또 작아지면 영생을 경험하게 될 것입니다. 이걸 잊지 말아야 합니다. 근심과 걱정이 많습니까? 고민도 많고, 원망도 많고, 절망도 많고, 낙심도 하고…… 이 모든 원인이 무엇이라고 생각하십니까? 간단합니다. 마스터키는 하나입니다. 교만하기 때문입니다. 아직도 내 마음에 교만이 있습니다.

아직도 내 마음에 해결하지 못한 교만이 있습니다. 그래서 근심이 있는 것입니다. 그래서 원망이 있는 것입니다. 그래서 고통이 있는 것입니다.

하지만, 작아지고 또 작아져서 마침내 바늘귀로 들어갈 만큼 작아지면, 아무 문제가 없습니다. 거칠 것이 아무것도 없는 것입니다. 이걸 잊지 말아야 합니다. 모든 원인은 교만에 있습니다. 욕심을 버리지 못한 탓에 평화가 없는 것입니다. 욕심을 버리지 못한 탓에 신령한 가치관을 수용하지 못하고 있습니다. 자기 교만, 그 변변치 않은 자기 교만 때문에 마음에 평화가 없는 것입니다. 내 마음에 하늘나라가 없는 것입니다. 이걸 잊지 말아야 합니다. 오늘본문의 중요한 요지는 여기에 있습니다. 하나님께서는 하실 수 있다— 무슨 말입니까? 스스로 버리지 못한다는 말입니다. 내가 스스로 작아지지 못합니다. 내가 그렇게 회개하고, 뉘우치고, 결심하고, 결단하고, 맹세하더라도 나로서는 불가능합니다. 그걸 인정해야 합니다. 하나님께서 작게 만드실 때 비로소 작아질 수 있는 것이지, 나 스스로는 작아지지 못합니다.

여러분, 겸손해보셨습니까? 나 스스로 겸손하다고요? 천만에요. 저 밑바닥에 또 교만이 있습니다. 그러므로 하나님께서는 하실 수 있다는 말이 큰 충격으로 다가오는 것입니다. 나는 못 하지만, 하나님께서 역사하사 스스로 버리게 하신다— 그러고 나면, 부자이면서도 마음은 가난하고, 높은 신분에 있으면서도 그 심령은 어린아이 같아집니다. 이것이 하나님 백성의 모습입니다. 하나님께서는 하실 수 있다— 은총이 아니면 겸손하지 못합니다. 하나님의 능력이 아니면 겸손하지 못합니다. 하나님의 특별한 경륜이 아니면 겸손할 수 없는 것이 실존적 인간의 모습입니다.

사도 바울은 이 사실을 잘 알고 있었습니다. 고린도후서 12장에 보면, 사도 바울에게 하나님께서 육체의 가시, 사탄의 사자를 주셨습니다. 그것이 무엇인지 잘 모르겠습니다마는, 제가 연구한 대로는 간질병이라고 생각합니다. 하나님의 종, 한평생을 다 바쳐서 주의 일을 하는 사람에게 최소한도 건강 하나는 주셔야 하지 않습니까. 그 건강 하나마저 빼앗으시면 어떻게 하나님의 일을 하겠습니까. 그런데, 이 사도 바울에게 간질병이라고 하는 특별한 육체의 가시가 있었습니다. 그래서 그는 하나님 앞에 세 번이나 특별히 기도했습니다. 그러나 주님께서는 이렇게 응답해주십니다. "내 은혜가 네게 족하다. 네가 간질병이 있어서 고생을 좀 한다만, 만족한 줄 알아라. 그거면 충분하다."

하나님의 은혜는 만족이 아니라 충분입니다. 하나님의 일을 하기에, 하나님의 사람으로 살아가기에 충분한 은혜를 주셨습니다. 이것을 깨달은 사도 바울은 이제 더는 "육체의 가시를 제거해주세요. 이것을 제게서 떠나게 해주세요. 건강하게 해주세요"라고 기도하지 않습니다. 그는 깨달았습니다. "나는 약할 때 강하다. 하나님께서는 나를 약하게 만드시고, 강하게 하신다." 이 사실을 깨닫고, 감사하고 있습니다. 사도 바울은 알았습니다. 최고의 은혜는 나를 겸손하게 해주시는 은혜입니다. 조금이라도 교만하면 그것은 하나님의 심판입니다. 버림받은 자의 모습입니다. 우리가 조금만 교만한 모습을 보이면, 더는 교만할 수 없도록 주께서 우리를 바로 치십니다. 여러분은 그걸 느끼고 사십니까? 그렇다면 여러분은 선택된 사람입니다. 그것이 축복입니다. 하나님의 은혜는 나를 겸손하게 합니다.

성 아우구스티누스의 제자들이 아우구스티누스에게 물어보았습니다. "선생님, 그리스도인의 최고의 덕은 무엇입니까?" 아우구스티누스가 대답합니다. "겸손이다." "그러면 두 번째 덕은 무엇입니까?" "그것도 겸손이다." "세 번째 덕은 무엇입니까?" "그것도 겸손이다." 제가 아우구스티누스의 이 이야기를 보고 정말 깊은 감동을 받았습니다. '그리스도인의 덕, 그 최고는 겸손이다.' 여러분, 이제 묻습니다. 어디까지 겸손하십니까? 얼마나 겸손하십니까? 얼마나 겸손한 가운데 살고, 모든 것을 겸손으로 소화하며 살고 있습니까? 그러면 평화가 있습니다. 자유함이 있습니다. 아무 근심도 없습니다. 거기에 그리스도인 최고의 능력이 있는 것입니다.

'내가 얼마나 겸손한가?' 스스로 물어보십시다. 여러분은 겸손하게 하시는 하나님을 의식하고 있습니까? 그 깊은 곳에 하나님의 절대적 은혜가 나와 함께하고 있습니다. 겸손케 하시는 하나님의 은혜— 교만은 심판입니다. 겸손을 겸손케 하시는 하나님의 역사에 깊이 감사하고, 순종하며, 그 은혜에 행복해야 할 것입니다. 문제의 마스터키는 겸손입니다. 우리를 겸손케 하시는 은혜가 최고의 은혜라는 것을 잊어서는 안 되겠습니다. 하나님께서는 하실 수 있느니라— 꼭 잊지 마시기 바랍니다. △

하나님 됨을 알지어다

한 시내가 있어 나뉘어 흘러 하나님의 성 곧 지존
하신 이의 성소를 기쁘게 하도다 하나님이 그 성 중
에 계시매 성이 흔들리지 아니할 것이라 새벽에 하나
님이 도우시리로다 뭇 나라가 떠들며 왕국이 흔들렸
더니 그가 소리를 내시매 땅이 녹았도다 만군의 여호
와께서 우리와 함께 하시니 야곱의 하나님은 우리의
피난처시로다 (셀라) 와서 여호와의 행적을 볼지어
다 그가 땅을 황무지로 만드셨도다 그가 땅 끝까지
전쟁을 쉬게 하심이여 활을 꺾고 창을 끊으며 수레를
불사르시는도다 이르시기를 너희는 가만히 있어 내
가 하나님 됨을 알지어다 내가 뭇 나라 중에서 높임
을 받으리라 내가 세계 중에서 높임을 받으리라 하시
도다 만군의 여호와께서 우리와 함께 하시니 야곱의
하나님은 우리의 피난처시로다 (셀라)

(시편 46 : 4 - 11)

하나님 됨을 알지어다

　1963년, 제가 미국에서 유학하고 있을 때입니다. 저는 주일이 되면 몇몇 교회를 방문하여 설교를 하였습니다. 미국의 노회에서 저를 방문 목사로 지명해주어 각 교회에서 연락이 오면 시간을 짜서 주일마다 이 교회 저 교회를 다니며 설교를 한 것입니다. 그런데, 갈 때는 반드시 그 전날인 토요일에 오라고 합니다. 그래서 가면, 그 교회 장로님 댁에서 하룻밤을 자고, 그다음 날인 주일에 설교를 합니다. 그리고 다시 학교로 돌아오는 것입니다. 그런 일을 반복했지요. 그래 각 가정을 방문하면, 우리나라의 가정과 조금 다른 점이 있었습니다. 어느 가정에 가든지, 집 안으로 딱 들어서면, 성경절을 여기저기에 써 붙여놓은 게 보입니다. 유대 사람들은 더 그렇습니다. 유대 가정에 가서 보면, 문지방에서부터 부엌까지, 사방에 성경구절을 써 붙인 걸 볼 수가 있었습니다. 그렇게 제가 미국의 가정에 갔을 때 제일 깊은 인상을 받은 것이 바로 그거였습니다. 한번은, 시편 23편의 "여호와는 나의 목자시니"라는 말씀을 딱 써 붙인 걸 보았습니다. 어느 가정은 십계명을 써 붙였고, 또 다른 가정은 주기도문을 써 붙였습니다. 그렇듯 다양한 말씀들이 있었는데, 그 가운데 가장 인상적이었던 것이 바로 이 말씀이었습니다. "Be still, know that I am God." 딱 이 한 줄입니다. 간단합니다. "조용히 있어, 내가 하나님 됨을 알지어다." 저한테는 어딘가 모르게 그것이 크게 인상적이었습니다. 이 말씀에는 많은 의미가 들어 있습니다. 제가 생각을 해보았습니다. Be still, 조용하라 — '아마 이 성경말씀을 보면서는 부부싸

움을 안 할 것이다.' Be still, 어떻습니까? 근심할 것도 없습니다. 참으로 도전적이면서 생명력 있는 말씀입니다. "가만히 있어 내가 하나님 됨을 알지어다……(10절)" 이 성경구절을 써 붙인 것을 보면서 제가 아주 인상 깊게 생각한 때가 있었습니다.

　말을 하면서는 들을 수가 없습니다. 내가 말을 많이 하다 보면, 여러분 아시는 대로, 점점 더 말이 많아집니다. 말을 많이 하므로 말이 끝나는 것이 아닙니다. 말은 하면 할수록 점점 더 많아집니다. 그러면서 자신의 진실을 잃어버리게 됩니다. "Be still, know that I am God." 조용히 있어, 내가 하나님임을 알라— 기다리는 마음입니다. 마음을 비워서 그 빈 마음을 가지고 하나님 앞에 나아가는 것이고, 또 정결함과 거룩함에 대한 말씀이기도 합니다. 여러분이 너무나도 잘 아시는 '솔로몬의 기도'가 있지 않습니까. 솔로몬이 스물한 살에 왕이 되어서 너무나 걱정이 많아 그 두려움 가운데 하나님 앞에 나아가 일천 번제를 드립니다. 그러자 밤중에 하나님께서 말씀하십니다. "솔로몬아, 너는 내게 구하라. 내가 네게 무엇을 줄까?" 얼마나 좋은 기회입니까. 할 말이 많을 것입니다마는, 솔로몬은 딱 한 가지를 구했습니다. "하나님이시여, 제게 지혜로운 마음을 주시옵소서."

　"너는 내게 구하라"라고 하셨는데, 구하지 않고 듣는 마음, 영어로는 Hearing heart, 그것을 구했습니다. "그 듣는 마음을 주세요"라고요. 여러분은 이런 고상한 기도를 드려본 일이 있으십니까? 우리가 가진 번민과 다른 구할 것이 많습니다. 하지만, 다 지워버리고 "하나님, 하나님의 말씀을 듣는 마음을 주세요"라고 하였으니, 이 얼마나 귀한 기도입니까. 하나님께서 이걸 크게 기뻐하시고, 그 솔로몬에게 전무후무한 지혜를 주시었습니다. 그래서 솔로몬은 지혜의 왕이 되었고, 그 지혜로 40년 동안 나라를 다스렸고, 오늘까지도 지혜 하면 솔로몬, 솔로몬 하면 지혜, 이렇게 지혜의 대표자가 되었습니다.

교회 역사가인 클레르보의 버나드는 그의 유명한「하나님의 사랑에 대하여(On the Love of God)」라는 책에서 사랑을 4단계로 구분하여 설명해주고 있습니다. '첫째, 사람마다 자기를 위해 자기를 사랑하는 사람이 있다.' 철두철미하게 자기중심적인 사랑입니다. 자기 생각이 옳고, 자기의 욕망이 옳고, 오로지 자기 사랑에만 집착하는 사람이 있다는 것입니다. 또 하나는 이것입니다. '자기를 위해 하나님을 사랑하는 사람이 있다.' 하나님을 섬기고, 예배하고, 찬송한다고 하지만, 중심은 자기 자신입니다. 나를 위해서 하나님을 사랑하는 것입니다. 그래서 기복사상에 빠지지요. 복만 받으려고 하는 것입니다. 그래서 기도할 때마다 "주세요! 주세요!" 합니다. 그가 하는 기도의 마지막 말을 가만히 분석해보면, 전부가 달라는 것입니다. 이렇게 자기를 위해서, 자기중심적으로 하나님을 사랑하는 사람이 있다고 말합니다. 또 하나는 이것입니다. '하나님을 위해 하나님을 사랑하는 사람이 있다.' 하나님의 뜻을 생각하며 하나님께서 하시는 일을 다 사랑으로 받아들이려고 애쓰는 것입니다. "하나님은 사랑이시라." 이렇게 고백하고 있습니다. 그래서 어렵고, 고통스럽고, 조금 근심스러운 일이 있어도 '하나님께서 나를 사랑하시기 때문에 이런 일도 있는 것이다'라고 하는 높은 신앙의 사람이 있는 것입니다. 그런가 하면, 네 번째가 가장 중요합니다. '가장 높은 사랑은 어떤 것인가?' 하나님을 위해서 자기를 사랑합니다. 하나님께서 사랑하시는 나이고, 하나님께서 사랑하시는 이 순간이기에, 그런고로 나는 소중합니다. 나는 사랑받는 존재니까, 하나님의 엄청난 사랑을 받고 사는 나 자신이니까 무엇과도 바꿀 수 없습니다. '하나님을 위해서 자기를 사랑하는 사람, 이 사람이 최고의 신앙의 사람이다'라고 버나드는 말하고 있습니다.

오늘본문을 자세히 보면, 출애굽기가 배경입니다. 출애굽기 13장 18절에 보면, 하나님께서 이스라엘 백성을 애굽에서 인도해 내십니다. 그때 하나님께서 친히 길을 인도하십니다. 모세도 아니고, 아론도 아닙니다. 하나님께서 친히 불기둥과 구름기둥으로 이스라엘 백성을 인도하십니다. 이스라엘 백성은 그걸 따라갑니다. 구름기둥을 따라갑니다. 불기둥을 따라갑니다. 그러면 되는 것입니다. 문제는 그 행로입니다. 하나님께서 인도하시는 길입니다. 성경은 분명히 말씀합니다. 홍해의 광야 길로 인도하셨다― 지정학적으로 볼 때 우선 북쪽으로 올라갔다가 동쪽으로 가야 합니다. 분명히 그렇습니다. 바로 가는 것이 아니라, 북쪽으로 올라갔다가 동쪽으로 가야 홍해를 피해서 갈 수 있습니다. 그런데, 하나님께서 동으로, 동으로, 동으로, 홍해의 광야 길로 인도하셨다― 이렇게 해서 딱 마주친 것이 앞에 있는 홍해입니다. 이제 더는 갈 수가 없습니다. 하나님께서 막다른 길로 인도하셨다는 말씀입니다. 이스라엘 백성은 그저 구름기둥과 불기둥만 따라서 여기까지 왔습니다. 이제 문제가 있습니다. 애굽 군대가 이스라엘 백성을 놓아 보내고 너무나 분개하여 이제 이 이스라엘 백성을 진멸하려고 온 군대를 동원해서 따라오고 있습니다. 거의 다 따라왔습니다. 이제 막 부딪치려는 즈음입니다. 그때 하나님께서 불기둥으로 가로막으셔서 하룻밤은 무사하게 지냅니다. 하지만 어떻습니까? 앞에는 홍해가 있습니다. 뒤에는 애굽 군대가 따라옵니다. 이제 이 백성은 독 안에 든 쥐입니다. 이 육십만 명이 그대로 소멸할 수밖에 없는 어려운 지경인데, 얼마나 두렵고 떨렸겠습니까. 홍해의 광야 길로 인도하신 그 이유가 무엇입니까? 성경은 분명히 말씀합니다. "이 사람들이 이렇게 진군하여 가나안으로 가는 길에 전쟁을 만나면 두려워져서 애굽으로 돌아갈까 하노라."

No Return, 애굽으로 돌아가지 못하게 하시기 위해서 이 중요한 광경을 보게 만드십니다. 홍해가 갈라지는 이 엄청난 광경과 기적을 누리게 하신 것입니다. 이것이 하나님의 뜻입니다. 홍해의 광야 길 앞에서 이스라엘 백성들은 절박감에 두려워하고 있습니다. 인간적으로는 전혀 소망이 없는 가운데서 뒤에는 애굽의 분노한 군대가 따라오고 있고, 앞에는 홍해가 있습니다. 이스라엘 백성들은 이제 하나님을 원망합니다. 그 원망하는 내용을 들어볼까요? 출애굽기 14장 11절 말씀입니다. 원망하는 사람들이 하는 말입니다. "애굽에 매장지가 없어서 우리를 이리로 이끌어내어 죽게 하느냐." 이렇게 소리를 지릅니다. 가만히 따져보면, 합리적인 의심입니다. 원망의 이유가 있습니다. 인간적으로 생각하면, 앞에는 홍해가 있고, 뒤에는 애굽 군대가 있으니, 어쩌라는 것입니까. '이제는 죽었다. 길이 없다. 절망이다.' 그런고로 원망하고 불평하게 됩니다. 당연히 그럴 것입니다. 우리도 다를 바 없을 것입니다. 저도 그럴 것이고요. 바로 그때, 그 결정적인 순간, 그 극적인 순간에 주신 메시지입니다. 출애굽기 14장 13절입니다. "두려워 말고 가만히 서서 하나님께서 오늘날 너희를 구원하시는 구원을 보라." Be still, 조용히 하여 — 이는 히브리말로 '라파'입니다. '가라앉힌다' 또는 '조용히 한다, 마음을 비운다, 고요하게 한다'라는 뜻입니다. 침묵은 대단히 중요합니다.

이성적인 비판을 정지해야 합니다. 말, 조심해야 합니다. 생각, 조심해야 합니다. 비판의식을 정지해야 합니다. 함부로 말하고, 함부로 절망하고, 함부로 낙심하면 안 됩니다.

철학적으로 이성이라는 것에는 두 가지 기능이 있습니다. 하나는 비판 기능이요, 또 하나는 추리 기능입니다. 이성으로 비판합니다. 맑은 정신으로 이리 생각하고, 저리 생각하는 비판 능력이 그 이성에게 있습니다. 그런가 하면, 추리능력이 있습니다. '이렇게 되면, 장차 어떻게 될까? 그다음은 어떻게 될까? 내년에는 어떻게 되고, 그다음은 어떻게 될까?' 이렇게 추리하는 기능이 이성의 능력입니다. 그러면 오늘 이 시간에 '조용하라'라는 것은 무엇입니까? "이성 기능을 중단하라. 판단을 중지하라." 이 말씀입니다. 생각하면 생각할수록 더욱더 어두운 곳으로 갑니다. 더욱더 절망하게 됩니다. 그런고로, 생각의 기능을 멈추어야 합니다. 이성의 비판을 멈추어야 합니다. 똑똑한 사람들이 더 걱정거리가 많지 않습니까. 반면, 조금 어리석은 사람들은 평안합니다.

여러분, 생각해보십시오. 이성의 기능, 얼마나 대단합니까. 그 변변치 않은 능력을 중단하라, 그 말입니다. 파스칼의 유명한 말이 있습니다. '내 이성을 십자가에 못박으라.' 그런가 하면, 본회퍼는 말합니다. '이성의 기능을 중단하라. 그래야 하나님이 보인다.' 진짜 그렇습니다. 그러나, 생각하면 할수록 그 이스라엘 백성들의 형편에서는 원망하지 않을 수 없습니다. 인간의 생각으로는 원망하지 않을 수 없는 상황입니다. 그런고로, 원망하다가 하나님 앞에 큰 죄를 짓습니다. 이스라엘 백성들이 40년 동안 광야를 지나갈 때, 계속 사건이 있을 때마다 원망뿐입니다. 고린도서에서 사도 바울은 말합니다.

"이스라엘 백성들이 광야에서 엎드러져 죽었느니라. 그러므로 너희는 원망하지 말라."

여러분, 조심하십시오. 원망하면 할수록 점점 더 원망거리가 많이 생깁니다. 원망을 말로 하면, 두루두루 원망할 일이 점점 더 많이 생각납니다. 그런고로, 원망을 멈추어야 합니다. 이스라엘 백성들이 모처럼 애굽에서 나왔는데, 그 광야에 엎드러져 많은 사람이 죽습니다. 그 죄목이 딱 하나입니다. 원망입니다. 여러분, 조심하십시오. 생각으로 원망하지 말고, 말로 원망하지 말고, 행동으로 원망하지 말고, 원망을 중단하라— 원망하다 보면, 과거에 주신 모든 은총을 망각하게 됩니다. 이스라엘 백성들이 오늘 당한 이 형편 때문에 하나님을 원망하다 보니, 어떻게 되었습니까? 애굽에서 열 가지 재앙을 내리셔서 이스라엘을 구속하신 그 엄청난 구속사를 까맣게 잊어버렸습니다. 열 가지 재앙을 통하여 하나님께서 기적을 나타내시고, 홍해를 가르셔서 육지같이 건너게 하신 그 모든 사건들을 까맣게 잊어버리고 부정합니다. 그리고 현재 당한 일에만 몰두하면서 하나님을 원망합니다. 이걸 잊지 마십시오. 원망하다 보면, 원망이 더욱더 커집니다. 점점 더 커집니다. 확대됩니다. 그런고로, 모세는 말합니다. "두려워 말고 조용히 있어 내가 하나님 됨을 알지어다." 하나님으로 알 것입니다. 생각의 방향을 돌려서 나 자신에게 두지 말고, 하나님께로 돌려서 하나님의 언약, 하나님의 능력, 하나님의 지혜, 하나님의 사랑, 하나님의 세밀한 축복 쪽으로 생각을 돌려야 합니다. 우리 생각을 돌리고, 우리의 마음을 돌려야 합니다.

하나님 편에서만 생각하라— 하나님께서 왜 우리를 구속하셨을까? 여기까지 인도하신 하나님의 뜻이 어디에 있는가? 하나님 편에서 현재의 사건을 보는 시간을 가져야 합니다. 이것은 하나님의 일이고, 하나님의 뜻입니다. 하나님 구원의 역사입니다. 이걸 잊지 말아야 합니다. 인간적인 판단을 포기하라― 그래서 유명한 아우구스티누스의 명언이 있습니다. 바로 '에포케(Epoche)'입니다. 제가 좋아하는 하나의 구호입니다. 판단 중지입니다. 이성의 판단을 멈추라― 걱정도 그만, 생각도 그만, 비판도 그만, 여기서 멈추어야 합니다. 그러고야 하나님을 볼 수 있습니다. 하나님의 뜻을 알 수 있습니다. 그리고 나면, 모든 현실 속 구석구석에 하나님의 사랑이 있고, 능력이 있고, 지혜가 있고, 구원이 있음을 보게 됩니다. 깨닫게 됩니다. 오늘본문 5절은 말씀합니다. "하나님이 그 성 중에 계시매 성이 흔들리지 아니할 것이라……" 어려운 일이 많은 것 같으나, 하나님께서 이 성 중에 계시매 요동치 아니하리로다― "조용히 있어 내가 하나님 됨을 알라. 하나님이 높임을 받으리라." 이 얼마나 귀중한 말씀입니까.

요새 세상사가 아주 예사롭지 않습니다. 정신이 없습니다. 이제 주의 음성을 들어야겠습니다. Be still, know that I am God(조용히 있어, 내가 하나님 됨을 알라)― 원망하지도 말고, 낙심하지도 말고, 절망하지도 말고, 오직 하나님의 사역, 하나님께서 하시는 일을 조용하게 기다리는 시간입니다. 크리소스톰의 유명한 기도문이 있습니다.' 내가 무엇을 두려워하리. 쫓아내면 엘리야 같이 되고, 구덩이에 던져지면 예레미야 같이 되고, 바다에 던져지면 요나 같이 되고, 목베임을 당하면 세례 요한처럼 되고, 매를 맞으면 사도 바울 같이 되리라." 조용히 있어 하나님께서 하시는 일을 보아야겠습니다. 현실이 어지럽습니다. 그러나 하나님께서는 살아 계십니다. 하나님께서는 우리 민족을 사랑하십니다. 하나님께서는 우리 교회를 사랑하십니다. 아니, 하나님께서는 여러분 한 사람 한 사람을 사랑하십니다. 조용히 있어 내가 하나님 됨을 알지어다—

구원은 우리의 이런 형편 속에, 우리의 이런 현실 속에 살아 역사하고 있습니다. 조용하면 그 구원의 손길을 느끼게 될 것입니다. 구원의 손길을 보게 될 것입니다. 하나님의 뜻을 알고, 하나님을 찬양하게 될 것입니다.   △

은혜로 은혜 되게 하라

우리가 하나님과 함께 일하는 자로서 너희를 권하
노니 하나님의 은혜를 헛되이 받지 말라 이르시되 내
가 은혜 베풀 때에 너에게 듣고 구원의 날에 너를 도
왔다 하셨으니 보라 지금은 은혜 받을 만한 때요 보
라 지금은 구원의 날이로다
(고린도후서 6 : 1 - 2)

은혜로 은혜 되게 하라

한 30년 전쯤의 이야기입니다. 소망교회에서 파송한 강성일 선교사가 브라질에서 선교활동을 잘하고 있을 때 제가 그 선교지를 한 번 방문한 적이 있습니다. 그때 아마존 밀림에 가서 한 일주일 정도 구경하면서 머물렀던 호텔이 있었습니다. 저는 아침마다 일찍 일어나 산책을 했는데, 그때 보니까 그 호텔의 주인이 바구니에 바나나를 가득 담아들고 걸어가면, 주변의 원숭이들이 그걸 알고 사방에서 모여듭니다. 그 원숭이들에게 아침식사로 바나나를 주는 것입니다. 그 호텔 주인이 손에 바나나를 들면 원숭이가 와서 그걸 탁 채어 갑니다. 저도 호텔 주인처럼 손에 바나나를 들고 있어 봤더니, 원숭이가 와서 제가 들고 있던 바나나를 탁 채어 갑니다. 그렇게 원숭이에게 바나나를 주던 주인이 저에게 말했습니다. "제가 지금 수십 년을 이렇게 원숭이들에게 바나나를 주는데, 저 녀석들은 한평생 제게서 바나나를 얻어먹으면서도 언제나 제게 고맙다는 표현 한 번 안 하고, 빼앗듯이, 마치 강도질하듯이 그렇게 가져갑니다. 저 녀석들은 정말 은혜도 모르는 놈들이에요."

여러분, 놀라지 마십시오. 우리나라가 지금 코로나다, 무슨 질병이다, 무슨 병이다, 하는 얘기들을 많이 하지만, 사실 이건 아무것도 아닙니다. 왜요? 우리나라에서 한 해 자살자가 만삼천 명입니다. 자살미수로 끝나는 경우는 만오천 명이고요. 대충 잡아서 한 해에 삼만 명이 자살을 시도하고, 그 절반 정도가 미수로 그친다, 이것입니다. 가장 중요한 것은 멀쩡한 젊은이들이 자살을 한다는 것입니다. 여러분, 그런데, 자살 미수로 끝난 사람들이 공통적으로 하는 말이 있답니다. "이렇게 내 주변에 나를 사랑하는 사람이 많은 줄 몰랐다. 나는 정말 몰랐다. 아니, 나만 몰랐다." 사랑하는 사람이 있다는 것을 몰랐습니다. 그러니까 정신적으로 죽은 것이고, 자살 시도까지 가는 것입니다.

인간은 두 종류가 있습니다. 하나는 은혜로 사는 사람, 한 사람은 율법으로 사는 사람, 둘 가운데 하나입니다. 은혜로 사는 사람은 모든 것이 은혜입니다. 이것도 은혜고, 저것도 은혜입니다. 부모님의 은혜고, 스승의 은혜고, 이웃의 은혜고, 교인들의 은혜입니다. 그러기에 '아, 감사하다. 하나에서 열까지. 오늘도 건강하니 감사하다' 라며 은혜를 생각하고, 은혜로 사는 사람이 있습니다. 또 한 사람은 율법주의로 살면서 한편으로는 저주 의식을 품습니다. 내가 잘못한 일 때문에 당하고, 부모님의 잘못 때문에 내가 당하고, 누가 잘못했기 때문에 내가 당하고…… 전부가 저주입니다. 이런 저주의식과 피해의식에서 살아가는 삶은 참으로 괴로운 것입니다. 정신적으로 완전히 자살행위입니다.

그런가 하면, 또 한쪽에서는 어쨌든 선하게, 바르게 살아서 복받겠다고 하는 기복사상에 빠져서 삽니다. '착하게 살면 복 받겠지. 구제하면 복 받겠지. 선한 일 하면 복 받겠지.' 이렇게 나름대로 복받아야 하겠다는 기복사상에 매여서 사는, 보상 심리로 살아가는 사람이 있습니다. 가장 중요한 말은 은혜입니다. 은혜라는 말은, 은혜는 확실한 사건입니다. 은혜는 관념이 아닙니다. 인간에게는 은혜를 아는 지혜가 있습니다. 은혜를 은혜로 아는 지혜, 그만큼의 은혜에 대한 감각 능력이 있습니다. 그 은혜는 자세히 생각해보면, 지식의 세계보다 감성의 영역입니다. 이성으로 생각해서 이것이 은혜다, 이것까지가 은혜다, 이것까지가 사랑이다— 이렇게 판단할 문제는 아닙니다. 이 사랑이 은혜라고 하는 말은 감성의 문제입니다. 그래서 왜 이런 말을 하지 않습니까. '무작정 좋다.' 왜냐고 물을 것 없습니다. 좋으면 좋은 것이지, 설명할 필요가 없습니다.

그러니까 사건의 문제보다는 사건에 대한 감동의 문제입니다. 느낌의 문제입니다. 감격, 그것이 바로 은혜로 통합니다. 그래서 헬라 말에서 은혜라는 말을 '카리스'라고 합니다. 이 '카리스'의 어원은 '카라'입니다. 그 뜻은 기쁨입니다. 은혜란 다른 것이 아닙니다. 기쁨입니다. 기쁨의 반응, 기쁜 마음, 그것이 바로 은혜라는 말입니다. 그리고 이 은혜는 높은 생산성이 있습니다. 생명력이 있습니다. 은혜가 있으면 용기도 있습니다. 행복감도 있습니다. 아니, 헌신도 합니다. 봉사도 합니다. 또, 깊은 사명으로 살아가기도 합니다. 이것이 은혜가 가진 힘입니다.

은혜에 대한 이야기를 하면, 사도 바울의 이야기를 빼놓을 수 없습니다. 고린도전서 15장 10절은 말씀합니다. "나의 나 된 것은 하나님의 은혜로 된 것이니 내게 주신 그의 은혜가 헛되지 아니하여 내가 모든 사도보다 더 많이 수고하였으나 내가 아니요 나와 함께하신 하나님의 은혜로라." 사도 바울의 은혜에 대한 간증입니다. 내게 주신 은혜— 나라는 존재, 별것 아닙니다. '내게 주신 은혜가 헛되지 아니하여 그 은혜가 열매를 맺어서 내가 있다. 그리고 많은 일을 할 수 있었다. 그러나 이는 내가 한 것이 아니다. 내게 주신 은혜, 나와 함께하신 은혜 때문에 은혜의 열매로 이만큼의 선교사역을 할 수 있었다.' 사도 바울은 이렇게 간증하고 있습니다.

바울의 생애를 보면, 그가 원래 기독교를 박해하던 사람 아닙니까. 예수 믿는 사람을 체포하여 예루살렘으로 끌고 오기 위해서 다메섹으로 가던 사람이었습니다. 그렇듯 아주 극악한 율법주의자였던 그가 다메섹 도상에서 예수님을 만납니다. 예수님께서 "사울아!" 하고 부르십니다. 사울이 답합니다. "주여, 뉘십니까?" 참으로 당돌합니다. 그러자 주님께서 말씀하십니다. "나는 네가 핍박하는 예수다." 굉장히 중요한 사건입니다. 그는 교회를 핍박했습니다. 그런데, 이제 알고 보니, 교회와 예수는 하나입니다. 자기는 교회를 핍박했는데, 예수님께서는 이렇게 말씀하십니다. "너는 나를 핍박하고 있다." 여기서 교회가 예수고, 예수가 교회라는 것을 아는 순간 중생하여 이제부터 예수를 전하는 교회를 세우고, 교회를 섬기는 사람으로 한평생을 살아가게 됩니다. 이 부름을 받은 것, Calling, 그 자체가 은혜입니다. 누구나 다 그렇게 드라마틱한 것은 아닙니다마는, 깊이 생각하면 누구나 같은 경험입니다. 이걸 잊지 말아야 합니다. 하나님의 강권적인 은혜로 나의 나 됨이 있다는 걸 잊지 말아야 합니다. 은혜에 대한 응답, 그 자체도 은혜입니다. 은혜를 은혜로 아는 것, 그것이 은혜입니다.

그런가 하면, 하나님께서는 사도 바울에게 또 은혜를 주셨습니다. 능력을 주셨습니다. 말씀을 전하는 능력, 이적을 행하는 능력— 얼마나 굉장합니까. 사도행전 14장에 보면, 루스드라에서 나면서부터 걷지 못하게 된 사람을 일으킨 기적은 너무나도 드라마틱합니다. 바울이 설교하면서 가만히 보니까 그가 앞에 앉아서 열심히 설교를 듣고 있습니다. 이 설교 듣는 자세가 중요한 것입니다. 그렇게 열심히 뚫어져라 쳐다보는 것을 보고, 그에게 구원 얻을 만한 믿음이 있는 것을 알았니다. 이것이 중요합니다. 구원을 얻을 만한 믿음이 저기에 있구나— 그리고 당장 생전 처음 보는 사람인데, 그에게 가서 "일어서라!" 합니다. 그러자 나면서부터 한 번도 걸어본 적이 없는 사람이 이 한마디를 듣고 벌떡 일어납니다. 굉장합니다. 얼마나 놀랐으면 루스드라의 사람들이 신이 하늘에서 내려왔다고, 신에게 제사를 드리겠다고 제물을 가지고 오지 않았습니까. 이런 은혜, 이런 사건 속에 나타나는 모든 것을 보면, 하나님께서는 사도 바울을 은혜로 부르신 것만이 아닙니다. 은혜로 은혜 되게 할 수 있는 능력을 그에게 주셨습니다. 이걸 잊지 말아야 합니다.

하나님께서 모세를 부르십니다. 은혜로 부르셨습니다. 공수(空手), 빈손으로 보내신 것이 아닙니다. 그에게 능력을 주셨습니다. 이걸 잊지 말아야 합니다. 그리고 보내십니다. "이 백성을 구원하라. 만백성을 구원하라. 복음을 전하라." 이것을 신학적으로 'Calling, Giving, Sending', 곧 '부르시고, 주시고, 보내시고'라고 정리합니다. 이래서 은혜로 은혜 되게 하시는 것입니다. 은혜로 은혜 되게 하신다— 이걸 잊지 말아야 합니다.

사도 바울은 이 깊은 은혜에 감격한 사람입니다. 마침내 그는 자기가 당하는 모든 사건이 은혜라는 걸 알았습니다. 매 맞는 것도 은혜요, 감옥에 가는 것도 은혜요, 핍박받는 것도 은혜입니다. 왜요? 그로 말미암아 결과가 은혜로 나타나는 것을 보았습니다. 그래서 그는 마침내 여기까지 도달합니다. 자기에게 있는 육체의 가시, 제가 알기에는 간질병 같은 것입니다. 육체의 가시, 사탄의 사자— 이것까지도 은혜라고 주님께서는 말씀하십니다. "네게 있는 내 은혜가 족하다(My Grace is sufficient for you)." 이 말씀을 그대로 받아들입니다. 육체의 가시, 사탄의 사자, 이것까지도 내게 주신 은혜로, 은혜가 은혜 되게 하기 위하여 이 사건은 내게 있어야 한다고 은혜로 받아들입니다. 은혜로 수용합니다. 사도 바울의 은혜관입니다.

그래서 오늘본문은 말씀합니다. "은혜를 헛되이 받지 말라(1절)." '하나님께서는 이 사건을 통하여, 혹은 질병을 통하여, 혹은 고난을 통하여, 혹은 핍박을 통하여 단순히 당하는 많은 어려움, 그 모든 것을 통하여 은혜 되게 하셨다. 은혜를 주셨고, 은혜로 은혜 되게 하신다. 그런고로 은혜를 헛되이 받지 말라.' 은혜를 헛되이 받지 말라고 말씀하십니다. 그 말씀은 무엇입니까? 먼저는, 은혜에 감사하라는 것입니다. 은혜의 응답은 감사입니다. 여러분, 선물을 받은 때가 있습니까? 선물을 받는 자의 응답은 기쁨입니다. 행복입니다. 그렇지 않습니까. 항상 은혜에 대한 응답은 감사요 기쁨이요 찬양이요 행복입니다.

어린아이들이 자라나면서 부모에게 많은 신세를 집니다. 그러나 아이들이 한 번씩 생글생글 웃고 나면 그만 부모님의 그 모든 수고가 다 사라집니다. 그 아이들이 행복해하는 걸 보는 순간 우리는 그보다도 기쁠 수가 없는 것입니다. 그러면, 하나님 앞에서는 어떻게 하면 좋겠습니까? 하나님께 영광 돌린다는 것이 무엇이겠습니까. 행복해야 합니다. 웃어야 합니다. 감사해야 합니다. 늘 즐겁게 살아야 합니다. 그것이 하나님께 영광 돌리는 것입니다. 그런가 하면, 은혜를 전해야 합니다. 나만의 은혜가 아니기 때문에 이 은혜의 사건을 전파해야 합니다. 복음을 전파해서 다른 사람들도 나와 같은 은혜의 사람이 되도록 해야 합니다.

가장 중요한 세 번째는, 나의 구체적인 생활을 통해서 은혜를 증거해야 한다는 것입니다. 어떤 일을 당해도 감사하고, 어떤 일을 당해도 기뻐하고, 어떤 일을 당해도 행복해야 합니다. 그것을 보여야 합니다. 그것을 증거해야 합니다. 사도행전 16장에 보면, 사도 바울이 빌립보에 가서 복음을 전하다가 별것도 아닌 하찮은 일로 말미암아 감옥에 갇힙니다. 매를 많이 맞습니다. 죽을 지경으로 매를 맞습니다. 그리고 감옥에 누워 있다가 밤중에 정신을 차립니다. 그때 그는 찬송을 불렀습니다. 그 깊은 밤에 찬송을 부르는데, 그 찬송이 능력이 있어서 옥문이 열렸습니다. 쇠사슬이 풀어졌습니다. 그런 기적이 나타나는 것을 우리가 사도행전에서 봅니다.

저는 이런 생각을 합니다. '사도 바울이 감옥에서 매를 맞고 어떻게 감사 찬송을 할 수 있었을까?' 생각해보니, 곧 이해가 됩니다. 내가 어디서 죽어야 할 자입니까? 원래는 다메섹 도상에서 벼락 맞아 죽었어야 할 사람인데, 이 사람이 복음을 전하다가 하나님의 사람, 사도로 매를 맞아 순교하고 하늘나라에 간다고 생각하니, 감사한 것입니다. 그래서 억울하게 매를 맞고 죽을 지경이 되어서 찬송을 불렀다는 이것이 바로 은혜로 은혜 되게 하는 것입니다. 다른 사람들은 다 슬퍼합니다마는, 나는 기뻐합니다. 다른 사람들은 다 울고 있지만, 나는 찬송을 부르고 있습니다. 모든 사람이 다 어려움에 처했지만, 나는 하나님 앞에 감사합니다. 그것이 바로 은혜입니다.

며칠 전에 제 친구 황덕윤 목사님이라고 하는 분이 세상을 떠났습니다. 저보다 몇 살 위인데, 그분이 6·25전쟁 때 북한에서 남쪽으로 피란을 오다가 인민군에게 붙들렸습니다. 그러면 전쟁 때라서 포로가 되자마자 그냥 쏴버립니다. 그래서 방공호 파놓은 곳에 피난민들을 죽 세워놓고, 지금 총을 쏘려고 하는 순간입니다. 그래도 거기에 자비가 있어서 인민군이 물어보았답니다. "이제 죽을 텐데, 마지막으로 할 말이 있으면 한마디 하라." 그래서 황덕윤 목사님이, 그때가 청년 때인데, 이렇게 말합니다. "그럼, 마지막으로 제가 찬송 한 장 부르고 죽겠습니다." 인민군이 허락을 해주어서 목사님이 '하늘 가는 밝은 길이'라는 찬송을 3절까지 유창하게, 힘 있게 불렀습니다. 그러자 조금 뒤에 따발총 소리가 나더랍니다. 그래서 '아이쿠, 난 죽었구나!' 하고 누웠습니다. 그렇게 정신을 잃었는데, 조금 있다 보니까 자신이 어떤 사람의 등에 업혀 있는 것이었습니다. 알고 보니, 그 인민군 속에 장로님 아들이 있었던 것입니다. 그 사람이 찬송하는 목사님을 보고 감동이 되어서 자기 총으로 다른 인민군들을 쏴버린 것입니다. 그리고 그 찬송부른 사람을 등에 업고 남쪽으로 온 것입니다. 제가 그 간증을 좌우간 열 번도 더 들었습니다.

이것이 은혜로 은혜 되게 하는 것입니다. 어떤 형편에서든, 내가 은혜의 사람임을 증거해야 합니다. 남이 운다고 같이 울어서는 안 됩니다. 남을 걱정한다고 걱정하는 건 아닙니다. 믿는 사람은 범사에 감사하고, 항상 기뻐해야 합니다. 그렇게 증거해야 한다는 말씀입니다. 은혜가 은혜 되기 위한 절대 조건은 겸손입니다. 끝까지 겸손해야 합니다. 겸손해서 은혜가 은혜 되는 것입니다. 그런데, 자세히 생각해보면, 겸손해서 은혜 되는 것이 아니고, 은혜를 은혜로 아는 순간 자연스럽게 겸손해지는 것입니다. 내가 겸손한 것이 아닙니다. 은혜를 아는 순간, 은혜에 감격하는 순간 나는 작아집니다. 나는 자연스럽게 겸손해질 수밖에 없습니다. 이것이 그리스도인의 겸손입니다. 이것은 보상심리가 아닙니다. 은혜의 열매입니다. 은혜가 하도 크니까 은혜에 감격하는 순간 나는 작아지고 작아져서 은혜의 증인이 되는 것입니다.

오늘본문에 귀중한 말씀이 있습니다. "지금은 은혜 받을 만한 때요 보라 지금은 구원의 날이로다(2절)." '지금은'이 무엇입니까? 지금, 오늘, 현실로 당한 현재, 내가 당한 사건, 나의 나 됨으로의 지금은 바로 은혜받을 만한 때입니다. 바로 지금이라는 이 시간이 구원의 날임을 뜻합니다. 그리고 하나님 구원의 역사가 현실화되는 시간입니다. 구체화되는 시간입니다. 그런고로 이 신비한 은혜가 또 다른 은혜를 생산하게 됩니다. 은혜는 능력입니다. 은혜는 생산성입니다. 은혜는 생명력입니다.

유명한 이야기가 있습니다. '나는 하찮은 벌레다.' 이런 생각으로 한평생을 산 인도 선교의 개척자인 윌리엄 케리는 말 그대로 한평생을 인도에서 선교하다가 세상을 떠나신 분입니다. 그가 세상을 떠날 때, 서양 사람들은 종종 이런 일을 많이 합니다마는, 자기가 자기 묘비를 먼저 써놓았습니다. 지금도 인도에 가면 볼 수 있습니다. 이렇게 씌어 있습니다.'죄 많고 약하고 능력 없는 벌레인 나는 당신의 거룩한 손에 기대어 여기 잠드나이다.' 사도 바울은 늘 오늘 내게 주신 은혜, 나와 함께하신 은혜, 그 은혜에 응답하는 사람으로 살았습니다. 은혜로 보고, 은혜로 받고, 은혜로 듣고, 은혜로 행하고, 오직 은혜의 응답으로 살고, 마지막 순교까지도 은혜로 행하였습니다. 어떤 일이든지 은혜로 받아들이는 것이 은혜의 사람입니다. 오늘 사도 바울은 말합니다. "은혜를 헛되이 받지 말라." △

주여 나를 떠나소서

무리가 몰려와서 하나님의 말씀을 들을새 예수는 게네사렛 호숫가에 서서 호숫가에 배 두 척이 있는 것을 보시니 어부들은 배에서 나와서 그물을 씻는지라 예수께서 한 배에 오르시니 그 배는 시몬의 배라 육지에서 조금 떼기를 청하시고 앉으사 배에서 무리를 가르치시더니 말씀을 마치시고 시몬에게 이르시되 깊은 데로 가서 그물을 내려 고기를 잡으라 시몬이 대답하여 이르되 선생님 우리들이 밤이 새도록 수고하였으되 잡은 것이 없지마는 말씀에 의지하여 내가 그물을 내리리이다 하고 그렇게 하니 고기를 잡은 것이 심히 많아 그물이 찢어지는지라 이에 다른 배에 있는 동무들에게 손짓하여 와서 도와 달라 하니 그들이 와서 두 배에 채우매 잠기게 되었더라 시몬 베드로가 이를 보고 예수의 무릎 아래에 엎드려 이르되 주여 나를 떠나소서 나는 죄인이로소이다 하니 이는 자기 및 자기와 함께 있는 모든 사람이 고기 잡힌 것으로 말미암아 놀라고 세베대의 아들로서 시몬의 동업자인 야고보와 요한도 놀랐음이라 예수께서 시몬에게 이르시되 무서워하지 말라 이제 후로는 네가 사람을 취하리라 하시니 그들이 배들을 육지에 대고 모든 것을 버려 두고 예수를 따르니라

(누가복음 5 : 1 - 11)

주여 나를 떠나소서

1963년, 제가 처음으로 미국에 유학을 갔을 때 LA를 거쳐 프린스턴으로 갔습니다. 그때 중간인 LA에서 며칠 동안 머무른 적이 있습니다. 거기서 특별한 분을 만났지요. 바로 제가 인천제일교회의 목사로 있을 때 교회에서 경영하는 모자원에 있던 한 아이를 도와준 분이었습니다. 이분이 여러 해 동안 그 아이에게 장학금도 주고, 생활비도 주어서 그 아이가 무사히 중학생이 되었습니다. 원래는 서로 연락을 못 하게 되어 있었지만, 어떻게 연락이 닿아서 제가 그분의 전화번호를 얻었습니다. 그래 그분께 감사의 인사를 전해달라는 아이 어머니 부탁도 있고 해서 제가 전화를 드렸지요. 마침내 연결이 되어 그분과 저녁식사를 같이하게 되었습니다. 제가 초청받고 간 곳은 정말로 화려하고 굉장한 식당이었습니다. 놀랍게도 그 식당 천장에는 수많은 샹들리에가 달려 있었는데, 거기에 불이 하나도 안 들어와 있었습니다. 단지, 테이블에 조그만 양초 하나만 켜놓고는, 거기에 빨간 갓을 또 씌워놓았지요. 그러니 얼마나 어두웠겠습니까. 식기류를 더듬어 가며 찾아야 할 정도였습니다. 그래서 제가 지나가던 나이 지긋한 웨이터한테 물어보았습니다. 그랬더니, 그 웨이터가 좋은 질문이라고 웃으며 대답해주었습니다. "이렇게 촛불을 켜놓고, 이 불그스레한 불빛 속에서 식사를 하면, 맞은편에 앉은 사람이 미인 아닌 여자가 없고, 미남 아닌 남자가 없습니다." 밝지 않은 불그스레한 촛불에 비춰보면 누구나 다 예쁘게 보인다는 것입니다. 진리입니다. 다른 말로 하면, 어두운 데서는 내가 의인입니다. 그러나 밝은 빛 앞에서 나는 고개를 들 수 없는 죄인입니다. 이걸 잊지 말아야 합니다. 우리가 다 나름대로 잘났다고 떠들고 삽니다. 그러나 다 밝은 빛을 보지 못했기 때문입니다. 하나님의 밝은 빛 앞에 비춰보면 아무도 고개를 들 수 없습니다. 모두가 다 죄인이고, 또 그 죄인 된 가운데 은혜로 살아간다는 것을 깨닫게 된다는 대단히 중요한 이야기입니다. '어두운 데서만 의인 행세를 하는 것이다. 밝은 빛 속에서는 의인이 없으니, 하나도 없다. 우리의 부끄러운 일들이 그 밝은 빛 앞에 다 노출될 것이다. 그런고로 겸손해야 한다. 그런고로 온유한 마음으로 하나님을 대해야 한다.'

오늘본문에 사도 베드로가 회개하는 장면이 나옵니다. "주여 나를 떠나소서 나는 죄인이로소이다……(8절)" 여러분, 깊이 한번 묵상해보십시오. 어떤 죄인이라는 말입니까? 무슨 죄를 지었다는 말입니까? 일반적으로 모든 사람이 다 죄인이다, 그런 뜻의 말이 아닙니다. 구체적으로 무슨 죄를 지었고, 지금 무슨 죄를 자복하고 있는 것입니까? 그것은 보편적인 죄의식이 아닌 특별한 죄입니다. 베드로는 전문 어부입니다. 갈릴리 바다에서 일생토록 물고기를 잡은 사람입니다. 그런가 하면, 예수님께서는 지금 서른 살 난 목수십니다. 한마디로, 목수가 어부한테 이래라저래라 하는 것입니다. 말이 안 되는 일이지요. 한평생 이 바다에서 물고기를 잡아온 어부에게 지금 낯선 청년 목수가 저기 서서 "베드로야, 깊은 데로 가서 그물을 내리라!" 하니, 이게 말이 됩니까.

특별히, 베드로는 밤새껏 수고해서 얻은 것이 없었습니다. 이 물고기라는 것이 그냥 그 넓은 바다에 널려 있는 게 아닙니다. 나름대로 떼를 지어서 이리 몰리고, 저리 몰리는 것입니다. 이걸 만나야 잡는 것이지, 못 만나면 밤새껏 수고해도 빈 그물입니다. 그렇게 밤새껏 수고해서 한 마리도 못 잡아서 지금 그물을 씻어 널고 있는 중입니다. 그런데, 예수님께서 그 베드로에게 "깊은 데 가서 그물을 내리라!" 하고 말씀하십니다. 이게 말이 됩니까. 이때 "그물을 내리라!"라는 말씀을 들은 베드로의 대답을 들어보십시오. "밤새껏 수고해서 얻은 것이 없습니다마는, 말씀하시니, 그물을 내리리이다." 저는 그 순간에 베드로의 심정을 좀 짐작해보고 싶습니다. "밤새껏 수고해서 잡은 것이 없습니다마는, 말씀하시니, 그물을 내리리이다." 여기에다가 괄호하고 한 줄 넣었으면 좋겠습니다. "못 잡을 건 뻔하지만, 그물을 내리라 말씀하시니, 말씀하시는 분의 체면을 보아서 제가 그물을 내리겠습니다." 아마도 이랬을는지도 모릅니다. 그리고는 빈 그물을 들고 "보십시오. 이렇다니까요!" 하고 싶었던 것이지요. 그렇게 자기 경험을 통하여 예수님의 말씀을 시험하고 싶었던 것입니다. 그는 그런 마음으로 그물을 내렸던 것입니다. 한데, 뜻밖에도 그물이 찢어질 정도로 물고기를 많이 잡았습니다. 이에 베드로가 깜짝 놀랐습니다. 베드로는 모름지기 자기 경험을 확증하고 싶었습니다. "밤새껏 수고해서 잡은 것이 없습니다. 아니, 오늘도 안 됩니다. 더구나 깊은 데 가서요? 그건 안 됩니다." 이렇게 한평생 자신이 경험한 걸 확증하며, 자기 자신의 정체를 드러내고 싶었던 것입니다.

여기서 우리는 생각해야 합니다. 믿음은 곧 순종입니다. 순종과 믿음의 관계는 아주 특별합니다. 믿음이 있으면 순종합니다. 순종이 있어야 믿음입니다. 이걸 잊지 말아야 합니다. 이 순종이라는 것은 그렇습니다. 먼저, 지적인 순종이 있습니다. 저쪽에서 말씀하실 때 듣고 '아, 그렇겠다. 그래야겠다'라며 납득하고 순종하는 것이 있습니다. 납득하고, 이성적으로 이해하고, 즐거운 마음으로 순종하는 것입니다. 또한, 정서적인 순종이 있습니다. '그저 말씀하시는 것이 마음에 들진 않지마는, 평생 늘 사랑을 받았으니까, 내가 신뢰하고 존경하는 분이니까, 납득은 가지 않아도 저분이 말씀하시는 것이니까, 좋은 뜻으로 하시는 말씀이니까 받아들여야지.' 이런 정서적 의미의 순종이 있습니다. 셋째는, 이와는 다릅니다. 납득이 가지 않습니다. 왜 그러해야 하는지 모르겠는 것입니다. 자기 경험으로 보아도 이해가 되지 않습니다. 자기 지식으로 보아도, 자기 이성적 판단으로 보아도 도무지 납득이 가지 않습니다. 그러나 말씀하시니까 그 말씀하시는 분에 대한 신뢰 때문에 순종하는 것입니다. 이것은 의지적 순종입니다. 이걸 잊지 말아야 합니다.

창세기에 보면, 아브라함이 75세에 하나님의 음성을 듣습니다. 그때 하나님께서는 두 가지 약속을 하십니다. 하나는 '내가 네게 땅을 주리라' 하신 것이고, 또 하나는 '네게 자손을 주리라' 하신 것입니다. 아브라함은 25년을 기다렸습니다. 그런데도 사라는 아이를 낳지 못합니다. 게다가 벌써 단산한 것 같습니다. 벌써 아브라함의 나이는 백 세, 사라의 나이는 구십 세입니다. 단산했기 때문에 사라가 하갈을 통하여 이스마엘을 낳게 한 것 같습니다. 로마서는 4장 19절에서 분명하게 말씀합니다. "죽은 것과 방불한 가운데⋯⋯" 여성의 생리로 보면 단산한 지 10년이 지났으면 죽은 것과 방불합니다. 생산능력으로는 죽은 것입니다. 그때 천사가 말씀합니다. "내년 이때에 아들을 낳으리라." 아브라함이 너무나 기가 막혀서 이럽니다. "그저 제가 실수 좀 했습니다. 그러니 제발 이스마엘이라도 하나님 앞에서 살 수 있게 하여주십시오. 잘못된 방법으로 얻은 자식이지만, 제 자식이 분명합니다. 이 이스마엘만이라도 하나님 앞에 살게 하여주십시오." 그러나 천사는 들은 척도 하지 않습니다. "내년 이 맘때에 낳으리라." 이걸 어떻게 믿으라는 말씀입니까. 인간의 상식으로, 인간의 경험으로, 인간의 지식으로는 전혀 이해가 안 되는 일입니다. 그러나 아브라함은 믿습니다. 아브라함이 하나님을 믿으매 그를 의로 여기시고― 로마서 4장의 말씀인데, 이것이 기독교 신앙의 핵심입니다. 아브라함이 하나님을 믿으매 이를 의로 여기시고― 거기서 이삭이 태어나지 않습니까. 굉장한 사건입니다.

이보다 더 클라이맥스에 해당하는 사건이 있습니다. 우리는 성경을 읽으면서도 종종 이 말씀은 별로 해설하지 않고 넘어갑니다. 그러나 중요합니다. 마리아가 천사의 말씀을 들을 때 천사가 말씀합니다. "네가 아들을 낳으리라." 마리아가 대답합니다. 가장 상식적인 대답입니다. "저는 남자를 모르는데요? 저는 결혼하지 않았고, 남자를 모르는데요? 그런 제가 어떻게 임신하겠습니까." 그러나 천사는 말씀합니다. "하나님의 능력으로는 못 하실 일이 없느니라." 그리고 말씀합니다. 누가서 1장 38절입니다. "주의 계집종이오니 말씀대로 내게 이루어지이다." 이것을 허락하는 순간, 그는 인간 세계에서 벗어나는 것입니다.

당시 여자가 모르는 상대 남자의 아이를 가졌다는 것은 이스라엘 사람들에게 용납되지 않는 일이었습니다. 그렇게 되면 꼼짝없이 창녀 취급을 받습니다. 누가 여자에게 돌을 던질지 모릅니다. 게다가 그때 마리아는 약혼한 처자입니다. 그와 약혼한 남자가 "나와 관계없이 마리아가 임신했다!"라고 어떻게 말하겠습니까. 또한, 저가

이 마리아를 어떻게 대해야겠습니까. 사랑의 관계도 끊어질 수밖에 없는 엄청난 사건이 앞에 있었던 것입니다. 인간적으로 생각하면 상상할 수도 없습니다. 그러나 마리아는 말합니다. "주의 계집종이오니 말씀대로 이루어지이다." 이것이 믿음입니다. 믿음의 클라이맥스입니다. 자기 경험과 지식, 모든 상식을 다 버리고 말씀만 받아들입니다. "말씀대로 이루어지이다." 놀라운 말씀입니다. 그 말씀에 의지하여 순종합니다. 확신이 아닙니다. 의심하며 순종하는 것입니다. 말씀에 의지하여 미완성의 신앙으로 나아갑니다마는, 하나님께서 미완성인 신앙을 완전한 신앙으로 받아주십니다. 이것이 아브라함의 믿음이요, 마리아의 믿음입니다.

베드로는 지금 회개하고 있습니다. 그 회개의 의미는 이렇습니다. 의심한 죄, 억지로 순종한 죄, 순종하는 가운데 기쁨과 감사도 없었던 죄에 대한 회개입니다. 그저 의심하면서 순종한 것입니다. 시몬의 십자가처럼 억지로 십자가를 진 것입니다. 형식적으로는 진 것이지만, 마음으로는 진 것이 아닙니다. 순종한 것이 아닙니다. 그물을 내렸지마는, 그것은 순종이 아니었습니다. 잡을 줄 알고 그물을 내린 것이 아니니까요. "밤새껏 수고했지마는, 잡은 것이 없습니다. 그러나 말씀하시니 내리리이다." 이것은 순종이 아닙니다. 그러나 하나님께서는 이 미완성의 부족한 믿음을 귀히 받으십니다. 그리고 그물이 찢어질 정도로 고기를 잡게 하여주셨습니다. 이 놀라운 은총, 의심과 불신앙을 다 넘어서는 초월의 은총, 부족한 믿음을 받아주시는 은총을 입은 베드로는 감사하여 이제 회개합니다. "주여 나를 떠나소서 나는 죄인이로소이다……(8절)" 그러니까 이런 뜻입니다. "저는 이런 사람입니다. 저는 주님의 제자가 될 수 없습니다.

저는 이런 죄인입니다. 그러니, 저를 떠나소서!" 이 얼마나 굉장한 순간입니까. 그러나 예수님께서는 바로 그 순간 이렇게 말씀하십니다. "네가 사람 낚는 어부가 되리라. 네가 내 제자가 되리라. 아니, 내 제자가 되라."

여러분, 우리가 회개를 합니다마는, 율법적인 회개가 많습니다. 징벌을 받고 회개하고, 병들고 회개하고, 실패하고 회개하고, 망하고 회개하고, 죽을 때 회개하고, 여러 가지로 회개한다고 하지만, 그런 것은 다 율법적인, 하나님의 진노 앞에서의 회개입니다. 그러나 진정한 회개는 은총 앞의 회개입니다. 은혜를 받고 회개하고, 용서받고 회개하고, 사랑받고 회개하고, 넘치는 사랑을 받고 감격하면서 회개합니다. "주여, 나를 떠나소서." 이것이 진정한 믿음입니다. 우리에게 회개가 있습니다. 하지만, 징벌을 묻고, 율법 앞에서 떠는, 그런 수준의 회개 가지고는 안 됩니다. 하나님의 은혜, 너무나 큰 은혜로 '이럴 줄 몰랐습니다. 이럴 줄 알았으면 진작 근심도 하지 말고, 두려워하지도 말고, 감사하며 순종할 것을, 저는 그렇지 못했습니다'라고 회개하는 것입니다. 이같이 하나님의 은총 앞에서 회개하고, 그 은총 앞에서 자기의 부족함을 깨닫게 되는 것입니다.

종교개혁자 칼뱅은 말합니다. '하나님에 대한 지식이 있기 전에는 나 자신에 대한 지식도 없다.' 하나님을 알고야 나를 압니다. 하나님의 은총을 알고야 나를 알게 됩니다. 하나님의 그 은혜를 알고야 나 자신이 부족한 존재임을 알게 됩니다. 진실을 알게 됩니다. 바로 이때 주님께서는 말씀하십니다. "나를 따르라. 네가 사람 낚는 어부가 되리라." 그에게 사명을 맡기십니다. 그에게 하나님의 귀중한 역사를 맡기십니다. 이걸 잊지 말아야 합니다. 베드로의 이 같은 신앙고백을 보십시오. "주여, 나를 떠나소서!" 바로 그 순간, 그 아름다운 마음이 주님의 마음에 합한 하나님의 사람의 모습입니다. 항상 그 마음으로 살고, 그 은총에 감사하고, 그 부름에 감사하고, 그 거룩한 사역에 감사하며 헌신하는, 그런 아름다운 신앙고백이 우리에게도 또 이어져야 할 것입니다.   △

십자가의 복음

　　만일 우리가 그리스도 안에서 의롭게 되려 하다가
죄인으로 드러나면 그리스도께서 죄를 짓게 하는 자
냐 결코 그럴 수 없느니라 만일 내가 헐었던 것을 다
시 세우면 내가 나를 범법한 자로 만드는 것이라 내
가 율법으로 말미암아 율법에 대하여 죽었나니 이는
하나님에 대하여 살려 함이라 내가 그리스도와 함께
십자가에 못 박혔나니 그런즉 이제는 내가 사는 것이
아니요 오직 내 안에 그리스도께서 사시는 것이라 이
제 내가 육체 가운데 사는 것은 나를 사랑하사 나를
위하여 자기 자신을 버리신 하나님의 아들을 믿는 믿
음 안에서 사는 것이라 내가 하나님의 은혜를 폐하지
아니하노니 만일 의롭게 되는 것이 율법으로 말미암
으면 그리스도께서 헛되이 죽으셨느니라
　　　　　　　　(갈라디아서 2 : 17 - 21)

십자가의 복음

1964년, 제가 프린스턴 신학교에 갔을 때 첫 학기에 마르틴 루터 신학을 배웠습니다. 이제 학기 말에 시험을 보게 되었는데, 시험 장에 오신 교수님이 흑판에다 이런 시험문제를 쓰셨습니다. '루터의 신학을 십자가의 신학이라고 하는 이유를 써라.' 교수님이 딱 이 한 줄을 써놓으시고, 학생들한테 노트를 하나씩 주신 다음 세 시간 동안 거기에 답을 쓰라고 하셨습니다. 그래 그 세 시간 동안 답안을 썼는데, 어떻게 썼는지도 모르겠습니다. 독일이 통일된 뒤에 경제적 후유증으로 말미암아 국민의 사기가 다 저하되고, 물가는 오르고, 품귀현상이 생겨서 살기가 아주 팍팍하게 되었습니다. 모두가 실의에 빠졌지요. 이로 말미암아 독일정부는 깊은 고민에 빠졌습니다. 그런 가운데 한 장관이 묘안을 내었습니다. 독일인이 가장 존경하는 인물을 뽑아 내세워서 그의 교훈을 따르고, 그의 용기를 따름으로써 전 국민의 용기를 다시 불러일으키도록 하자는 것이었습니다. 이를 위해서 전 국민을 상대로 '세계사에 가장 큰 영향을 끼친 독일인이 누구인가?'라는 설문조사를 했습니다. 그랬더니, 단연 1위로 마르틴 루터가 뽑혔습니다. 이렇듯 독일 사람들의 마음속에는 지금도 종교 개혁자 마르틴 루터가 민족의 영웅으로, 그리고 신앙의 표본으로 남아 있습니다.

광부의 아들로 태어난 마르틴 루터는 1483년에서 1546년까지 살았습니다. 그는 아주 무서운 아버지 밑에서 자랐는데, 어렸을 때 아버지에게 매를 많이 맞았다고 합니다. 루터의 신학을 가르치던 교수가 루터의 '탁상담화'에 나오는 일화를 소개해주었습니다. 마르틴 루터는 주기도문을 외울 때 '하늘에 계신 우리 아버지'라고 하면 자신의 무서운 육신의 아버지가 자꾸 생각난다고 합니다. 그래서 그는 차라리 '하나님 아버지'라고 하지 말고 '하나님 어머니'라고 하면 안 되는가, 하는 내용을 글로 남긴 적이 있습니다. 루터 당시에는 신학, 철학, 법학, 의학이 대세였습니다. 그런 가운데 루터는 법률을 공부해서 변호사가 되려고 법학을 공부합니다. 어느 여름방학, 집으로 돌아가는 길에 친구와 같이 숲을 지나다가 엄청난 경험을 했습니다. 갑자기 사방이 캄캄해지면서 돌풍이 불고, 폭우가 쏟아지고, 벼락이 쳤습니다. 그 통에 같이 가던 친구가 그만 벼락을 맞아 그 자리에서 새카맣게 타 쓰러져 죽었습니다. 그걸 본 루터는 깜짝 놀라 그대로 땅에 엎드려서 하나님께 부르짖었지요. 정신없이 기도했습니다. "성 안나여, 저를 살려주십시오. 제 목숨을 살려주시면 수도사가 되겠나이다." 이렇게 고백한 것입니다. 그리고 그는 그 길로 수도원으로 들어가 정말 수도사가 됩니다. 수도생활을 하는 가운데 그는 항상 깊이 묵상하며, 하나님 앞에 기도했는데, 늘 죄가 생각나서 괴로웠습니다. 가톨릭에는 고해성사라는 것이 있는데, 그때 루터는 하루에도 몇 번씩 고해성사를 했습니다. 루터가 하도 자주 고행성사를 하러 가니까 그걸 듣던 신부가 귀찮아서 이렇게 말했습니다. "루터야, 죄 좀 모았다가 한꺼번에 가지고 오너라."

그러나 루터는 견딜 수가 없었습니다. 제가 궁금한 것은 그 루터의 죄목입니다. '루터는 도대체 무슨 죄를 그렇게 많이 지었다고 하루에도 몇 번씩 자복했을까?' 아니, 수도원에서 무슨 죄를 짓습니까. '물질로도 지을 죄가 없고, 여자로도 지을 죄가 없을 텐데, 도대체 무슨 죄가 그리 많아서 담당 신부를 괴롭힐 정도로 고해성사를 열심히 했을까?' 그래 질문을 했더니, 교수님은 빙그레 웃으시며, 루터가 지은 죄는 하나님을 의심한 죄, 하나님 앞에 게으른 죄, 그리고 마음 깊은 곳에서 오는 교만한 죄, 이렇듯 마음속에서 이루어지는 죄를 가지고 자꾸만 가서 고백했을 것이라고 하셨습니다. 루터는 한평생 다섯 가지 고민을 했습니다. 죄, 사망, 사탄, 율법, 진노, 이렇게 다섯 가지로부터 구원받아야 한다는 것입니다. 죄와 사망과 사탄, 율법과 진노의 해결은 어디에 있습니까? 그것은 오직 십자가의 은혜요, 십자가의 은혜에 대한 온전한 믿음입니다. 그 믿음은 하나님의 의를 수용하는 것입니다. 그래서 루터는 그것을 깨닫고, 유명한 갈라디아서의 주석을 두 번이나 씁니다.

루터의 신학을 배울 때 교수님은 우리에게 갈라디아 주석을 다 읽히신 다음 서로 비교하라고 하셨습니다. 루터에게 가장 중요한 책이 바로 갈라디아서입니다. 오늘의 핵심입니다. 오늘본문 20절입니다. "내가 그리스도와 함께 십자가에 못 박혔나니 그런즉 이제는 내가 사는 것이 아니요 오직 내 안에 그리스도께서 사시는 것이라……" I am crucified with Christ— 이것이 신앙고백의 극치입니다. '오직 믿음으로'라는 게 무엇입니까? '예수께서 내 죄를 대신하여 십자가에 못박히셨다. 그런고로 십자가 안에서, 그 믿음 안에서 내 죄가 다 사해졌다.' 그 십자가 안에서 하나님의 능력, 하나님의 사랑, 하나님의 지혜를 믿는 것입니다. 의롭다 하심을 믿는 것입니다. 오직 의인은 믿음으로 말미암아 살리라— 루터는 거기에 뿌리를 박고, 종교개혁을 하게 됩니다.

거슬러 올라가서 사도 바울을 생각해봅시다. 고린도전서 2장

2절 말씀입니다. "내가 십자가에 못 박힌 것 외에는 아무것도 알지 아니하기로 작정하였노라." 사도 바울이 고린도에 가서 실의에 빠져 활발하게 전도사역을 못하고 천막 치는 일을 업으로 하면서 지내고 있을 때입니다. 하나님께서 그에게 능력을 주시고 말씀하십니다. "조용하지 말고 입을 열어 말하라 이 성에 구원받을 사람이 많으니라." 그때 그는 깨닫습니다. 귀중한 제2의 회심입니다. 그리고 그는 말합니다. "내가 너희 가운데 있을 때 두려워하며 심히 떨었노라." 평소 그 많은 핍박에도 담대했던 사도 바울이 고린도에 갔을 때 핍박이 없는데도 두려워하며 심히 떨었다는 것입니다. 왜 떤 것입니까? 십자가를 잃어버렸기 때문입니다. 십자가에 대한 믿음을 잃었고, 그 초점을 바로 하지 못했기 때문입니다. 그래서 그는 심히 떨었노라고 고백하는 것입니다. '그런고로 이제는 예수께서 십자가에 돌아가신, 못 박힌 것 외에는 아무것도 알지 아니하기로 작정하였다.' 바로 그때부터 다시 십자가의 은혜로, 용기 있는, 권세 있는 하나님의 사람으로 나타나게 됩니다.

십자가가 예수 그리스도 교훈의 중심입니다. 여러분이 너무나 잘 아는 마태복음 16장에서 예수님 말씀하십니다. "너희는 나를 누구라 하느냐." 베드로가 고백합니다. "주는 그리스도시요 살아계신 하나님의 아들이십니다." 그때 예수님께서 크게 칭찬하십니다. "그것은 네가 스스로 안 것이 아니라 하나님이 네게 알게 하신 것이다." 그리고 또 말씀하십니다. "천국 열쇠를 주노라." 이 말씀을 들은 베드로는 만족했을 것입니다. 자랑스러웠을 것입니다. 이 말씀 끝에 예수님께서 이렇게 말씀하십니다. "내가 십자가를 질 것이다." 그러자 베드로가 만류합니다. "아, 그런 일은 없을 것입니다." "아니다.

나는 십자가를 질 것이다." 그리고 중요한 말씀을 하십니다. "나를 따라오려거든 자기를 부인하고, 자기 십자가를 지고 나를 좇을 것이니라." 이 세 가지를 말씀하십니다. 천국열쇠가 있습니다. 천국 문이 열립니다. 그러나 오직 십자가를 향한 믿음이 있어야만 그 천국 문에 들어갈 수 있는 것입니다. 그리스도인은 그리스도의 십자가와 함께 이미 못박힌 것입니다. 그 사도 바울은 말합니다. "내가 그리스도와 함께 십자가에 못박혔다." 십자가를 볼 때마다 내가 십자가에 못박힌 것을 확인해야 합니다. 예수 그리스도의 십자가와 나의 십자가가 바로 함께 응답해야 한다는 것을 잊어서는 안 됩니다.

아주 오래전입니다마는, 6·25 바로 직전에 제가 황해도에 있는 신천교회를 방문한 일이 있습니다. 유명한 김익두 목사님을 만나기 위해서였습니다. 우리 할아버지가 늘 교회에 대한 이야기나 설교를 하실 때, 혹은 개인적으로 말씀하실 때 하도 김익두 목사님에 대한 말씀을 많이 하셔서 저는 늘 그분이 대체 어떤 분인지 알고 싶었습니다. 그래서 제가 전쟁이 터지기 직전에 거기로 갔습니다. 그러고는 그곳에서 한두 주일 정도 참석해서 예배를 드렸는데, 말씀하시는 가운데 김익두 목사님이 직접 자기가 경험하신 재미있는 일을 이야기하신 것을 저는 오래오래 기억에 남는 신앙간증으로 간직하고 있습니다.

여름, 한창 더울 때 목사님이 부흥회를 인도하기 위해서 보따리를 하나 걸머지고 수십 리 길을 걸어서 부흥회를 하는 교회로 가고 있는데, 가는 도중에 큰 재 하나를 넘게 되었답니다. 오르막길이 힘들고, 날씨도 덥기에 저 언덕 꼭대기까지 올라가서 좀 쉬어야겠다 생각하고 비지땀을 흘리면서 그냥 올라갔습니다. 마침내 꼭대기에

다다라서 자리를 잡고, 두루마기를 벗어 제치고, 보따리를 내려놓고, 시원하게 바람을 쏘이고 있는데, 맞은편에서 웬 술 취한 젊은이 하나가 비틀비틀 올라오는 것이었습니다. 다 올라온 그 젊은이는 거기서 쉬고 있는 김익두 목사님을 떡하니 쳐다보더니, "너, 왜 나보다 먼저 올라왔냐?" 하고는 목사님을 마구 때리기 시작하더랍니다. 김익두 목사님은 젊은이가 이리 치고 저리 치는 걸 다 맞았습니다. 그렇게 한참을 때려도 목사님이 아무 저항을 하지 않으니까 그 젊은이가 때리는 걸 멈추고 지친 듯 씩씩 숨을 몰아쉬었습니다. 그때 김익두 목사님이 그 사람 손을 딱 잡았습니다. 목사님이 왕년에 신천장의 유명한 깡패였거든요. 손이 크고 힘이 얼마나 좋은지, 저도 그분과 한 번 악수를 해보았는데, 손이 부러질 것 같았습니다. 그런 분이 자기 손을 힘 주어 꽉 쥐니까 그 젊은이가 얼마나 아팠겠습니까. 그때 김익두 목사님이 하는 말입니다. "예수는 내가 믿고, 복은 자네가 받았네." 이 사람이 못 알아듣고 그게 무슨 소리냐고 물으니까 그제서야 "내가 김익두야!"라고 자신을 밝혔습니다.

그 사람이 속으로 '아이쿠, 나는 죽었구나!' 생각하고 벌벌 떨고 있으려니까 목사님이 말합니다. "그래, 내가 뭐라든가? 내가 예수 믿기 전에 이런 일을 당했으면, 오늘 자네는 여기서 그냥 장사 지내고 마는 거야. 그러니, 예수는 내가 믿고, 복은 자네가 받았네!" 아주 유명한 말입니다. 그다음에 더 중요한 복음이 있습니다. "이 사람아, 내가 죽었기에 자네가 살았어. 내가 예수 믿고 죽었으니까 자네가 살았지. 내가 살아 있었으면 자네는 죽었어." 이렇게 말했답니다. 싱글싱글 웃으면서 그런 옛날이야기 하는 것을 제가 들었습니다. 그것은 일생 잊을 수 없는 중요한 순간이었습니다.

여러분, 예수를 믿는다는 것이 바로 이것입니다. '십자가를 쳐다보며 십자가와 함께 나는 죽었습니다. 옛사람은 죽었습니다. 내 혈기는 죽었습니다. 내 이성도 죽었습니다.' 이렇게 고백하는 것입니다. '이성을 십자가에 못박으라.' 파스칼의 말입니다. 그러고야 참 믿음을 가지게 됩니다. 신비한 능력입니다. 십자가는 하나님의 능력이요, 하나님의 지혜요, 하나님의 사랑입니다. 그것이 로마서와 갈라디아서가 말하는 기독론의 핵심입니다. 기독론 하면, 크게 나누어서 세 가지가 있습니다. 하나는 '크리스마스 기독론'입니다. 칼 바르트가 주장한 대로 '말씀이 육신이 되어 우리 가운데 왔다'라고 하는, 그런 크리스마스, 그런 말구유에 오신 예수님을 말하는 것입니다. 말씀이 육신이 되어 우리 가운데 왔다— 칼 바르트는 바로 여기에 역점을 두고 신학을 전개했습니다. 이것이 칼 바르트의 신학입니다. 그런가 하면, 루터는 오직 십자가의 신학입니다. '내가 십자가에 못박혔다. 십자가에 못박히는 순간 내가 거기 있다.' 이렇게 믿는 것이 루터의 신학입니다.

그리고 또 하나는 히브리서입니다. 히브리서에 보면, 예수님은 제물입니다. 속죄 제물입니다. 예수님의 십자가와 갈보리 언덕— 속죄 제사를 드리는 것입니다. 이 제사장 되신 그리스도, 이 영원한 제사장이 히브리서 기독론의 내용입니다. 여러분, 십자가를 쳐다보십니까? 의심이 있으십니까? 나약함이 있으십니까? 십자가를 쳐다보는 순간 십자가에 대한 확실한 믿음이 생기는 것입니다. Sola Fide, Sola Gratia, Sola Gloria, 오직 믿음, 오직 은혜, 오직 영광— 그 순간 나의 모든 근심과 죄의 짐이 다 사라지고, 예수님과 함께 부활의 영광을 보게 됩니다. 부활의 영광이 확실해집니다. 부활신앙이 살아납니다. 그가 그리스도인입니다.

　십자가를 쳐다보십시오. 그 십자가를 믿는 순간, 믿음을 새롭게 하십시다. 그분이 나의 모든 죄를 담당하셨습니다. 내 모든 허물을 다 덮어쓰셨습니다. 예수 그리스도의 십자가, 그 속에 내 십자가가 있습니다. 십자가에 죽은 자는 말이 없습니다. 예수 그리스도와 함께 십자가에 못박힌 그 간증, 그 고백, 그 감격으로 살아가는 것이 개혁신앙의 근본입니다. "의인은 오직 믿음으로 말미암아 살리라." 이것이 종교개혁자의 근본 신앙고백입니다.　△

일체의 비결을 배운 사람

내가 주 안에서 크게 기뻐함은 너희가 나를 생각하던 것이 이제 다시 싹이 남이니 너희가 또한 이를 위하여 생각은 하였으나 기회가 없었느니라 내가 궁핍하므로 말하는 것이 아니니라 어떠한 형편에든지 나는 자족하기를 배웠노니 나는 비천에 처할 줄도 알고 풍부에 처할 줄도 알아 모든 일 곧 배부름과 배고픔과 풍부와 궁핍에도 처할 줄 아는 일체의 비결을 배웠노라 내게 능력 주시는 자 안에서 내가 모든 것을 할 수 있느니라

(빌립보서 4 : 10 - 13)

일체의 비결을 배운 사람

유대 사람들의 특징 가운데 하나는 세상을 매우 낙관적인 관점에서 생각한다는 것입니다. 그들은 유월절이 되면 온 백성이 다 모입니다. 그리고 하루 종일 찬송을 부릅니다. '아니마민(Animamin)'이라는 노래입니다. 이 히브리어의 뜻은 '나는 믿는다'입니다. 아니마민, 나는 믿는다─ 다들 아시다시피, 유대 사람들은 히틀러 정권 때 큰 수난을 당해서 상상할 수 없을 정도로 많이 죽었습니다. 도대체 이해가 안 되는 일입니다. 무려 6백만 명입니다. 그때 아우슈비츠 수용소에서 죽음을 기다리는 가운데 그들이 부른 노래가 바로 '나는 믿는다'입니다. 가사의 내용은 이렇습니다. '우리들은 구세주가 오실 것을 믿는다. / 다만 구세주가 나타나는 것이 조금 늦어질 뿐이다. / (아니마민) 지금도 나는 믿는다 끝까지 믿는다.' 이 노래가 그들에게 희망과 용기를 불러일으켰습니다. 오늘본문에 나오는 것은 사도 바울이 빌립보 감옥에서 편지를 쓰는 장면입니다. 그는 지금 로마 감옥에 갇혀 있습니다. 제가 언젠가 로마에 갔을 때 특별히 관심이 있어서 두 곳을 가 보았습니다. 하나는 사도 바울이 목 베임을 당한 현장이었고, 또 하나는 사도 바울이 갇혀 있던 지하감옥이었습니다. 그곳은 햇빛이 들어오지 않는 지하에 돌로 만든 감옥입니다. 거기에는 사도 바울이 묶였던 것이라고 전해지는 쇠사슬도 있습니다. 2천 년이 넘었지만, 거기에 보관되어 있는 유물들을 가서 보고 한참을 묵상하며, '바울이 여기에서 순교의 날을 기다리며, 또한 옥중서신을 썼구나!' 하고 생각하니, 감회가 특별했습니다. 그래서 많은 눈물을 흘렸습니다.

　오늘본문말씀은 사도 바울의 옥중서신입니다. 그는 지금 감옥에 갇혀 있습니다. 그리고 순교의 날을 기다리고 있습니다. 그러면서 감사의 편지를 씁니다. 그것은 자기 간증이며, 동시에 자기 신앙고백이기도 합니다. 바울이 쓴 편지의 특징은 그 내용이 교리적 이론이 아니라는 점입니다. 거기에는 꼭 이론을 넘어서는 자기 간증이 있습니다. 말을 하다가도 그는 '나는'이라고 계속 강조합니다. 자기 체험을 통해서 간증하고 있는 것입니다. 오늘본문에서 그는 말합니다. "나는 모든 것을 할 수 있느니라." 감옥에서 하는 말입니다. 저는 옛날 번역이 더 좋습니다. 새 번역은 "모든 것을 할 수 있느니라"라고 했는데, 옛날 번역에서는 "능치 못할 일이 없느니라"라고 되어 있습니다. 이런 예스러운 표현은 옛날 번역이 중국 성경을 바탕으로 한 것이기 때문입니다. 어쨌거나, 참으로 놀라운 신앙고백입니다. 놀라운 찬송입니다. 놀라운 승전가입니다. "나는 모든 것을 할 수 있느니라." 이유는 '내게 능력 주시는 자 안에서' 하나이기 때문입니다. 조건은 딱 하나입니다. "내게 능력 주시는 자 안에서 나는 모든 것을 할 수 있느니라." 유명한 말씀입니다. 내게 능력을 공급하고, 능력을 주시는, 내게 능력 주시는 자 안에서 나는 모든 것을 할 수 있느니라― 내가 한다는 말이 아닙니다. 내게 능력 주시는 자 안에서, 주님께서 내게 능력을 주실 때, 주님께서 내게 능력을 주시면, 나는 모든 것을 할 수 있느니라― 얼마나 귀한 말씀인지 모릅니다.

　특별히 이 요절은 제게 남다른 의미가 있습니다. 1951년, 저는 피난민 속에 끼어 배를 타고 백령도에 도착했습니다. 수많은 피난민이 한꺼번에 모여들 때니까, 그들 속에 몰래 숨어서 들어오는 간첩을 골라내야 했습니다. 그러기 위해서 사람들을 죽 줄 세워 놓고, 거기에 수사를 하는 책임자가 앉아서 한 사람 한 사람 면접을 합니다. '이 사람이 간첩인가, 아닌가?' 이렇게 의심하며 조사하는 것입니다. 저도 그 앞에 섰습니다. 그가 물어왔습니다. "이름이 뭐요?" 제가 이름을 댔습니다. 다시 묻습니다. "기독교인이라며?" "예, 그렇습니다." 그랬더니 갑자기 이러는 것입니다. "성경 한 절 외워봐." 참으로 절박한 시간입니다. 여기서 잘못되어 간첩으로 몰리면 그냥 처형입니다. 어쨌든, 그런 시간에 갑자기 성경구절 하나가 입에서 튀어나갑니다. 바로 이것입니다. "내게 능력 주시는 자 안에서 내가 능치 못할 일이 없느니라." 이렇게 외웠더니, "됐어, 합격!" 합니다. 그래서 제가 살았고, 여기까지 온 것입니다.

제가 이 말씀이 너무나 중요해서 저의 예비 된 묘비에 이 성경구절을 썼습니다. '내게 능력 주시는 자 안에서 내가 모든 것을 할 수 있느니라.' 저는 처음부터 끝까지 이 말씀에 의지하고 있습니다. 꼭 잊지 말아야 합니다. 내게 능력 주시는 자 안에서― 사도 바울은 늘 말합니다. 주 안에서, 그리스도 안에서, 그리스도 예수 안에서, 그 안에서, Ento Christ― 사도 바울이 이 말을 얼마나 많이 하는지, 헤아려 보면 한 150번은 됩니다. 주 안에서, 그리스도 안에서, 예수 안에서…… 아주 신비로운 말입니다. 신학적으로는 더더욱 중요합니다. 때때로 철학과 기독교의 교리가 같이 갈 때가 많습니다. 이것이 철학인지, 기독교인지 헷갈릴 정도입니다. 사실 기독교를 철학적으로 설명하면 신학입니다. 신학이냐, 철학이냐, 신앙고백이냐가 아리송할 때 결정적인 것이 'In Christ(그리스도 안에서)'입니다. 이 말을 하는 순간 모든 철학적 사고로부터 벗어나는 것입니다. 모든 철학적, 신학적 이론을 초월하는 것입니다. 아주 신비로운 말입니다. 이론이 아닙니다. 신학도 철학도 아닙니다. 생명적인 것이고, 생명적 능력입니다. 그래서 '그리스도 안에서' 나는 모든 것을 할 수 있는 것입니다.

사회학자의 말로는, 능력이란 대개 그 첫째가 돈입니다. 경제력입니다. 유명한 말이 있지 않습니까. '장사도 무일푼이면 무안색이다. 장사도 돈이 없으면 안색이 변한다.' 능력이 없다, 이것입니다. 그렇기 때문에 돈이 참으로 중요합니다. 여러분도 아시다시피, 주머니에 얼마간의 돈이 있으면 친구를 만날 때 반갑습니다. "아, 점심 같이 하자고!" 하지만, 내 주머니에 돈이 없으면 친구를 만나도 이래저래 핑계를 대고 비실비실 도망갑니다. 이것이 돈의 힘입니다. 돈이라는 것이, 경제라는 것이 오늘 세계에서도 그렇습니다. 이것저것 다른 것을 다 해봐도 결국은 경제가 제일 아닙니까.

둘째가 지식의 힘입니다. 아무리 뭐니 뭐니 해도 지식이 없는 경제는 아무 소용이 없습니다. 아는 것, 지식이 있어야지요. 하지만, 지식만 있다고 됩니까. 기술이 있어야 합니다. 그 지식을 실용화하여 그것이 기술력으로 발전할 때 비로소 능력이 되는 것입니다. 요새 코로나 때문에 백신을 맞아야 한다, 뭘 해야 한다, 하는데, 얼마 전 미국의 화이자 회사에서 치료약이 나왔다는 것 아닙니까. 이걸 한두 주일 먹으면 병이 낫는다면서요? 이것을 투약해봤더니, 죽는 사람이 없더라면서요? 이런 희소식이 어디에 있습니까? 이것이 기술입니다. 지식을 겸한 기술— 기술이 정말 잘 되면 온 세계를 구원할 수 있는 길이 되는 것입니다. 화이자 회사에서 이런 귀중한 일을 하고 있다고 합니다.

그다음은 정열입니다. 사람의 마음에서 오는 마음의 힘, 정열이 없이는 다 소용없습니다. 이 네 가지를 다 말하고 있으나, 아닙니다. 이보다 더 중요한 것이 있습니다. 그것이 바로 은총에서 오는 힘입니다. 은혜의 힘입니다. 오늘 본문말씀대로입니다. "내게 능력 주시는 자 안에서……(13절)" 내게 능력 주시는 자 안에 힘이 있는 것입니다. 그 능력의 근본이 무엇입니까? 의롭다 하심을 얻는 것입니다. 하나님께 의롭다 하심을 얻는 것(Justification) — 우리는 다 죄인입니다. 죄에 매여 있는 동안에는 헤어나기가 어렵습니다. 그래서 우리가 고난을 당한다 하더라도 그것은 고난의 문제가 아닙니다. 죄책의 문제입니다.

고난을 당하고, 병에 걸리고, 어려운 일이 생길 때마다, 죽음이 가까이 올 때까지라도 우리 마음을 괴롭히는 것은 죄입니다. 죄와 후회와 회한과 죄의식, 저주의식입니다. 하나님의 율법 앞에 심판을 당하는 죄의식입니다. 깜깜해집니다. 이걸 잊지 말아야 합니다. 지금껏 저는 많은 분의 임종을 보았습니다. 임종이 가까이 왔을 때 사람은 죄책으로 말미암아 점점 힘들어집니다. 후회가 많습니다. 뉘우침이 많습니다. 괴롭습니다. 주님을 만날 수가 없어서 막 얼굴이 까매지는 것까지도 봅니다. 그렇게 벌벌 떨고 있을 때 곁에서 성경을 읽어주고, '나 같은 죄인 살리신'이라는 찬송을 불러주고, '여호와는 나의 목자시니'라는 시편말씀을 읽어주고, 그러면 금세 얼굴이 환하게 밝아지고, 감사하면서 하나님 앞에 가는 걸 볼 수 있습니다. 이 자유함, 이걸 잊지 말아야 합니다. 죄책과 후회에서 벗어나기 전에는 그에게는 아무 능력도 없는 것입니다.

그러니까, 사도 바울은 감옥에 있지만, 죄 때문에 감옥에 있는 것이 아닙니다. 그는 지금 많은 고통을 당하고, 곧 순교할 지경이 되더라도, 이것도 하나님의 사랑일 뿐이지, 저주가 아니라는 말입니다. 죽음은 저주가 아닙니다. 죽음은 자유함입니다. 그래서 사도 바울은 디모데후서 4장에서 이렇게 말하지 않습니까. "나의 달려갈 길을 다 가고 믿음을 지켰으니 내 앞에 면류관이 있다." 내 앞에 면류관이 있다— 이러한 죽음, 이러한 종말이 사도 바울의 마음에 큰 용기와 기쁨을 주는 것입니다.

'나는 할 수 있다. 모든 것을 할 수 있다.' 이 의롭다 하심을 주시는 하나님의 은총 안에서 우리는 하나님의 자녀가 됩니다. 사랑받는 자녀가 됩니다. 또, 한 걸음 더 나아가 사도로 부르심을 받았습니다. 사도 바울은 다메섹 도상에서 부름을 받고, 일생을 그리스도를 위해서 삽니다. 그야말로 이제는 죽어도 한이 없습니다. 그런 마음으로 한평생을 살아갑니다. 사도로 살고, 부르심을 받아 살고, 그리스도의 영광된 종으로 주를 섬기며, 그리고 복음을 전하며 살아갑니다. 그는 감옥에 있으나, 위대한 찬송을 부릅니다. "내게 능력 주시는 자 안에서 내가 능치 못할 일이 없느니라." 굉장한 말씀 아닙니까. 그런가 하면, 그는 믿습니다. 합력하여 선을 이룬다는 걸 알고 있습니다. 그래서 로마서 8장에서 유명한 말을 합니다. "예수 그리스도로 말미암아 그 사랑 안에서 넉넉히 이기느니라, 넉넉히 이기느니라." 사도 바울의 확실한 고백입니다. 이렇게 합력하여 선을 이루는 것을 그는 잘 알고 있습니다.

지금 그는 로마 감옥에 있습니다. 그가 로마의 감옥에 올 때 어떤 일이 있었습니까? 사도행전에서 보는 바와 같이, 276명과 함께 배를 타고 가다가 거센 풍랑에 배가 파손됩니다. 그통에 열나흘 동안을 굶습니다. 사경을 헤매면서 마지막에 배가 파손되는 지경까지 온 것입니다. 그러나 그는 하나님의 말씀대로, 하나님의 약속대로 구원을 받고, 276명과 함께 로마로 갑니다. 그 많은 고통, 많은 시련이 이제는 소중한 은사로 작용합니다. 그 276명이 전부 다 로마에 가서 전도자가 됩니다. "이번에 배를 타고 온 키가 자그마한 사람이 하나 있는데, 특별한 사람이다. 하나님의 종이다. 하나님의 사람이다. 그 사람 덕에 나도 살았다." 그래서 사도 바울은 성경에 분명히 나타납니다. 처음에는 가서 2년 동안 셋집에 있으면서 자유롭게 복음을 전했습니다. 비록 감옥에서 나온 것은 아닙니다마는, 자유롭게 복음을 전할 수 있는 특권을 얻었습니다.

이 얼마나 놀라운 일입니까. 고난은 필요한 것입니다. 저는 늘 생각합니다. 요셉이 억울하게 감옥에 갇혔습니다. 참으로 억울하게 고생했습니다. 하지만, 요셉이 감옥에 갇히지 않았더라면 그가 총리대신이 되었겠습니까. 그 많은 고난이 아니고서는 절대로 영광된 나를 얻을 수 없는 것입니다. 그걸 사도 바울은 잘 알고 있습니다. 자기 몸에서 다 경험하고 있습니다. 그런고로 합동하여 선을 이루는 그 경험을 알기에 복음의 승리를 믿습니다. 모든 것을 할 수 있느니라— 그는 실패가 없는 것을 알고 있습니다.

뿐만이 아니라, 최종결과를 알고 있습니다. 마지막 끝은 어디입니까? 하나님의 영광입니다. 마지막 끝은 복음의 승리입니다. 최종승리의 약속을 그는 날마다 확인하고 있습니다. 그런고로 그는 과감히 하나님을 찬양합니다. "내게 능력 주시는 자 안에서 내가 능치 못할 일이 없느니라." 얼마나 놀라운 얘기입니까. 그러므로 일체의 비결을 배웠습니다. 신비로운 것입니다. 영어로는 Secret입니다.

Mystery입니다. 신비로운 능력을 받고 있습니다. 그래서 비천에 처할 줄도 알고, 풍부에 처할 줄도 알고, 배고픔과 모든 일에서 일체의 비결을 배웁니다. 이것이 무슨 말입니까? 부활하고 교만하지 않고, 가난하다고 낙심하지 않고, 성공했다고 오만하지 않고, 실패했다고 절망하지 않고. 칭찬 듣는다고 교만하지 않고, 억울한 말을 듣는다고 비굴해지지 않습니다. 이것이 일체의 비결입니다.

유대 사람들의 특별한 격언이 있습니다. '최고의 부자가 누구냐? 있는 것을 족한 줄로 아는 사람이다. 가장 지혜로운 자가 누구냐? 모든 사람으로부터 모든 경우에 배우는 사람이다. 가장 강한 자가 누구냐? 자기 자신을 이기는 사람이다.' 믿음의 사람, 승리의 사람은 이렇습니다. 먼저는 성공 관리를 합니다. 그런가 하면, 실패 관리도 합니다. 성공과 실패 관리를 다 하고 나니까 그는 말합니다. "일체의 비결을 배웠노라." 이미 배우기도 했지만, 또 배워야 합니다. 오늘도 배워야 합니다. 일체의 비결을 배우라는 것입니다. 공부하는 것입니다. 그래서 억울한 말을 들어도 잘 웃어넘길 수 있고, 모든 경우에 사랑을 전하고, 화평을 전하는, 그런 사람으로 이렇게 성숙해가는 것입니다. 사도 바울은 말합니다. "자족하기를 배웠노니, 내게 능력 주시는 자 안에서 자족하기를 배웠다."

사도 바울은 언제나 그리스도 안에서, 그리스도로부터 능력이 공급되는 것을 스스로 경험하고 있었습니다. 그리스도를 생각하면 언제나 위로가 됩니다. 그리스도를 따르면 언제나 능력이 솟아오릅니다. 그리스도를 묵상하면 항상 영원한 하늘나라의 소망이 보입니다. 그리스도 안에서 순간순간 현실적으로 자기 신앙을 고백하고 확증하는, empower, 내게 능력 주시는 자 안에서 나는 모든 것을 할 수 있느니라, 날마다 승리할 수 있느니라― 사도 바울의 고백이 바로 우리 자신의 고백이 되어야 할 것입니다. △

우리를 향하신 하나님의 뜻

형제들아 우리가 너희에게 구하노니 너희 가운데서 수고하고 주 안에서 너희를 다스리며 권하는 자들을 너희가 알고 그들의 역사로 말미암아 사랑 안에서 가장 귀히 여기며 너희끼리 화목하라 또 형제들아 너희를 권면하노니 게으른 자들을 권계하며 마음이 약한 자들을 격려하고 힘이 없는 자들을 붙들어 주며 모든 사람에게 오래 참으라 삼가 누가 누구에게든지 악으로 악을 갚지 말게 하고 서로 대하든지 모든 사람을 대하든지 항상 선을 따르라 항상 기뻐하라 쉬지 말고 기도하라 범사에 감사하라 이것이 그리스도 예수 안에서 너희를 향하신 하나님의 뜻이니라

(데살로니가전서 5 : 12 – 18)

우리를 향하신 하나님의 뜻

아마도 한 30년 전쯤의 이야기가 되겠습니다. 제가 제 친구 목사가 목회하는, 서울 안에 있는 교회에 가서 부흥회를 인도한 일이 한번 있었습니다. 어느 날 그 친구 목사의 사모님으로부터 본인이 경험한 특별한 간증을 들었습니다. 저는 그 간증을 들으면서 '이건 아주 신학적인 소중한 진리다!'라고 생각해보았습니다. 그 가정에 아들 둘이 있는데, 어려운 살림에 중고등학생이었던 이 두 아들이 용돈을 많이 타 가는 것입니다. 날마다 돈 달라는 소리에 아껴 쓰라고 잔소리도 하고, 별별 방법을 다 써보았지만, 달라지는 것은 없었습니다. 그러다가 사모님이 이런 생각을 했습니다. '용돈 타는 것을 전부 기록해둬야겠다.' 그러고는 큰 노트를 하나 사다가 거기에 아들들한테 용돈을 줄 때마다 그 내역을 죄다 적었습니다. 그랬더니 언젠가 그걸 보고서 아들이 물어보는 것입니다. "엄마, 그건 뭘 하시는 거예요?" "너희들이 용돈 타 가는 걸 내가 여기다 써두는 거다. 평소에 네가 얼마나 많이 용돈을 타 쓰는지 아니?" "아, 그래요? 그런 걸 왜 쓰세요?" "이걸 다 써 놨다가 나중에 너희들이 다 크고 나면 다 받아내려고 그런다." 그랬더니 그 아들이 "알았습니다"라고 하더랍니다. 그런데, 얼마 뒤에 이 아들이 또다시 "엄마, 돈 얼마 주세요" 합니다. 그러고 나서 하는 말입니다. "저에게 용돈 주신 것 장부에 꼭 기록해놓으세요. 제가 장차 돈 많이 벌어서 이자까지 다 쳐서 갚아드릴게요." 한데, 그다음부터는 전혀 감사하다는 말이 없는 것입니다. 왜냐하면 이제부터는 전부 투자하는 것이고, 꾸어주는 것이기 때문입니다. 이 사모님이 깜짝 놀라서 그 장부를 다 없애버렸습니다. 그리고 이제는 아이들이 돈 달라고 그러면 이랬습니다. "이건 공짜다. 너를 낳아준 것도 공짜요, 젖 먹인 것도 공짜요, 오늘도 너에게 주는 돈은 다 공짜다, 공짜!" 그다음부터는 아들들이 다시 감사하다는 말을 하더랍니다.

여러분, 이걸 잊지 말아야 합니다. 대단히 중요한 진리가 여기에 있습니다. 은혜가 무엇입니까? 은혜는 공짜입니다. 성경이 말씀합니다. 거저 주시는 바— 이 '거저 주시는 바'가 은혜입니다. 우리의 노력도 아니고, 우리 의도 아닙니다. 우리에게 그 어떤 은혜를 받을 만한 근거가 있는 것이 아닙니다. 그냥 공짜입니다. 공짜로 거저 주시는 것입니다. 그런데, 이걸 잊지 말아야 합니다. 공짜인데, 실은 공짜가 아닙니다. 공짜를 공짜인 줄로만 생각하면 그는 은혜를 모르는 사람입니다.

사랑하는 자와 사랑받는 자 사이에는 대단히 중요한 신학적 윤리가 있습니다. 사랑하는 자가 사랑받는 자에게 사랑을 베풀 때, 그것은 공짜입니다. 그러나 그 마음 깊은 곳에는 소원이 있습니다. 빌립보서는 분명히 말씀합니다. "하나님은 마음에 소원을 두고 행하시나니." 소원을 두고 행하시니, 공짜는 틀림없습니다. 그러나 그 속에 비밀스러운 소원이 있습니다. 사랑을 주는 자는 사랑받는 자에게 사랑을 줄 때 거저 줍니다. 아무 조건도 없는 것 같습니다. 그러나 마음속에는 소원이 있습니다. 사랑하는 자의, 사랑을 주는 자의 마음속에 있는 깊은 뜻, 그 깊은 소원을 알고 응답하는 것이 신앙입니다. 부모님의 사랑, 공짜입니다. 하나님의 사랑, 공짜입니다. 십자가의 은혜, 공짜입니다. 그러나, 그 속에는 우리를 향하신 하나님의 깊은 뜻이 있고, 소원이 있습니다. 그 소원을 알고 바로 응답하는 것이 사랑받는 자의 기본자세입니다. 이렇듯 사랑하는 자와 사랑을 받는 자 사이에는 아주 미묘하고 특별한 뜻이 있습니다. 사랑을 받는 자가 사랑하는 자의 그 깊은 뜻을 알게 될 때, 이것이 철이 난다는 것입니다. 이제부터 철이 나는 것입니다. 그리고 그것에 은은하게 응답할 때 그는 비로소 효자입니다. 효를 아는 사람이요, 인간이 되는 것입니다. 이걸 잊지 말아야 합니다. 사랑하는 자의 마음속에 있는 깊은 뜻, 그 속에 계시적 의미가 있습니다. 사랑은 무조건적입니다. 그러나 사랑하는 자의 마음속에는 소원이 있습니다. 이것을 읽을 줄 알아야 합니다. 그리고 바로 응답하게 될 때 비로소 사랑의 완성이 이루어지는 것입니다. 그 뜻이 무엇입니까? 사랑하면서 사랑을 베푸는 자의 마음속의 뜻이 무엇인지가 오늘성경에 자세히 나타나 있습니다. "항상 기뻐하라 쉬지 말고 기도하라 범사에 감사하라 그것이 너희를 향한 하나님의 뜻이니라." 하나님의 마음에 있는 소원이 바로 이것입니다.

　사랑을 주시는 하나님의 마음속에 뜻이 있습니다. 먼저, 그 사랑에 응답할 수 있는 길은 기뻐하는 것입니다. 사랑을 주는 자는 사랑받는 자가 기뻐하기를 바랍니다. 여러분, 아이들에게 선물을 주어 본 일이 있습니까? 선물은 그걸 받는 아이들이 기뻐하고 좋아하는 모습을 보기 위해서 주는 것 아닙니까. 그리고 기뻐하는 것입니다. 그런데, 만일 이 사랑을 받는 자가 불평을 한다면, 어떻게 되겠습니까. 이까짓 거 별것 아니라고 하면, 어떻게 되겠습니까. 그러므로 기뻐하는 마음이 먼저 있어야 합니다. 보답은 물질이 아닙니다. 기뻐하는 마음입니다. 선물을 받는 자의 마음은 기뻐하는 마음입니다.

은혜를 받은 자의 마음은 기뻐하는 마음입니다. 사랑받는 자의 마음은 행복감이요, 기뻐하는 마음입니다. 그 자체가 보답입니다. 이 자체가 내게 사랑을 베푼 분에 대한 최상의 보답임을 잊지 말아야 합니다.

'내가 받았으니, 도로 갚겠다. 내가 만 원 받았으니, 내가 십만 원 갚겠다.' 아닙니다. '적게 받았지만, 나는 많이 갚겠다.' 이 또한 오만입니다. 그런고로 기뻐하는 마음입니다. 이것은 물질이 아닙니다. 기쁨으로 응답하는 것입니다. 기쁨으로 보답하는 것입니다. 왜냐하면, 사랑을 주는 자가 기뻐하기를 바라기 때문입니다. 선물을 주는 자의 마음은 받는 자가 기뻐하기를 바랍니다. 작은 것이지만, 기뻐하는 것이 사랑하는 자에 대한 최상위의 보답입니다.

오늘본문에 오묘한 말씀이 있습니다. "쉬지 말고 기도하라." 기도가 무엇입니까? 세례문답을 할 때 "기도가 무엇입니까?"라고 물으면 "하나님과의 대화입니다"라고 대답합니다. 그것 말고, 기도가 무엇입니까? 만남입니다. 선물을 주면서 만나기를 바랍니다. 사랑을 주면서 가까이 오기를 바랍니다. 마음을 주기를 원합니다. 그것이 기도입니다. 기도는 하나님을 만나는 것입니다. 그리고 대화입니다. 그리고 하나님 앞에 우리 마음을 다 드리는 것입니다. 이것이 바로 은혜에 대한 응답입니다.

사랑하는 자녀들에게 선물을 주면, 어렸을 때는 아주 펄펄 뛰면서 좋아하고 기뻐하고, 그다음에는 가까이 와서 뽀뽀도 합니다. 선물을 주면 줄수록 점점 더 가까이 옵니다. 그런데, 조금 크면 선물을 줘도 나가버립니다. 돌아오지 않습니다. 그런고로 부모들이 섭섭한 것입니다. '내가 이렇게나 애를 써서 학비를 마련해줬는데, 내가 이걸 하기 위해 얼마나 고생을 했는데, 이놈이 이걸 받아가지고 어디로 가버리고, 한 해 내내 얼굴 한번 볼 수가 없다니?' 이러니, 부모님 마음이 아프고 찢어지는 것입니다.

그런고로 성경은 말씀합니다. "쉬지 말고 기도하라." 원문의 뜻대로 보면, '끊임없이 기도하라. 계속 기도하라'입니다. '계속 기도하라'라는 것이 무엇입니까? '계속 만나라. 계속 나와 얘기하자. 계속 마음을 주라. 너의 마음을 내게 주라'입니다. 우리는 기도한다는 것을 흔히 '기도해서 무엇을 얻는다. 얻기 위해서 기도한다. 열심히 기도해서 내가 얻어내겠다'라는 것으로들 이해하는데, 이는 잘못된 생각입니다. 하나님의 뜻은 그것이 아닙니다. '내가 너희에게 은혜를 베풀었으니, 이제 그 감사한 마음으로 내게 와서 만나자. 나와 더불어 이야기하자. 나와 더불어 대화하자. 마음을 다오.' 이것이 기도입니다. 그러므로 일이 있건 없건, 기도는 계속해야 합니다. 쉬지 말고 기도하라ー

사무엘상 12장 23절에는 유명한 요절이 있습니다. 사울 왕이 범죄 했을 때, 사무엘이 하나님의 말씀을 따라 그를 정죄합니다. 그러고 나서 마지막 하는 말이 이 한마디입니다. "기도하기를 쉬는 죄를 범하지 않겠습니다." 그러니까 이것입니다. "내가 당신을 위해 기도하기를 쉬는 죄를 범하지 않겠습니다. 당신이 범죄 해서 잘못되었고, 하나님 앞에 징계받게 되었지마는, 나는 당신을 위해서 기도할 것입니다. 계속 기도할 것입니다. 약속합니다." 이것이 하나님의 사랑에 대한 응답입니다. 계속 기도하는 것입니다. 우리는 좀 얄팍해서, 일이 있으면 기도하고, 어려우면 기도하고, 병들면 기도하고, 실패하면 기도하면서도 정작 평안할 때는 기도하지 않습니다. 성공할

수록, 건강할수록, 일이 잘될수록 하나님 앞에 더 가까이 가서, 더 기도하고, 더 하나님 앞에 쉬지 말고 기도하라— 이것이 하나님의 마음입니다. 우리 부모님들도 종종 그런 일을 보지 않습니까. 일이 어려울 때는 부모를 찾아옵니다. 그런데, 뭐가 좀 잘되고 그러면 코빼기도 안 보입니다. 그러면 되겠습니까.

언젠가 제가 브라질에 갔을 때 어떤 장로님이 제게 이런 얘기를 했습니다. "제가 한국에 있을 때 좀 어려워서 아들 셋을 데리고 브라질에 왔습니다. 여기서 고물상을 하며 고생 많이 해서 돈을 벌고, 두 아들을 미국에 유학까지 보냈습니다. 그러나 한 아들은 공부를 잘못해서 여기서 지금 저와 더불어 일하고 있습니다. 그런데 말입니다. 저 잘된 두 아들은 한 해에 한 번 전화도 없습니다. 오히려 이 공부 못한 아들이 효자입니다. 한평생 저와 같이 일합니다." 쉬지 말고 기도하라— 끊임없이 일이 안 될 때는 안 되는 대로, 잘되면 잘될수록 더욱더 하나님 앞에 가까이 나아가 하나님과 대화하고, 하나님을 만나고, 하나님께 예배하고, 하나님을 찬양합니다. "쉬지 말고 기도하라." 이걸 꼭 잊지 마십시오.

그런가 하면, 범사에 감사하라— 감사는 행복감입니다. 감사하는 마음이, '감사합니다'라는 말이, 바로 그 마음이 나한테 은혜를 베푸신 분에 대한 보답입니다. 그저 부모님이 듣고 싶으신 말은 이 감사하다는 말밖에는 없습니다. 이스라엘 백성들이 애굽에서 나와 그 많은 은혜 가운데 광야를 지나갑니다. 그런데, 여기서 하나님 앞에 큰 범죄를 합니다. 바로 감사가 없었던 것입니다. 감사가 없고, 원망만 있었습니다. 그런고로, 하나님께서 그들을 진멸하시는 걸 볼 수 있습니다. 감사하는 마음이 하나님의 뜻입니다. 감사가 없을 때 그를 징벌하시는 것입니다. 감사가 하나님의 소원이기 때문입니다. 과거의 은혜를 생각하며 감사하고, 앞으로 주실 영원한 약속을 생각하며 감사하고, 현재 나에게 되는 모든 일을 통하여 합동하여 선을 이루시는 하나님의 뜻을 생각하며 감사하는 것입니다. 이걸 잊지 말아야 합니다. 항상 감사하는 것입니다.

제가 평소 결혼 주례를 많이 하지 않습니까. 그때 꼭 한마디 하는 말이 있습니다. "부부간에 사랑한다는 말, 'I love you. You love me'라는 말을 많이 했겠지만, 이제 그만해도 돼. 그것은 중요하지 않아. 입으로 꼭 해야 할 말이 있다. 'I'm so happy because of you(내가 너 때문에 행복하다).' '아침에 눈을 뜰 때 너를 보니 행복하다. 너를 만나니 행복하다. 네 음성을 들으니 행복하다. 네 전화 소리가 들리니 행복하다. 나는 행복하다.' 이것만 해라. 'I love you'는 그만해도 된다. 그것은 그 속에 좀 가시가 있다. 조건이 많다. 가장 중요한 것은 이것이다. '행복합니다. 나는 당신 때문에 행복합니다. 아침에 눈을 뜰 때 당신을 보니 행복합니다. 당신의 음성을 들으니 행복합니다.' 계속 'I'm so happy'만 해라. 그러면 행복해질 것이다." 제가 그런 주례사를 하고 있습니다. 예수 믿는 사람이 무엇입니까? "나는 행복합니다. 감사합니다"라는 말, "하나님, 저는 하나님 때문에 행복합니다. 저는 예수를 믿었기 때문에 행복합니다. 교회로 말미암아 행복합니다. 말씀으로 말미암아 행복합니다. 성령의 역사로 말미암아 행복합니다. 아니, 범사에 행복합니다. 범사에, in every circumstances, 여러 가지 환경에서 행복합니다. 감사합니다." 이걸 잊지 말아야 합니다.

마르틴 루터의 유명한 「대교리문답」이라는 책이 있습니다. 거기에 이런 말이 있습니다. '십계명을 어떻게 이해하느냐? 십계명을 무거운 짐으로 받아들이면 그리스도인이 아니다. 십계명을 축복으로 받아들여야 한다.' "하나님만 섬겨라." 그것은 축복입니다. 절대 억압하는 것이 아닙니다. 특별히 "안식일을 지켜라"라는 것은 세상에 놀라는 것이고, 쉬라는 것입니다. 쉬라고 하는 것이 계명입니다. 한 주일에 하루는 쉬어라— 이것이 하나님의 마음입니다.

제가 프린스턴에서 공부할 때, 공부할 것도 많고, 숙제도 많고, 매우 바쁘고 어려웠습니다. 이제 주일이 되어서 하루를 쉬어야겠는데, 언젠가 모르게 주일까지 공부하면 꼭 낙제를 할 것 같았습니다. 그래서 주일은 하루를 완전히 쉬었습니다. 그 쉬는 것에 시험이 많이 듭니다. 그런데 여러분, 쉬는 것이 하나님의 계명입니다. 이 고마운 걸 가지고 하나님을 원망해서야 되겠습니까. 이걸 잊지 말아야 합니다.

"부모를 공경하라." 부모를 공경함으로 말미암아 오는 모든 행복이 있습니다. 특별히 뉴턴은 말합니다. '살인하지 말라. 그것은 우리 생명을 소중히 여기는 하나님의 사랑이라.' 내 입장에서 생각하지 말고, 모든 사람의 입장에서 생각하십시오. 모든 사람이 다 살인하지 않으면, 나는 생명의 위협을 느끼지 않을 수 있을 것입니다. "간음하지 말라." 모든 사람이 다 성결하게 되면, 나는 무서울 게 없습니다. "도둑질하지 말라." 우리 사유재산을 지켜주시는 하나님의 사랑입니다. 별것 아니라도, 그걸 도둑맞으면 나는 기분이 나쁩니다. 아주 괴롭습니다. 그런 아픔이 없게 하시기 위해서 도둑질하지 말라고 하는 울타리를 쳐주신 것이니, 이 얼마나 감사합니까. 이 얼마나 중요합니까. 그 계명 자체가 하나님께서는 사랑이심을 말씀해줍니다. 따라서 그걸 사랑으로 받아들여야지, 왜 자신을 괴롭힙니까. 그게 말이 됩니까. 그것은 하나님의 은혜에 대해 보답하는 자세가 아닙니다.

헬렌 켈러라고 하는 유명한 분을 여러분이 잘 아십니다. 그는 삼중고를 누렸습니다. 그는 시각장애인이요 언어장애인이요 청각장애인이었습니다. 이 삼중고를 치르면서 일생을 살아왔습니다. 그러나 그는 마지막에 세상을 떠날 때 유명한 말을 합니다. "나의 일생은 참으로 아름다웠다." 저는 그 임종을 볼 때 너무나 충격이었습니다. 그토록 고통스럽게 일생을 살았는데도 "나의 일생은 행복했다. 아름다웠다"라니요? 바로 이것이 성도의 마지막 기도입니다.

테레사 수녀는 말했습니다. "이보다 더 큰 사랑은 없다." 그리고 하나님 앞에 세 가지 간구를 합니다. "하나님의 뜻을 알 수 있는 빛을 주세요. 하나님의 뜻을 받아들일 수 있는 사랑을 주세요. 하나님의 뜻을 행할 수 있는 용기를 주세요." 그는 그렇게 기도했습니다. 항상 하나님의 뜻에 응답하는 마음, 그것은 율법적인 것이 아닙니다. 우리에게 주신 모든 말씀, 모든 율법, 그 속에도, 심지어는 징계와 진노 속에도 하나님의 사랑이 있습니다. 진노 속에 진노하는 사랑이 있고, 하나님의 징계 속에 징계하는 사랑이 있음을 깨닫고, 감사하고, 그 사랑에 응답하는 것, 그것이 바른 신앙생활입니다. 그런고로, 잊지 마십시다. "항상 기뻐하라 쉬지 말고 기도하라 범사에 감사하라 이것이 그리스도 예수 안에서 너희를 향하신 하나님의 뜻이니라." 하나님의 뜻이니라— 이 뜻은 반드시 이루어져야 할 것입니다. △

다니엘의 감사 기도

　다리오가 자기의 뜻대로 고관 백이십 명을 세워 전국을
통치하게 하고 또 그들 위에 총리 셋을 두었으니 다니엘이
그 중의 하나이라 이는 고관들로 총리에게 자기의 직무를
보고하게 하여 왕에게 손해가 없게 하려 함이었더라 다니엘
은 마음이 민첩하여 총리들과 고관들 위에 뛰어나므로 왕이
그를 세워 전국을 다스리게 하고자 한지라 이에 총리들과
고관들이 국사에 대하여 다니엘을 고발할 근거를 찾고자 하
였으나 아무 근거, 아무 허물도 찾지 못하였으니 이는 그가
충성되어 아무 그릇됨도 없고 아무 허물도 없음이었더라 그
들이 이르되 이 다니엘은 그 하나님의 율법에서 근거를 찾
지 못하면 그를 고발할 수 없으리라 하고 이에 총리들과 고
관들이 모여 왕에게 나아가서 그에게 말하되 다리오 왕이여
만수무강 하옵소서 나라의 모든 총리와 지사와 총독과 법관
과 관원이 의논하고 왕에게 한 법률을 세우며 한 금령을 정
하실 것을 구하나이다 왕이여 그것은 곧 이제부터 삼십일
동안에 누구든지 왕 외의 어떤 신에게나 사람에게 무엇을
구하면 사자 굴에 던져 넣기로 한 것이니이다 그런즉 왕이
여 원하건대 금령을 세우시고 그 조서에 왕의 도장을 찍어
매대와 바사의 고치지 아니하는 규례를 따라 그것을 다시
고치지 못하게 하옵소서 하매 이에 다리오 왕이 조서에 왕
의 도장을 찍어 금령을 내니라 다니엘이 이 조서에 왕의 도
장이 찍힌 것을 알고도 자기 집에 돌아가서는 윗방에 올라
가 예루살렘으로 향한 창문을 열고 전에 하던 대로 하루 세
번씩 무릎을 꿇고 기도하며 그의 하나님께 감사하였더라

(다니엘 6 : 1 - 10)

다니엘의 감사 기도

제가 미국 유학 시절에 어느 장로님 가정에 초대받아서 저녁식사를 대접받은 적이 있습니다. 그때 그 집의 네 살 된 어린아이도 함께 식사를 했지요. 그 아이의 키가 식탁에 미치지 못해서 조금 높은 의자를 가져와 아이를 거기에 앉히고, 또 아이의 허리를 끈으로 매어 떨어지지 않게 하고서 같이 식사를 하는 것입니다. 그러다가 이 어린아이가 실수로 그만 자기 수저를 땅에 떨어뜨렸습니다. 아이는 낭패스러운 마음에 울고 말았지요. 그러자 엄마가 걱정하지 말라고 하더니, 그 수저를 주워서 씻어 온 다음 아이의 손에 다시 들려주었습니다. 그 아이는 그 수저를 손으로 잡자마자 다시 밥을 먹으려고 하였습니다. 그때 엄마가 탁자를 탁탁 치더니 아이한테 이러는 것입니다. "Say something(뭐라고 말해야지)!" 하는 것입니다. 영문을 모르는 아이가 어리둥절해서 가만히 있자, 그 엄마가 다시 큰 소리로 말합니다. "Say something!" 아이는 그제야 비로소 생각이 났는지, 이렇게 말합니다. "Thank you mom(고마워요 엄마)."

그렇습니다. 감사는, 감사하는 마음은 가르쳐야 합니다. 그래야 감사할 줄을 압니다. 그냥 되는 것이 아닙니다. 감사의 마음은 중생에서 올 뿐만 아니라, 훈련입니다. 쉽게 말하면, 어떤 가정에서 살았느냐, 하는 것입니다. 감사를 드리면서 자란 사람은 감사할 줄 압니다. 감사를 들어본 일이 없으면 원망밖에 없습니다. 이걸 잊지 말아야 합니다. 이것이 다 성화의 과정이요 훈련입니다. 가르쳐야 하고, 배워야 합니다. 훈련해야 합니다. 감사는 거저 이루어지는 것이 아닙니다. 오랫동안 경건한 생활 속에서 감사를 훈련하여 이런 때도 감사하고, 저런 때도 감사하고, 범사에 감사하며 살아야 합니다. 감사를 배웠어야 감사하지, 그렇지 않고, 처음부터 끝까지 원망만 들었고, 쥐어박는 것밖에 배우지 못했다면 자라서 어떻게 감사가 나오겠습니까. 감사를 들어보지 못한 사람은 감사하지 못합니다. 감사를 몸에 익히지 못한 사람은 감사할 수 없습니다. 이걸 잊지 말아야 합니다.

독일의 젊은 신학자 본회퍼는 이러한 이야기를 했습니다. '기독교인과 기독교인이 아닌 사람들의 구별은 너무나도 단순하다. 모든 일에 감사와 즐거움으로 사는 사람인가, 그렇지 않은가, 하는 바로 그 점에 차이가 있다. 감사하는 사람은 그리스도인이요, 감사가 없는 사람은 기독교인이 아니다.' 이걸 잊지 말아야 합니다. 감사와 찬양은 그리스도인의 표식입니다. 원망과 탄식, 그것은 비기독교인의 모습입니다. 그리스도인의 특징은 범사에 감사하는 것입니다. 믿음이 있다는 것은 무엇입니까? 믿음이 있는 사람은 감사하는 사람입니다. 믿음이 없다면 범사에 스스로 절망하고, 탄식하고, 남을 원망합니다. 여기서 헤어나지 못합니다. 믿음이 있는 사람은 그리스도 안에서 자기 가치가 소중한 것을 알고 있습니다. 예수께서 나를 사랑하시고, 나를 위하여 십자가를 지셨기에 나는 너무나 소중합니다. 내 생애가, 나의 삶이, 나의 환경이 소중합니다. 그래서 하나님 앞에 감사하는 것입니다. 그래서 범사에 하나님께서 우리에게 주시는 미래를 감사하는 것입니다. 과거를 감사하고, 현재를 감사하고, 약속된 미래를 바라보며 감사하는 것입니다. 그가 그리스도인입니다. 그것이 그리스도인의 표식입니다.

　오늘본문은 제가 너무나도 사랑하는 본문입니다. 다니엘은 바벨론으로 포로가 되어 갔습니다. 이 포로라는 것이 얼마나 비참한 것인지를 여러분이 아셔야 합니다. 손발이 쇠사슬에 묶여서 바벨론까지 끌려간 것입니다. 노예로 끌려갔습니다. 그러나 바벨론의 왕들은 아주 지혜로워서 이번에 끌려온 노예 가운데에서 똑똑한 사람들을 발탁하여 교육을 시켜 나라를 위해, 장래를 위해 일하게 만들어야겠다고 생각했습니다. 이렇게 해서 발탁된 다니엘은 지금 총리가 되어 있습니다. 바벨론 다음으로 이어지는 것이 메대와 바사인데, 여기에서 총리가 됩니다.

　오늘성경에 나타난 대로입니다. '방백 백이십 명을 세워서 온 나라를 다스렸다. 그리고 그 위에 총리 세 사람을 세웠다.' 이것이 본문의 내용인데, 그 총리 세 사람 가운데서도 특별히 이 다리오 왕은 다니엘을 더 높이 세우려고 했습니다. 그러다 보니까 여기에 음모가 있고, 질투가 있습니다. 어떻게 하든지 저 다니엘을 아주 없애버리려고 계책을 세웠더라는 것입니다. 오늘본문에 나오는 법령은 맹랑한 것입니다. 앞으로 30일 동안 누구든지 어떤 신에게나 왕에게 무엇을 구하는 자는 그대로 잡아서 사자 굴에 집어넣읍시다— 사람을 굶주린 사자 굴에 집어넣어서 사자의 밥이 되게 하자는 것이지요. 세상에 이런 법령이 어디 있습니까. 신하들이 그런 걸 만들어 가지고 와서 이럽니다. "왕이여, 만세나 사시옵소서. 왕을 위해서 충성하는 것입니다." 여기에 이 어리석은 다리오 왕은 그것이 계책임을 알고도 조인했습니다. 거기에 어인을 찍고, 금령을 만들었습니다. 아마도 그럴 수밖에 없도록 방백들이 아주 치밀하게 왕을 괴롭혔던 것 같습니다. 그래 결국은 왕이 굴복했습니다. 이것이 오늘본문의 내용입니다. 10절을 자세히 보십시오. 얼마나 감격스러운 말씀입니까. '이에 다리오 왕이 조서에 왕의 도장을 찍어 금령을 내렸고, 다니엘은 그 조서에 왕의 도장이 찍힌 것을 알고도 전과 같이 하나님 앞에 기도하고, 하나님 앞에 예배하고, 감사의 기도를 하였다.' 놀라운 말씀입니다. 그는 이 엄청난 일을 당하고서도 기도했습니다.

우리는 어려운 일을 당하면 무엇부터 합니까? 서두르고, 호들갑을 떨고, 난리를 칩니다. 절망합니다. 그러나 아닙니다. 어떤 일을 당하든지, 아니, 큰일을 당할수록 기도가 먼저입니다. 다니엘은 기도하고, 하나님 앞에서 문제의 해답을 얻으려고 합니다. 문제의 해결은 하나님과의 관계이기 때문입니다. 하나님과의 관계, 하나님의 뜻이 어디에 있나? 이것을 묻게 되는 것입니다. 어떻게 벗어날까? 벗어나게 해달라는 기도가 아닙니다. 이 일에서 하나님의 뜻은 무엇입니까? 하나님께서는 무엇을 원하고 계십니까? 하나님 앞에서 나는 어떻게 해야 하겠습니까? 이런 것을 묻는 것입니다.

여러분, 병에 걸렸습니까? 병 낫게 해달라는 것은 유치한 기도입니다. 하나님, 이 병을 통해서 무엇을 이루려 하십니까? 아니, 이 병을 통해서 내가 무엇을 생각하고, 어찌해야 하겠습니까? 이렇게 여쭈어야지요. 다니엘은 이렇게 기도하지 않았습니다. "이 어려운 일을 면하게 해주세요." 이런 기도가 아닙니다. 하나님의 뜻을 알고자 하는 것입니다. "이 일을 통하여 하나님께서는 무엇을 이루려 하십니까? 하나님의 뜻에 깨끗이 순종하게 해주세요. 하나님의 뜻을 알게 해주세요. 하나님의 뜻을 사랑하게 해주세요. 하나님의 뜻에 순종하게 해주세요. 하나님의 뜻을 기뻐하게 해주세요. 하나님의 뜻에 감사하게 해주세요." 이것이 다니엘의 기도입니다.

1960년대에 저는 인천에 있는 인천제일교회에서 목회를 하였습니다. 그때 원로 목사님으로 이기혁 목사님이 계셨는데, 하루는 조그만 사무실에 몇 사람이 둘러앉아 이런저런 이야기를 나누고 있었습니다. 그때 신문이 배달되어왔습니다. 그래 그걸 받아서 사람들이 서로 나눠보고 있었는데, 이기혁 목사님이 신문에 실린 끔찍한 기사들을 보시다가 "원 세상에, 어찌 이런 일이 있나?" 하시고는, 신문을 다 내놓으라고 하셨습니다. 그리고 그 신문을 접어서 옆에 끼시고는 사무실 문을 열고 밖으로 나가셨습니다. 제가 어디를 가시나 궁금해서 따라가 보았습니다. 그랬더니, 그분이 예배당 본당에 들어가셔서 그 앞에다 그 신문을 딱 펴놓으시고는 무릎을 꿇은 다음 이렇게 기도하셨습니다. "하나님, 어찌하여 이런 일이 있습니까? 하나님, 어찌 이런 끔찍한 일이 있습니까? 하나님의 뜻은 어디에 있습니까?" 그 장면을 저는 잊지 못합니다. 그래서 저는 이기혁 목사님을 매우 존경합니다. 모든 일에 두려워 떨지 말고, 호들갑을 떨지도 말아야 합니다. 무엇보다 먼저 기도해야 합니다. "하나님의 뜻이 어디에 있습니까? 주님께서는 무엇을 원하십니까? 이 일을 통하여 무엇을 이루려 하십니까?" 이렇게 여쭈어야 합니다.

뿐만이 아니라, 오늘본문에는 감동적인 것이 또 있습니다. 바로 '전에 하던 대로'입니다. 어려운 일을 당했다고 오늘 처음 기도하는 것이 아닙니다. 전에도 기도했습니다. 잘될 때도 기도했습니다. 성공할 때도 기도했습니다. 출세할 때도 기도했습니다. 아니, 병든 때도 기도했습니다. 오늘 어려운 일을 당해도 기도하는, 기도의 일상화, 기도의 생활화가 필요합니다. 여러분, 잊지 마십시오. 꼭 어려운 일을 당해야만 기도하고, 조금 일이 잘되면 도망가고…… 그래서야 되겠습니까. 오히려 일이 잘될 때 기도하고, 성공할 때 기도하고, 형통할 때 기도해야 합니다. 그렇게 기도가 일상화되고, 습관화되어야 합니다. 완전히 생활화되어야 하는 것입니다. 그렇게 어려운 일을 당해도 그 습관대로, 전에 하던 대로 하나님 앞에 기도하는 것입니다.

특별히 "예루살렘으로 향한 창문을 열고……(10절)" 이거 중요한 애기입니다. 경건한 유대 사람들은 집을 지을 때 꼭 예루살렘 쪽으로 향한 창문을 하나 만들어놓습니다. 그리고 기도할 때는 꼭 그 창문을 열고 기도합니다. 중요한 의식입니다. 오늘날도 그렇게 합니다. 제가 미국에서 유학할 때도 아침 기도 시간에 한국이 있는 쪽을 바라보며, 그곳을 향해 성경을 펴놓고 기도했습니다. 예루살렘 쪽을 향해 창문을 열고 기도한다― 무엇입니까? 예배입니다. 예루살렘을 사모하는 사람의 마음입니다. 성전을 사모하는 마음입니다. 이것이 성전지향적, 예배지향적, 예배중심적 기도입니다. 하나님 앞에 예배하는 것은 아주 중요합니다. 그런가 하면, 오늘본문에서 보시는 대로, 이렇게 의인을 찍은 것을 알고도, 여기에 음모가 있고, 자기를 죽이려고 하는 계획이 있다는 걸 다 알고도 그는 공개적으로 기도했습니다. 숨지 않았습니다. 비밀로 하지 않았습니다. 당당하게 공개적으로― 여러분, 신앙은 그래야 합니다.

오래전 중국에 갔을 때 한번은 북한 사람들이 하는 냉면집에 간 적이 있습니다. 그때 같이 갔던 어느 대학의 총장이 제게 말하기를, "목사님, 지금 가는 곳은 북한 사람이 하는 식당이에요. 거기에는 감시자도 많습니다. 그런고로 목사님, 거기 가서는 식기도를 하실 때 마음으로만 하세요. 식기도를 하셔서 목사님이 기독교인이라는 것을 사람들이 알게 되면 좀 어려운 일을 당할지도 모르니까요. 기도는 그저 마음으로만 하세요”라고 하였습니다. 그 말을 듣고 일단은 알았다고 답했습니다. 이제 냉면이 나왔습니다. 제가 딱 고개를 숙여서 기도를 평소보다 더 오래 했습니다. 그랬더니, 총장이 저더러 그렇게 하시면 어떡하느냐고 하기에 딱 잘라 말했습니다. “나, 여기다 목숨을 걸었어.”

여러분, 잊지 마셔야 합니다. 한 번 기도할 때 거기다가 목숨을 거는 것입니다. 이 기도 하고 나서 죽어도 감사하고, 어떤 일을 당해도 상관없는 것입니다. 그런 당당하고 공개적 이고 고백적인 신앙이 필요합니다. 마음으로 믿고, 마음으로 살아가고…… 아닙니다. 신앙생활은 공개적이어야 하고, 완전히 겉으로 나타나야 합니다. 성경은 말씀합니다. “감사기도를 했다.” 아니, 어찌 이런 시간에 감사할 수 있습니까? 이 한 절이 너무나 마음에 감동으로 다가옵니다. ‘예루살렘 쪽을 향한 창문을 열어놓고, 그가 그 모든 상황 속에서 하나님 앞에 감사기도를 했다.’ 과거에 주신 은혜에 감사합니다. 앞으로 주실 이스라엘의 영광을 생각하며 감사합니다. 현재 내가 고난을 당해도, 그래서 이대로 죽어도 하나님께 감사하는 마음입니다. 이대로 주님께 감사합니다.

구약성경 욥기 1장에 보십시오. 욥이 얼마나 심한 고통을 당합니까. 그 많은 재산이 다 없어지고, 열 명이나 되는 자녀들이 다 죽어버리고, 그 많은 고통 가운데 자기도 몸이 병들어서 몸을 기왓장으로 긁고, 잿더미 가운데 뒹굽니다. 그렇게 엄청난 고난을 당합니다. 그러나 그 고난 가운데서도 욥은 유명한 말을 하지 않습니까. 그는 이렇게 기도합니다. “주신 자도 하나님이시요, 취하신 자도 하나님이시니, 하나님께서는 찬송을 받으실지어다.” 이것이 욥의 신앙입니다. 우리는 어떤 고난을 당하더라도 이것을 통하여 이루시는 하나님의 뜻을 알고, 그 뜻을 알게 될 때 감사하게 됩니다.

특별히 오늘본문 뒤의 19절에서부터 아주 귀한 말씀이 이어집니다. 다니엘은 이제 사자굴에 들어갑니다. 그래 거기서 사자 밥이 되고, 찢겨서 죽는 줄 알았지요. 하지만 그렇지 않았습니다. 하나님의 놀라운 역사가 이루어집니다. 19절, 20절은 말씀합니다. “이튿날에 왕이 새벽에 일어나 급히 사자 굴로 가서 다니엘이 든 굴에 가까이 이르러서 슬피 소리 질러 다니엘에게 묻되 살아 계시는 하나님의 종 다니엘아 네가 항상 섬기는 네 하나님이 사자들에게서 능히 너를 구원하셨느냐 하니라.” 다리오 왕이 밤새 잠을 못 자고 있다가 새벽에 사자굴로 가서 다니엘을 향해 “하나님께서 너를 구원하지 않으시더냐?”라고 묻는 것입니다. 다리오 왕의 놀라운 고백입니다.

또, 23절에는 이런 말씀이 있습니다. “왕이 심히 기뻐서 명하여 다니엘을 굴에서 올리라 하매 그들이 다니엘을 굴에서 올린즉 그의 몸이 조금도 상하지 아니하였으니 이는 그가 자기의 하나님을 믿음이었더라.” 구절구절 너무나 귀한 말씀입니다. 여러분, 다니엘은 비굴하지 않았습니다. 다니엘은 포기하지 않았습니다. 하나님을 원망하지 않았습니다. 현실을 원망하지도 않았습니다. 딱 하나, 원망할 만한 것이 있었는데, 바로 다리오 왕의 어리석은 판단이었습니다. 그것만은 원망할 수 있었습니다. ‘이 멍청한 다리오 왕이 어쩌다가 거기에다가 도장을 찍었나?’ 하지만 다니엘은 다리오 왕을 비판하지 않았습니다. 그는 상황을 그대로 받아들이며 원망이 없습니다. 오직 감사만 있을 뿐입니다. 그리고 그 감사로 승리했습니다. 감사로 기적을 낳았습니다. 감사로 하나님께 영광을 돌렸습니다.

　여러분, 감사는 힘이 있습니다. 감사에는 능력이 있습니다. 내가 감사할 때 감동이 있고, 내가 감사할 때 은혜가 있고, 내가 감사할 때 기도 응답이 있고, 내가 감사할 때 하나님의 능력이 함께하는 것입니다.　△

이 말을 하였으니 돌아가라

예수께서 일어나사 거기를 떠나 두로 지방으로 가서 한 집에 들어가 아무도 모르게 하시려 하나 숨길 수 없더라 이에 더러운 귀신 들린 어린 딸을 둔 한 여자가 예수의 소문을 듣고 곧 와서 그 발 아래에 엎드리니 그 여자는 헬라인이요 수로보니게 족속이라 자기 딸에게서 귀신 쫓아내 주시기를 간구하거늘 예수께서 이르시되 자녀로 먼저 배불리 먹게 할지니 자녀의 떡을 취하여 개들에게 던짐이 마땅치 아니하니라 여자가 대답하여 이르되 주여 옳소이다마는 상 아래 개들도 아이들이 먹던 부스러기를 먹나이다 예수께서 이르시되 이 말을 하였으니 돌아가라 귀신이 네 딸에게서 나갔느니라 하시매 여자가 집에 돌아가 본즉 아이가 침상에 누웠고 귀신이 나갔더라

(마가복음 7 : 24 - 30)

이 말을 하였으니 돌아가라

'PMA(Positive Mental Attitude)'라는 단체가 있습니다. 이 단체를 주도하고 있는 나폴레온 힐 박사는 「You Can Work Your Own Miracle(너희 자신 안에 기적을 깨우라)」라는 책을 써서 세계의 모든 사람에게 깊은 감동을 주고 있습니다. 여기에서 말하고자 하는 것은 '성공하는 사람들의 태도는 항상 긍정적'이라는 것입니다. 긍정적 자세, 긍정적 사고, 긍정적 행동— 그럴 때 성공한다는 것을 말해주고 있습니다.

여기에는 세 가지 특징이 있습니다. 하나는, 어떤 상황이 닥쳐도 유익한 결과를 가져올 것이라고 하는 믿음입니다. 다시 말하면, 목적이 선합니다. 방법은 어지럽습니다. 그러나 결과는 반드시 선할 것이라고, 마지막에서는 합동하여 선을 이룰 것이라고 봅니다. 왜냐하면, 목적이 선하기 때문입니다. '혹 방법은 잘못되었다 하더라도 저 결과는 반드시 아름다운 것으로 끝날 것이다.' 이것이 마지막 목표에 대한 신앙입니다. 이런 믿음을 가지고 사는 것, 그 사람이 성공적이다, 이것입니다. 또 하나는, 열심히 일하고 가치 있는 일을 만들겠다고 하는 결단력이 있습니다. 마음으로만 생각하는 것이 아니라, 그 거룩한 일을 위해서 내가 무언가 오늘 가치 있는 일을 한다, 하고 싶다고 하는 결단력이 따라야 합니다. 마지막 하나는, 자기 자신의 능력에 대한 신뢰입니다. 내가 나를 믿어야 합니다. 내가 나를 믿지 않는데, 누가 나를 믿겠습니까. 나 자신에 대한 믿음, 자신에 대한 신뢰가 아주 중요합니다. 내가 나를 알 때 하나님을 알 수 있고,

하나님을 알 수 있을 때 나 자신을 알 수 있습니다. 그것이 신앙입니다.

오늘본문은 여러분이 너무나 잘 아는 이야기입니다. 한 어머니에 대한 믿음입니다. 이 여인에게는 더러운 귀신 들린 어린 딸이 있었습니다. 그 형편은 우리가 능히 짐작할 수 있습니다. 우리 가운데, 귀신 들린 것은 아니라 하더라도, 간혹 이런 일이 있습니다. 제가 소망교회에서 목회할 때 교인들 가운데 지능이 낮은 자녀들이 있는 가정이 있었습니다. 무려 150여 명이나 되는 아이들을 만나보니까 그들의 가정이 너무나 어렵고 절망적이었습니다. 같은 식구들끼리 갈등을 일으키고, 서로서로 남 탓하기 바쁘고, 부부간에 서로 당신의 집안 문제라고 비난하니, 얼마나 서로가 힘들겠습니까. 그래서 제가 그 아이들을 따로 모아서 이천의 소망의 집이라는 곳에서 살게 하였습니다. 어쨌든 그 어린아이를 집에서 떼어서 분리해놓아야 가정이 살아나기 때문입니다. 특별히 더 어려운 것은 그 형제들입니다. 형제들은 이런 생각을 합니다. '너 때문에 나는 시집도 못 간다. 너 때문에 나는 장가갈 수도 없다.' 이렇게 나옵니다. 그러니 온 집안이 아주 쑥밭이 되는 것입니다.

여러분, 상상해보십시오. 이 집의 딸아이가 귀신이 들렸습니다. 발광하여 제어할 수가 없습니다. 이 어머니의 고통이 얼마나 심했겠습니까. 어쩌면 이 때문에 이혼당했는지도 모릅니다. 이 어린아이 하나를 데리고 지금 갖은 고생을 다 하고 있는 것입니다. 이것이 오늘본문의 내용입니다. 그런데, 이분이 특별한 것은, 그런데도 소망을 잃지 않았다는 것입니다. 이 어린아이에게 소망을 두고, 끝까지 이 아이를 사랑하여 지켜가고 있었던 것입니다. 그러는 가운데 예수에 대한 소문을 듣습니다.

우리가 복음이라는 말을 합니다마는, 헬라어로는 '유앙겔리온'입니다. 이것은 쉽게 말해 '좋은 소문'이라는 뜻입니다. 이 소문을 잘 듣고, 좋은 소문을 믿고, 좋은 소문을 따라야 합니다. 우리는 많은 말들 속에서 삽니다. 하지만, 거기서도 소문을 바로 들어야 합니다. 좋은 소문을 딱 붙들고 나아가야 합니다. 그것이 구원받는 길입니다. 예수에 대한 소문을 이 어머니가 들었습니다. 그리고 딸을 집에다 두고 예수님께 갑니다. 왜냐하면, 이 딸을 제어하기가 힘드니까요. 딸을 데리고 갈 수 없는 형편이기 때문에 딸은 놓아두고, 어머니가 혼자서 예수님 앞에 간 것입니다. 참 중요한 장면입니다. 그녀는 그렇게 소문을 듣고 예수님 앞에 나아갑니다.

모든 환자는 예수님 앞에 가서 치료받았습니다마는, 이 여자아이는 집에 두고 어머니가 혼자 갑니다. 경우가 다릅니다. 환자들이 와서 말합니다. "저를 고쳐주세요." "제 눈을 뜨게 해주세요." "제 문둥병을 고쳐주세요." 이것하고는 다릅니다. 환자는 집에 있고, 어머니가 대신 나가서 예수님을 만납니다. 그 어머니, 아마도 이렇게 생각했을 것입니다. '환자를 데리고 가지 않는데, 치료해줄까? 예수님께서는 많은 환자를 치료하셨다는데, 나는 나한테 있는 환자를 예수님께 데리고 갈 수 없는 처지다. 이래도 될까?' 이렇듯 여러 가지로 흔들리는 의심도 있었겠습니다마는, 그래도 그는 예수님께 나아갑니다. 그래서 이 문제를 해결해야겠다고 생각합니다. 이 여인은 자기 딸을 집에 두고 예수님을 만납니다. 엄청난 믿음입니다. 특별한 믿음입니다. 예수님만 만나면 문제가 해결될 수 있다고 생각했기 때문입니다.

뿐만이 아니라, 오늘본문에는 특별한 대목이 있습니다. 예수님께서 그 믿음의 정도와 그릇을 보시고 그 여인을 시험하신다는 것입니다. 아주 중요합니다. 어느 정도의 믿음인가를 점검하시는 것입니다. 마치 문진하는 것처럼 물어보십니다. "네가 믿음이 얼마나 있나 보자. 어느 정도의 믿음이냐?" 이렇게 시험하십니다. 이것이 중요합니다. 내 믿음을 나 스스로 알고 있어야 한다는 것입니다. 어느 정도의 믿음입니까?

그런데, 그뿐 아니라, 예수님께서 시험을 하시는데, 시련을 통하여 이 여인의 믿음을 승화시키십니다. 예수님께서는 이 말씀 저 말씀으로 좀 이상한 질문을 하시는데, 이로 말미암아 이 여자가 점점 더 믿음을 새롭게 하고, 또 온전한 믿음에 도달하게 되는 것을 볼 수 있습니다. 믿음이 시련을 통하여 승화되고, 성장하고, 온전해짐을 볼 수 있는 것입니다. 때로 우리는 믿음이 시원치 않아서 휘청거립니다. 하지만 그로 말미암아 우리 믿음이 조금 더 온전한 경지에 도달하게 된다는 말씀입니다. 예수님께서 시험하신 것이 무엇입니까? 딱 한 마디입니다. "자녀의 떡을 취하여 개에게 줄 수 없다." 참 어려운 말씀입니다. 쉽게 말하면, 이 여자를 개 취급하시는 것 아닙니까. 이런 굴욕을 참을 수 있을까요? 아마도 보통 사람이라면 이랬을 것입니다. "여보시오, 그렇지 않아도 괴롭고 답답한데, 어떻게 사람을 개 취급하십니까? 제 딸, 죽으면 그만입니다." 이렇게 마음이 상하고 분노하여 돌아설 수도 있습니다.

원래 이스라엘 사람들에게는 나름대로 경건한 삶의 방식이 있습니다. 경건하고, 깨끗하고, 정결합니다. 밖에서 돌아오면 먼저 손을 씻고, 하나님 앞에 경배하고, 찬송하고, 성경을 읽고, 암송합니다. 이처럼 아주 경건한 생활을 하는 유대 사람들로 볼 때는 이 이방 사람들은 정말 개와도 같았을 것입니다. 툭하면 싸우고, 음란하고, 더럽고, 욕심을 부린다고 생각했기 때문입니다. 이스라엘 사람의 경건한 시각으로 보면 이방 사람들은 개가 분명합니다. 아마 이 여인도 그런 말을 많이 들었을 것입니다. 그런데, 오늘 예수님께서 똑같은 말씀을 하십니다. "자녀의 떡을 취하여 개에게 줄 수 없다. 자녀에게 넉넉하게 준 다음에 할 일이지, 지금은 아니다." 과연 이 시험을 넘어갈 수 있을까 싶습니다마는, 이 여자는 참 훌륭합니다. "개도 주인의 개요, 개도 주인의 상에서 떨어지는 부스러기를 먹지 않습니까." 개도 주인의 개입니다. 주인이 돌보아야 삽니다. "너는 개다." "예, 저는 개입니다." 기가 막힌 대답입니다. 이에 예수님께서 아주 깊이 감동을 받으신 것 같습니다. 엄청나게 훌륭한 신앙고백입니다. 신앙의 극치는 겸손입니다. 믿음으로 산다는 것은 곧 겸손을 말합니다. 얼마나 믿음이 있느냐는 얼마나 겸손하냐를 말하는 것입니다.

여러분, 혹 억울한 말을 들어보았습니까? 제가 후배 목사님들을 가르칠 때 보면 질문 시간에 이런 말이 나옵니다. "목사님, 교회에서 억울하게 비난을 받을 때 너무나도 참기 힘듭니다. 차라리 십자가라면 지겠는데, 억울한 말을 내가 듣고, '이런 비난을 참아야 되나?' 하는 생각이 들 때는 정말 힘듭니다. 이럴 때는 목사님, 어떻게 해야 합니까?" 그때 제가 대답합니다. "그거 별것 아닙니다. 저들이 말하는 것보다 한 계단만 더 낮추면 됩니다. 저들이 나보고 무식하다고 하면, 나는 당신이 생각하는 것보다 더 무식하다고 하고, 저들이 나를 더럽다고 하거든, 나는 당신들이 생각하는 것보다 더 더럽다고 하는 것입니다. 그렇게 당신들이 나를 비난하는 것보다 나는 훨씬 더 그런 사람이라고 생각하는 것입니다. 좀 더 쉬운 말로 하면, 들키지 않은 죄가 더 많지 않습니까. 발각되지 않은 죄도 많지 않습니까. 잘못하고도 잘된 것처럼 될 때가 많지 않습니까. 그렇게 살아오는 것입니다. 저들의 비난하는 수준보다 나를 훨씬 더 낮추면 억울해할 것도 없고, 섭섭해할 것도 없습니다."

그렇습니다. 세상이 나를 비난합니까? 그것보다 스스로를 더 낮추십시오. 내가 나를 알고 있습니까? 그것보다 더 낮추십시오. 오늘본문을 보십시오. "자녀의 떡을 취하여 개에게 줄 수 없다." 여자가 하는 말입니다. "개도 주인의 개입니다. 개도 주인의 상에서 떨어지는 부스러기를 먹어야 합니다. 저는 개입니다." "너는 개다." "예, 저는 개입니다. 그런데, 주인의 개입니다. 사랑을 받아야 할 개입니다. 주인의 은총으로 사는 개입니다." 기가 막히지 않습니까. 예수님께서 이 여자의 말에 그만 감복하셨습니다. 그리고 예수님께서 하신 말씀을 보십시오. "이 말을 하였으니 돌아가라(29절)." 이 말씀에 또한 깊은 의미가 있습니다. "여기까지 이렇게 말했으니 훌륭하다. 그럼 이만 돌아가라." 이것입니다.

그런데, 여기 중요한 것이 있습니다. "돌아가라. 네 딸이 나았느니라." 이런 말씀은 없습니다. "네 딸이 깨끗해졌느니라." 이런 말씀도 없습니다. 그냥 "돌아가라"가 끝입니다. 그런데, 이 여인은 이 말씀을 믿고 돌아갔습니다. 믿고 그냥 돌아간 것입니다. 아주 훌륭한 믿음입니다. 이 믿음은 아주 높은 차원의 믿음입니다. 하나님께서 모세를 부르실 때도 하나님께서 여러 가지로 은총을 주시면서 말씀하십니다. "이제는 가라!" 그러니까 모세가 말합니다. "저는 말을 할 줄 모릅니다." 이러니저러니 하면서 자꾸 미적대기만 하지 않습니까. 이제는 "가라!" 하시면 가야지요. 하나님께서 아브라함에게 말씀하십니다. "고향을 떠나라!" 그럼 떠나야 하는 것입니다.

특별히 요한복음에는 베데스다 못 가에 있는 시각장애인이 나옵니다. 그런데, 예수님께서 그의 눈에 진흙을 바르신 다음에 이렇게 말씀하십니다. "실로암에 가서 씻으라." 실로암은 거기에서부터 먼 거리에 있습니다. 시각장애인이 거기까지 가려면 두 시간은 걸립니다. 그 먼 거리를 두고 그냥 "실로암에 가서 씻어라!"라고 하십니다. 여기에 중요한 것이 있습니다. 그리 하면 눈을 뜨리라는 말씀이 없다는 점입니다. 그는 "실로암에 가서 씻어라!"라고 하시는 말씀만 듣고 실로암까지 갑니다. 거기까지 가는 이 사람의 모습을 상상해보십시오. 지팡이를 짚고 어정어정 갔지만, 속으로는 이렇게 생각했을지도 모릅니다. '이거 오늘 일진 참 사납다. 어쩌다 내가 이러고 있나? 도대체 내가 지금 뭘 하고 있는 건가?'

오늘도 예수님께서 말씀하십니다마는, "네 딸이 깨끗해졌느니라"라고 하는 말씀은 없습니다. "이 말을 하였으니, 돌아가라." 이런 높은 수준에 있는 것입니다. "개도 주인의 상에서 떨어지는 부스러기를 먹습니다." 예수님께서 말씀하십니다. "이 말을 하였으니, 돌아가라." 이 말씀을 듣고 그 여인이 돌아갔습니다. 돌아가 보니, 어린아이가 깨끗해져서 침상에 누워 있었습니다. 기적의 순간이 어떻게 이루어지는가를 보십시오. 우리는 너무 많은 것을 요구하고 있습니다. 주께서는 우리에게 말씀하십니다. "이렇게 말을 하였으니, 돌아가라." 이 말씀을 믿고 돌아가는 이 여인의 믿음, 훌륭한 믿음입니다. 아주 높은 수준의 믿음입니다. 아주 충분한 믿음이고, 결정적인 믿음입니다.

기적은 여기에 있습니다. 소문을 믿어야 합니다. 복된 소식, 복음을 믿는 마음, 그리고 예수님께 나아오는 적극적 행위, 긍정적 행위가 필요합니다. 예수님께 나온 그 행동이 중요합니다. 그리고 말씀 앞에 겸손합니다. 주님께서 하시는 어떤 말씀이든지 다 수용합니다. 다 받아들입니다. "너는 개와 같다." "예, 저는 개입니다." "너는 죄인이다." "예, 저는 죄인입니다." 그대로 받아들입니다. 그대로 수용합니다. 이제 예수님께서 말씀하십니다. 이 말을 하였으니— 합격입니다. 수준급입니다. "이 말을 하였으니 돌아가라." 여인이 이 말씀을 믿고 돌아가 보았더니, 어린아이는 벌써 깨끗해져서 침상에 누워 있었습니다. 얼마나 아름다운 장면입니까.

우리의 믿음을 한번 점검해보십시다. 왜 우리에게 문제가 많습니까? 왜 아직도 고민이 있습니까? 이만한 믿음이 없기 때문입니다. 이만한 수준의 믿음의 그릇이 아직 준비되지 못했기 때문입니다. 이 말을 하였으니 가라— 여자는 이 말씀을 듣고 그냥 집에 돌아갑니다. 이러한 믿음, 참으로 귀한 믿음입니다. 이런 믿음이 있는 곳에 평안이 있고, 건강도 있고, 위로도 있고, 축복도 있는 것입니다.　△

내게 주신 은혜를 아는 자

나는 사도 중에 가장 작은 자라 나는 하나님의 교회를 박해하였으므로 사도라 칭함 받기를 감당하지 못할 자니라 그러나 내가 나 된 것은 하나님의 은혜로 된 것이니 내게 주신 그의 은혜가 헛되지 아니하여 내가 모든 사도보다 더 많이 수고하였으나 내가 한 것이 아니요 오직 나와 함께 하신 하나님의 은혜로라 그러므로 나나 그들이나 이같이 전파하매 너희도 이같이 믿었느니라

(고린도전서 15 : 9 - 11)

내게 주신 은혜를 아는 자

아주 오래전 이야기입니다. 1955년, 제가 신학교 학생이었을 때 저는 인천에 소재한 인천 제6교회라는 교회에서 목회하시는 분을 도와 전도사로 사역한 적이 있습니다. 그때 저는 아주 생생한 사건 하나를 경험했습니다. 그 교회의 어떤 분이 방직공장에 다녔는데, 기계사고로 그만 세상을 떠났습니다. 그러자 공장에서는 그의 부인을 크게 배려하여 그 공장에 취직을 시켜주었습니다. 그런데, 취직한 지 얼마 되지 않아 그 부인이 아들을 낳았습니다. 그러니까 유복자를 낳은 것이지요. 상황은 여의치 않았지만, 아이를 키워야겠기에 이 어머니는 아이를 공장 숙직실에 뉘어놓고 잠깐씩 아이를 들여다보면서 일했습니다. 그러던 어느 날, 숙직실에 불이 났습니다. 그래 불길이 사납게 타오르고 있으니, 숙직실에 들어가면 안 된다고 모두가 만류하는데도 이 어머니는 "아닙니다! 저 속에 제 아들이 있습니다!"라고 하면서 그 불 속으로 뛰어들어가 아이를 품에 안고 나왔습니다. 덕분에 아이는 무사했지요. 하지만 이 어머니는 그 바람에 머리카락이 홀랑 다 타버렸습니다. 게다가 얼굴에도 심한 화상을 입어 그만 보기 흉한 모습이 되고 말았습니다. 그런데도 부인은 의기소침해하지 않고 열심히 교회에 나와서 봉사했습니다. 그 모습이 아직도 제 눈에 선합니다.

그런데, 문제가 생겼습니다. 이 어린아이가 자라서 유치원을 다니게 되었는데, 그곳의 철없는 아이들이 이 아이의 엄마 얼굴을 가지고 놀리는 것입니다. 아이는 그걸 감당하기 어려웠습니다. 그래

집에 돌아와서는 어머니를 붙잡고 웁니다. "엄마는 얼굴이 왜 그렇게 됐어? 왜 남들처럼 예쁘지 못하고, 그런 얼굴을 갖게 됐어?" 이러면서 아이가 계속해서 울자, 그 모습을 보던 어머니가 아이한테 이런 이야기를 해주었습니다. "네가 좀 더 큰 다음에 사연을 말해주려고 했지만, 정 그렇게 궁금해하니, 여기 앉아서 내 얘기를 잘 들어보아라." 그러고는 아이에게 차근차근 다 설명을 해주었습니다. "아버지 없이 너를 키우면서 내가 숙직실에 너를 뉘어놨는데, 그 숙직실에 불이 났단다. 아무도 들어가면 안 된다고 말렸지만, 내가 들어가서 너를 끌어안고 나와 너는 무사했지. 하지만 그 바람에 내 얼굴이 이렇게 되었단다." 그러면서 아이의 손을 붙들고 말했습니다. "이래도 보기 싫으냐?" 이 아이가 아무리 어린아이지만, 깊은 감동을 받아 울고 또 울었습니다. 그다음부터는 친구들이 어머니를 놀리면 아이는"아니, 우리 엄마는 천사다. 우리 엄마 얼굴은 천사의 얼굴이다"라고 했습니다. 아이가 그렇게 자라는 모습을 제가 직접 보았습니다. 여러분, 이걸 잊지 말아야 합니다. 은혜라는 것은 은혜로 알 때까지는 은혜가 아닙니다. 은혜라고 해서 다 은혜가 되는 것이 아닙니다. 우리가 많은 은혜 가운데 살지만, 은혜를 모르는 자에게는 은혜가 영영 은혜가 아닙니다. 영원히 은혜가 아닙니다. 은혜를 은혜로 깨닫는 자에게만 은혜가 은혜입니다. 아니, 깨닫는 그 순간부터 비로소 은혜입니다. 그러기 전에는 결코 은혜가 은혜 될 수 없다는 것을 잊지 말아야 합니다.

그러면 어떻게 은혜를 알 것입니까? 먼저는, 생각을 통해서입니다. 이성을 통해서 생각으로 아는 은혜가 있는 것입니다. 합리적으로 이해하는 것입니다. 논리적으로 이해하는 것입니다. 그래서

'이것이 은혜다. 아, 이것은 정말 분에 넘치는 은혜다'라고 생각하는 것입니다. 이것은 관념적입니다. 또, 순간적이기도 합니다. 이렇게 생각하면 은혜고, 저렇게 생각하면 또 은혜가 아닐 수 있습니다. 생각 속에서 맴도는 깨달음이라는 것은 그리 활력이 없습니다. 생명력이 없습니다. 그래서 은혜로 생각했다가, 다음 날은 또 아니기도 합니다. 이렇게 생각하면 고맙지만, 다르게 생각하면 또 고맙지 않게 여겨집니다. 이렇듯 단순히 생각 속에서 맴도는 은혜의 개념이라는 것은 항상 믿을 수 없는 것입니다.

그다음으로, 또 하나의 은혜가 있습니다. 바로 깨달음, 가슴으로 얻는 것입니다. 가슴으로 깨닫는 것입니다. 머리로 생각하는 것이 아니라, 느낌으로, 그저 가슴으로 생각하는 것입니다. 그런 은혜가 있습니다. 어린아이들이 얻는 평화가 어디에 있는지 아십니까? 아이들은 생각으로 은혜를 알거나, 어머니를 아는 것이 아닙니다. 냄새로 아는 것입니다. 냄새를 통해서 느낌으로 아는 것입니다. 아이들이 어머니의 은혜를 무엇으로 알겠습니까? 가슴으로, 냄새로 압니다. 어머니 옆에 딱 있으면 벌써 평안해집니다. 그 얼굴을 보면 평안해지는 은혜가 있는 것입니다.

또 하나는 몸으로 체험하는 은혜입니다. 이것은 깨달음입니다. 딱 부딪쳐서 사건에 직면할 때 우리는 은혜를 생각합니다. 여러 가지 사건들을 통해서 우리는 은혜를 배워가고, 은혜를 깨달아가고, 은혜의 영역을 넓혀가고, 은혜에 대한 지경을 넓힙니다. 그래서 전에는 이것만 은혜였는데, 아닙니다. 이것도 은혜입니다. 어느 때는 받는 것이 은혜인데, 어떤 때는 빼앗기는 것도 은혜입니다. 어떤 때는 건강이 은혜인데, 어떤 때는 오히려 병드는 것이 은혜입니다. 이 체험을 통해서 점점 더 은혜의 지각을 넓혀가게 되는 것입니다.

오늘본문에서 사도 바울은 철저한 은혜의 사람입니다. 그래서 중요한 말을 하지 않습니까. "내가 나 된 것은 하나님의 은혜로 된 것이니……(10절)" 너무나도 귀한 말씀입니다. 나의 나 된 것은 하나님의 은혜라─ 근본적으로 은혜 안에 내가 존재하고, 내 정체의식이 있고, 내 생명이 있고, 내 운명이 있다는 것입니다. 대단한 은혜적인 세계관입니다. 다시 한번 사도 바울의 은혜관을 생각해보십시다. 갈라디아서 1장 15절에 보면, 그는 이런 말을 합니다. "내 어머니의 태로부터 나를 택정하시고 나를 부르신 이가……" 어머니의 태로부터 택정함을 받았고, 은혜로 부르심을 받았다─ 신비로운 것입니다. 아마도 사도 바울이 적어도 나이 30을 넘어서 중생한 다음에야 이것을 깨달은 것 같습니다. 어머니의 태로부터 택정함을 받았다─ 이 깊고 신비로운 은혜를 그가 간증하고 있습니다. 얼마나 귀중합니까. '은혜로 부르셨다. 내가 세상에 태어난 것, 그 자체가 은혜로 부르신 것이다.' 하나님의 일을 위해 부르심을 받아서 태어나는 것이요, 그것이 운명적인 은혜임을 그는 간증하고 있는 것입니다.

사도 바울은 길리기아 다소에서 디아스포라로 태어납니다. 디아스포라는 이방 땅에 가서 사는 유대 사람들을 말합니다. 바울은 그 디아스포라 속에서 태어납니다. 이 말은 그가 운명적으로 헬라파 유대인이 되었다는 것을 뜻합니다. 그가 만일 예루살렘에서 태어났다면 히브리 말을 하면서 살았겠지요. 하지만 길리기아 다소라는 이방 땅에서 살았으니까 자연히 집에서는 히브리 말을 하고, 밖에서는 철저하게 헬라 말을 하게 되어 이중언어를 갖게 되었던 것입니다.

바울과 같은 디아스포라에게는 참 특별한 의미가 있습니다. 유대 사람들은 어떤 의미에서는 모두가 디아스포라입니다. 왜냐하면, 지금 전체 유대 사람이 1억 5천이라고 합니다마는, 진짜 예루살렘에 사는 사람은 5백만밖에 안 되기 때문입니다. 나머지는 다 다른 곳에 삽니다. 그러니까 결국은 거의가 다 디아스포라로 살아가는 셈입니다. 따라서 디아스포라 유대인들은 이중문화와 이중언어를 가지게 되는 것이지요.

제가 언젠가 프린스턴 신학교를 방문했을 때 그곳의 이상연 교수를 만난 적이 있습니다. 그분은 영어로 프린스턴 신학교에서 20년을 가르쳤습니다. 그만큼 영어를 잘합니다. 그런데, 그 집 아이들이 하는 말이, 아버지의 영어는 이상하니까 교회에 가서는 영어로 말하지 말라고 이야기했다는 것입니다. 그만큼 언어를 배우는 것이 쉽지 않습니다. 그러나 디아스포라처럼 날 때부터 이중문화와 이중언어로 살면 어렵지 않습니다. 그렇기에 사도 바울은 이방인의 사도가 될 수 있었던 것입니다. 반면, 베드로는 아무리 훌륭해도 이방인에게 복음을 전하기 위해서는 통역관을 세워야 합니다. 하지만 사도 바울은 아닙니다. 히브리 사람들이 모이는 회당에 가면 히브리 말로 설교하고, 이방 사람들한테 가면 헬라 말로 설교합니다. 이 능력이 어디에서 온 것입니까? 어머니의 태로부터, 길리기아 다소에서 운명적으로 온 것입니다. 그 자체가 은혜입니다. 그는 그렇게 태어났습니다. 그렇게 성장했습니다. 그리고 가말리엘 문화에서 높은 교육을 받았습니다. 그는 선교의 운명을 타고난 사람입니다. 은혜가 아닐 수 없습니다. 바울도 많이 느꼈을 것입니다. 언어의 불편이 없으니, 헬라 사람을 만나도 되고, 히브리 사람을 만나도 됩니다. 그럴 때마다 그는 감사를 드립니다. '오, 하나님. 감사합니다. 저를 길리기아 다소에서 태어나게 해주셔서 감사합니다.' 이런 생각 안 했겠습니까. 그런고로 그는 말하는 것입니다. "어머니의 태로부터 나를 택정하사 이방인의 사도가 되게 하셨다. 그것이 은혜다." 그의 출생부터 그가 경험했던 전부가 다 은혜라고 말합니다.

　그뿐 아니라, 여러분이 너무나 잘 아는 다메섹의 경험을 생각해 보십시오. 그는 바리새인으로서 기독교를 박해하다가 다메섹까지 가서 예수 믿는 사람을 붙잡아 고소하려고 했습니다. 다메섹까지의 거리가 당시에 1주일 걸렸다고 합니다. 사람을 살리기 위해서 1주일을 간다면 또 몰라도, 사람을 죽이기 위해서 1주일 간다면, 이건 악질 아닙니까. 그런 사람이 다메섹 도상에서 예수님을 만났습니다. 이제 예수님께서 그에게 말씀하십니다. "사울아, 어찌하여 너는 나를 핍박하느냐?" 사도 바울이 대답합니다. "주여, 뉘십니까?" "네가 핍박하는 예수다." 거기서 거꾸러집니다. 거기서 회개하고 중생합니다. 이 다메섹의 경험, 세계 역사를 바꾸어놓았습니다. 그래서 역사가들이 말합니다. '예수님께서는 사도 바울을 바꾸어놓으셨고, 바울은 세계를 바꾸어놓았다.'

　더 신비로운 것이 있습니다. 사도 바울이 모든 선교여행에서 많은 핍박을 받았다는 것입니다. 억울하게, 아무 잘못도 없이 핍박을 받았습니다. 상상할 수가 없습니다. 빌립보에서는 길거리에 있는 귀신 들린 사람을 고쳐주었습니다. 멀쩡한 정신을 돌려주었습니다. 이것 때문에 그가 감옥에 갇힙니다. 매를 맞고 죽을 지경이 됩니다. 그래서 그는 말합니다. 고린도후서 11장 23절부터 보면, 눈물겨운 말씀이 있습니다. 옥에 갇히고, 매도 수없이 맞았고, 옥에 갇히기도 많이 하였고, 그래 여러 번 죽을 뻔하였고, 40에서 하나를 감한 매를 다섯 번이나 맞았고, 세 번은 태장으로 맞았고, 한 번은 돌로 맞았고, 세 번은 파선이 되었고…… 저는 이 말씀을 읽을 때마다 부끄럽습니다. '나는 하나님의 종으로 그저 편안하게만 살았는데, 사도 바울은 이렇게나 많은 고생을 했구나!' 그는 아무 죄도 없이 억울하게 이런 무지막지한 고생을 했지만, 빌립보서 1장에서 다시 말합니다. "나의 당한 일이 복음의 진보가 된 것을 너희가 알기를 바라노라." 여러분, 고난을 당해야 복음이 전해지는 것입니다. 고난을 당해야 옥문이 열리는 것입니다. 고난을 당해야 성령이 충만한 것입니다. 이걸 잊지 말아야 합니다. 바울은 그것을 통틀어서 한마디로 말합니다. 나의 당한 일이 복음의 진보가 된 것을 너희가 알기를 바라노라― 바울이 당한 많은 고난, 이 고난이 선교입니다.

　여러분이 잘 아시는 대로, 스데반이 돌에 맞아 죽습니다. 그렇지만 순교하는 순간 그 얼굴은 천사의 얼굴이 되었습니다. 그 천사의 얼굴을 보고 있던 사도 바울이 뒤에 회개합니다. 그리스도인들이 어떤 모양으로 고난을 당하느냐, 하는 그 자체가 선교입니다. 그 자체가 복음입니다. 이걸 잊지 말아야 합니다. 사도 바울은 많은 고난을 당했으나, 그 고난을 통해서 선교가 이루어진다는 사실을 알았습니다. 고난을 통해서 하나님의 말씀이 전해지고 확증된다는 걸 그는 깊이 깨달았습니다. 그랬기에 "나의 당한 일이 복음의 진보가 되었기에 그런고로 나는 감사하노라" 하고 고백합니다.

　그뿐입니까? 개인적으로 생각하면, 그에게는 육체의 가시, 사탄의 사자가 있었습니다. 그것이 무엇인지는 아무도 모릅니다. 하지만 제가 개인적으로 연구하고 깨달은 대로는 간질병입니다. 그는 간질병을 안고 전도를 했습니다. 한평생 환자로 전도한 것입니다. 일생 동안 누가라는 제자가 의사로 그를 따라다녔습니다. 일생 동안 같이 전도여행을 했기 때문에 이 사람이 사도행전을 씁니다. 참 신비로운 일 아닙니까. 병이 있는 사도 바울이 쓰러지지 않게 하기 위해서 일생동안 전도여행에 동반했던 의사 누가가 그동안 보고 들은 것을 종합해서 사도행전을 씁니다.

고린도후서 12장 7절에서는 하나님께서 왜 이런 가시를 주셨는지 말합니다. '겸손하게 하시기 위해서'입니다. '내가 받은 은혜가 너무나 크기 때문에 자고하지 않게 하시기 위하여 육체의 가시, 사탄의 사자를 주셨다.' 왜요? 겸손해야 하기 때문입니다. 축복 가운데서도 가장 큰 복, 은사 가운데서도 가장 큰 은사가 바로 겸손의 은사입니다. 이것은 고난을 통해서 주어지기 때문입니다. 고난을 통해서 사도 바울은 말합니다. '육체의 가시, 사탄의 사자, 겸손하게 하시기 위해서 내게 주신 은혜다. 내게만 주신 특별한 은혜다'라고 그는 고백합니다.

이것이 사도 바울의 위대한 점입니다. 바울은 은혜의 사람입니다. 오직 은혜로 내가 있다고 말합니다. 그뿐 아니라, 은혜의 능력을 말합니다. "내게 주신 은혜가 헛되지 아니하여……" 은혜는 생산적입니다. 은혜는 생명적입니다. 은혜가 있을 때 건강해집니다. 건강이 있을 때 총명해집니다. 은혜가 있을 때 능력의 사람이 됩니다. 은혜가 있을 때 감사하는 사람이 되고, 승리하는 사람이 됩니다. 그 은혜는 많은 시련을 통해서 깨닫는 자에게 주시는 은혜입니다. 은혜의 생산력, 생명력을 사도 바울은 믿고 있습니다. "이 은혜가 헛되지 아니하여 내가 있다." 얼마나 귀중한 말씀입니까. 은혜를 헛되이 낭비하고, 헛된 곳으로 돌리는 사람이 많습니다. 은혜를 헛되이 받는 사람이 많습니다. 은혜를 바로 알고, 바로 깨닫고, 바로 은혜의 능력마저 체험해야 합니다.

"은혜가 헛되지 아니하여 오늘 내가 있다." 얼마나 소중한 말씀입니까. 날마다 은혜를 깨닫고, 날마다 새롭게 은혜를 깨달으면서 그 은혜에 감격하며, 그 은혜의 능력으로 살아가는 것, 그가 그리스도인입니다.   △

좋은 소식을 전하는 자

　　네가 만일 네 입으로 예수를 주로 시인하며 또 하나님께서 그를 죽은 자 가운데서 살리신 것을 네 마음에 믿으면 구원을 받으리라 사람이 마음으로 믿어 의에 이르고 입으로 시인하여 구원에 이르느니라 성경에 이르되 누구든지 그를 믿는 자는 부끄러움을 당하지 아니하리라 하니 유대인이나 헬라인이나 차별이 없음이라 한 분이신 주께서 모든 사람의 주가 되사 그를 부르는 모든 사람에게 부요하시도다 누구든지 주의 이름을 부르는 자는 구원을 받으리라 그런즉 그들이 믿지 아니하는 이를 어찌 부르리요 듣지도 못한 이를 어찌 믿으리요 전파하는 자가 없이 어찌 들으리요 보내심을 받지 아니하였으면 어찌 전파하리요 기록된 바 아름답도다 좋은 소식을 전하는 자들의 발이여 함과 같으니라

(로마서 10 : 9 - 15)

좋은 소식을 전하는 자

사람은 듣는 대로 변화하고, 느끼는 대로 달라지고, 경험하는 대로 지혜로워진다고 생각합니다. 사람은 태어나서 일생을 사는 동안에, 또 성장하는 과정에서 어떤 말을 듣고 자라나느냐가 아주 중요합니다. 가령, 감사하다는 말을 한 번도 들어본 일이 없는 사람이 그대로 나중에 자라면 어떻게 되겠습니까. 또, 욕설만 듣고 자라면 어떻게 되겠습니까. 원망과 불평만 들으면서 산다면 어떻게 될 것 같습니까. 저는 기가 막힌 청년을 한번 만나보았습니다. 아주 오래 전, 남대문 교회에 부흥회를 인도하러 갔을 때입니다. 그 교회의 청년 한 사람이 숙소로 저를 찾아와 목을 놓아 울면서 참회하고, 회개하고, 뉘우치는 것이었습니다. 이 청년은 태어났을 때부터 아버지가 누구인지를 모릅니다. 남대문에 있는 창녀촌에서 태어났거든요. 그래 창녀의 아들로 자랐습니다. 늘 욕설을 듣고, 싸우는 소리를 들으면서 컸습니다. 그리고 이제 좀 자라서 예수를 믿었는데, 그가 답답해하는 것은 이것입니다. 자나 깨나, 자랄 때 듣던 말과 이야기들이 계속 생각나서 미치겠다는 것입니다. 그러면서 “어떻게 하면 제가 여기서 벗어날 수 있겠습니까?”라고 하며 통곡했습니다. 그런 청년을 제가 만나보았습니다. 여러분, 가만히 생각해보십시오. 사람은 듣는 대로 운명이 갑니다. 생전에 “고맙습니다. 감사합니다. 사랑합니다”라는 말을 한 번도 들어본 적이 없다면, 어떻게 그 인격이 바로 설 수 있겠습니까. 문제는 무엇을 듣느냐, 무엇을 어떻게 느끼고 사느냐, 또 어떻게 경험하고 사느냐에 따라서 내 운명이 바뀐다는 것입니다. 이거, 아주 중요합니다.

오래전에 제가 모택동 어록집을 읽어본 일이 있습니다. 세 권을 읽었는데, 거기서 깨달은 것이 하나 있습니다. 공산주의자가 공산주의자를 만들려고 할 때, 그 방법이 있습니다. 이른바 세뇌 교육입니다. 뇌를 바꿔놓는 것입니다. 방법은 간단합니다. 한 가지 진리를 반복하는 것입니다. 속도감 있게 지속하는 것입니다. 한 가지 이야기를 자꾸 들려주고, 똑같은 말을 자꾸 들려주고, 지겨울 정도로 자꾸 들려주고, 반복하여 속도를 내서 그것만 듣게 하는 것입니다. 여기에 하나가 더 있습니다. 그밖에는 말은 못 듣게 하는 것입니다. 아무것도 못 듣게 합니다. 그리고 여기서 지시하는 말만 듣게 하는 것입니다. 반복, 지속, 속도입니다. 이렇게 해놓으면 누구라도 공산주의자가 된다는 것입니다. 이것이 세뇌 공작입니다. 이렇게 하면 사상이 바뀝니다. 사람이 달라집니다. 이게 무서운 것입니다.

옛날에는 텔레비전은 없었고, 라디오가 있었습니다. 그 라디오 방송에서 자주 나오는 약 광고가 있었습니다. "소화제는 훼스탈! 소화제는 훼스탈!" 하도 들어서 그만 좀 나왔으면 좋겠다 싶지만, 그러다가 어느 날 배가 아파 약국에 갔을 때 약국 주인이 "무슨 약을 드릴까요?" 하고 물어오면 저도 모르게 "훼스탈 주세요!" 하고 말하게 됩니다. 들었던 대로 나오는 것입니다. 다른 데서 나오는 것이 아닙니다. 그래서 변증법적 유물론이 무서운 것입니다. 공산주의 철학의 기본 아닙니까. 여기에는 이런 이야기가 있습니다. '세상은 싸움이다. 생존경쟁이다. 약육강식이다. 적자생존이다.' 제가 중고등학교 다닐 때 수없이 들은 이야기입니다. '생존경쟁, 적자생존, 약육강식. 강한 자가 이기는 것이고, 약한 자는 먹히는 것이다. 세상은 싸움이다.' 이걸 계속 가르치는 것입니다. '살아남으려면 상대방을 죽여야 한다. 살기 위해서는 죽여야 한다. 그래야 네가 산다.' 이것이 혁명정신입니다.

그리고 또 중요한 말이 있습니다. 바로 '결과가 방법을 정당화한다(The end justify the means)'입니다. '결과가 방법을 정당화한다. 결과만 좋으면 된다. 마지막만 좋으면 되고, 결과만 좋으면 방법은 다 정당화되는 것이다.' 이것이 공산주의 철학이자 공산주의 방법론입니다. 하지만, 예수님께서는 우리에게 말씀하십니다. "복음을 전파하라!" 무슨 말씀입니까? 복음을 듣게 하라, 이것입니다. 복음을 전파하라는 말씀은 이것입니다. "복음을 듣게 하라. 계속적으로 듣든지, 아니 듣든지, 전하라. 복음을 전하라." 놀라운 진리의 말씀입니다. 그러므로, 가장 불행한 것은 복음을 들은 바가 없다는 것입니다. 복음을 들은 바가 없는 인생, 얼마나 불행합니까. 단 한 번도 들어본 일이 없습니다. 복음을 들은 바도 없고, 사랑을 느낀 바도 없고, 사랑을 체험한 바도 없습니다. 그러면 그 인생이 어떻게 되겠습니까. 그 운명이 가장 불쌍한 것이기에, 예수님께서는 제자들에게 말씀하십니다. "다니면서 복음을 전파하라!" 다른 말로 하면 이것입니다. "복음을 듣지 못한 자가 없도록 하라. 단 한 번도 복음을 듣지 못한 자가 없도록 하라." 이것이 주님의 말씀입니다.

듣게 하라, 느끼게 하라, 체험하게 하라— 이것이 선교입니다. 대단히 귀중한 말씀입니다. 오늘본문 14절은 말씀합니다. "그들이 믿지 아니하는 이를 어찌 부르리요 듣지도 못한 이를 어찌 믿으리요 전파하는 자가 없이 어찌 들으리요." 전파하는 자가 없이 어찌 들으리요, 듣지 못한 복음을 어떻게 믿으리요…… 가장 불행한 것은 복음을 한 번도 듣지 못했다는 사실입니다. 이 얼마나 귀중한 일입니까. 복음은 입으로 전파합니다. 그다음에 행위를 통해서 복음을 느끼게 합니다. 그다음에는 희생을 통해서 복음을 증거합니다. 복음을 말로만 전하는 것이 아닙니다. 우리가 어떤 형편에서든지 그저 범사에 감사하고, 웃고만 있으면, 행복한 얼굴로 웃고만 있으면 그것이 복음을 전하는 것입니다. 그뿐입니까. 내가 어떤 어려운 고난을 당하더라도 잘 참고, 범사에 감사하며 잘 견디어냅니다. 원수를 사랑하는 모습을 다른 사람이 보면, 그게 바로 복음을 증거하는 것입니다.

스데반을 보십시오. 스데반은 돌에 맞아 죽습니다. 순교합니다. 그러나 그는 얼굴이 천사의 얼굴과 같았습니다. 이것을 본 사울이라는 청년이 깊은 충격을 받습니다. '어떻게 돌에 맞아 죽어가는 사람이 저렇듯 아름답게 죽을 수가 있는가?' 순교, 그 자체가 복음을 증거하는 일입니다. 그래서 헬라어에는 특별히 '마르트리아'라는 말이 있습니다. 복음을 증거한다는 뜻입니다. 그런데, 그 단어가 조금 변해서 '마터(martyr)'가 됩니다. 순교자라는 뜻입니다. 순교자란 무엇입니까? 복음을 증거하는 사람입니다. 죽음을 통하여 복음을 증거하는 것입니다. "복음을 전하라!"라고 할 때 말로만 전하는 것이 아닙니다. 성 프란치스코가 어느 날 제자들과 함께 "오늘 전도하러 가자!"라고 하니까 줄줄이 수십 명이 따라나섰습니다. 이들은 그냥 하루종일 동네를 돌아다녔습니다. 그리고 저녁에 돌아올 때 제자들이 이상해서 묻습니다. "복음을 전하자고 하셨으면서 복음을 한 번도 전하신 일이 없지 않습니까." 그러자 성 프란치스코는 이렇게 답합니다. "복음은 꼭 말로 전해야만 하는 것은 아니다. 우리의 얼굴을 보면 자연스럽게 전해지는 것이다.” 복음은 말로만 전하는 것이 아닙니다. 얼굴빛으로 전하는 것입니다.

그런가 하면, 우리 생활을 통해서, 우리의 극단적인 시련을 통해서 복음을 증거하는 것입니다. 제가 오래전에 북한의 고향을 방문한 적이 있습니다. 어렵사리 옛 고향을 방문했는데, 옛날에 제가 나가던 교회는 다 불타버리고 없었습니다. 단지 교회의 터만 남아 있었습니다. 제가 감개무량해서 그 자리에 서서 한참 기도하고 있는데, 그 마을의 이장과 공산당 당원, 이렇게 두 책임자가 가까이 오더니 이럽니다. “선생님, 왜 여기에 서 계십니까?” “여기가 저한테는 특별한 장소입니다. 그래서 이렇게 서 있는 것입니다.” 그랬더니 이럽니다. “우리 동네 어른들이 말하는데, 여기가 옛날에 ‘예수하는’ 사람들이 모이는 곳이었다고 합디다.” 그들은 교회라는 말도 모릅니다. 그냥 ‘예수하는 사람들이 모이는 곳’이라고 하는 것입니다. 이 사람 마음속에는 ‘예수하는 사람들’이라는 정도밖에는 복음에 대해서 들은 바가 없는 것입니다. 이래가지고야 어디 되겠습니까.

그때 제가 보통강 호텔에 묵었는데, 새벽 일찍 일어나서 강변을 한번 산책해보았습니다. 안개가 뽀얗게 끼었는데, 거기에서 낚시질하는 사람이 있었습니다. 제가 그분에게 “뭐 좀 잡힙니까?”라고 한마디 했습니다. 그가 돌아보더니, 당장 저를 알아봅니다. “곽 목사님이시군요!” “어떻게 아세요?” “제가 10년 동안 목사님의 설교를 새벽에 방송을 통해 듣고 있습니다.” “반갑습니다.” 그랬더니, 그다음 말이 이것입니다. “빨리 지나가세요. 뒤에 감시자가 있습니다.” 그래서 제가 그 뒤로 ‘어떻게든지 내가 이 북한을 위해서 더욱 크게 일해야겠다’라고 다짐했습니다. 복음을 듣는다, 방송을 통해서 새벽

다섯 시마다 듣는다…… 거기에 목숨을 걸고, 그 위험한 가운데서 복음을 듣는 것입니다.

그리고 이런 이야기도 들었습니다. 발각되면 안 되니까 라디오를 조립해서 듣다가 설교만 다 들은 다음 얼른 다시 라디오를 분해한다는 것입니다. 그렇게 나누어 따로따로 부속으로 보관해두었다가 그 시간만 되면 다시 얼른 조립해서 설교를 듣는다고 합니다. 우리는 듣고, 듣고, 들으면서도 안 듣는데, 저렇게 목숨을 걸고 순간순간 하나님의 말씀을 들으려고 애쓰는 분들을 생각할 때 '하나님이여, 저들에게 복음을 전하게 하시고, 복음을 마음대로 들을 수 있는 날이 속히 오게 해주소서!'라고 기도하게 됩니다.

성경은 바로 복음입니다. 성경에는 복음이 담겨 있습니다. 그래서 마르틴 루터는 말합니다. '성경은 마치 말 구유와 같이 아기 예수가 담겨 있는 구유다.' 우리는 방송을 통해서, 유튜브를 통해서 언제든지 하나님의 말씀을 들을 수 있습니다. 지금도 제가 여기서 설교하고 있습니다. 제가 알아본 대로는 바로 이 시간에 사천 명이 동시에 유튜브를 통해서 이 설교를 듣고 있습니다. 다시 조사해보면, 한 주일 동안 만오천 명이 이 방송을 듣습니다. 저는 '지금 만오천 명을 상대로 설교하고 있다'라고 하는 마음으로 설교합니다. 듣는다— 얼마나 소중한 일입니까. 시편 119편은 말씀합니다. "주의 말씀은 내 발에 등이요 내 길에 빛이니이다 주의 말씀이 어찌 그리 단지요 내 입에 꿀보다 더 다니이다." 말씀을 사모하고 사랑하는 사람의 고백입니다. 말씀을 사랑하는 자, 말씀을 기뻐하는 자, 말씀을 운명으로 받아들이고 순종하는 자, 그에게 하나님께서는 함께하십니다.

듣게 하라, 믿게 하라, 느끼게 하라, 증거하라…… 이 귀중한 사명을 우리가 잊어서는 안 됩니다. 빌리 그레이엄 목사님은 돌아가시기 직전에 언제나 이런 고백을 했습니다. '나는 아침마다 시편 5편을 본다. 시편을 읽어야 하나님과 나와의 관계가 정립되기 때문이다. 그리고 잠언 1장을 꼭 본다. 왜? 잠언을 읽어야 내가 인간관계에서 어떻게 살아야 할 것인지를 알 수 있게 되기 때문이다.' 제가 잘 아는 박헌식 장로님은 제 외삼촌인데, 그분은 세브란스 제2회 졸업생입니다. 아주 유명한 의사입니다. 그런데, 다 정리하고 은퇴한 다음 포천에 계실 때 제가 방문해보니, 그렇게 많던 책을 다 치워서 한 권도 없는 것이었습니다. 그래 물어봤지요. "삼촌, 그 많던 책이 다 없는데, 어떻게 하셨어요?" "내게 무슨 책이 필요하냐?" 그때 그분의 연세가 92세였습니다. 그리고 책상 앞에는 성경책 하나만 놓여 있었습니다. "지금은 이 성경책 하나뿐이다. 나는 라디오도 필요 없고, 텔레비전도 필요 없다. 나는 신문도 안 본다." 오로지 성경입니다. 그래서 시편, 잠언, 로마서, 요한복음을 다 줄줄이 욉니다. 그래도 재미있답니다. 그래 딸 집에 갈 때 버스를 타는데, 잠언 하나를 다 외우면 도착한답니다. 나이 들면 이제 세상 것, 그만해도 됩니다. 이제는 말씀을 집중적으로 가까이해야 합니다.

유명한 신학자 칼 바르트가 나이 많이 들었을 때 마지막으로 초청을 받아 시카고 대학에 가서 신학강연을 했습니다. 두 시간 강의를 마치고 나서 강단에서 내려왔을 때 학생 하나가 그를 따라와 묻습니다. "교수님은 평생토록 책을 많이 쓰셨고, 신학강의도 많이 하셨습니다. 그리고 위대한 신학자로 오늘까지 살아오셨는데, 그걸 다 종합하면 딱 한마디로 뭐라고 하실 수 있겠습니까?" 이에 노 신학자 칼 바르트가 말했습니다. "예수님께서는 나를 사랑하신다. 성경에 그렇게 기록되어 있다(Jesus loves me. Bible say so)." 여기에는 두 가지 의미가 있습니다. 주님께서 나를 사랑하십니다. 그것은 성경이 말씀합니다. 성경적 증거입니다. 성경을 통해서 알 수 있습니다. 성경을 통해서 그 사랑의 음성을 듣고, 그 사랑을 체험하고, 그 사랑을 경험하고, 그 사랑에 감격하는 것입니다. 그 상황 속에서 중생하고, 영생을 얻는 것입니다. 이걸 잊지 말아야 합니다.

　여러분, 임종이 가까웠습니까? 종말이 가까웠다고 느낍니까? 성경을 더 가까이해야 합니다. 우리가 세상을 떠날 때, 요단강을 건너갈 때 우리가 들어야 할 말씀이 뭐겠습니까? 하나님의 음성이 들려와야 합니다. "내가 너를 사랑한다. 하나님께서 세상을 이처럼 사랑하사 독생자를 주셨다. 하나님께서 나를 사랑하신다." 이 음성을 듣고 요단강을 건너가야 합니다. 그런고로, 하나님의 말씀을 더 가까이, 더 부지런히, 더 반복적으로, 더 지속적으로, 더 열심히 듣고, 상고하고, 묵상해야 합니다. 무슨 복잡한 생각들 다 지워버리고, 우리 정신이 오락가락할 때, 우리 마음속에는 오직 하나, '예수 사랑하심, 예수 사랑하심, 성경에 써 있네'라는 하나님의 말씀에 집중하고, 그 말씀을 중심에 두고, 거기에 열중하고 헌신하는 신앙생활이 되어야 할 것입니다.　△

내일을 기다리라

여호수아가 옷을 찢고 이스라엘 장로들과 함께 여호와의 궤 앞에서 땅에 엎드려 머리에 티끌을 뒤집어쓰고 저물도록 있다가 이르되 슬프도소이다 주 여호와여 어찌하여 이 백성을 인도하여 요단을 건너게 하시고 우리를 아모리 사람의 손에 넘겨 멸망시키려 하셨나이까 우리가 요단 저쪽을 만족하게 여겨 거주하였더면 좋을 뻔하였나이다 주여 이스라엘이 그의 원수들 앞에서 돌아섰으니 내가 무슨 말을 하오리이까 가나안 사람과 이 땅의 모든 사람들이 듣고 우리를 둘러싸고 우리 이름을 세상에서 끊으리니 주의 크신 이름을 위하여 어떻게 하시려 하나이까 하니 여호와께서 여호수아에게 이르시되 일어나라 어찌하여 이렇게 엎드렸느냐 이스라엘이 범죄하여 내가 그들에게 명령한 나의 언약을 어겼으며 또한 그들이 온전히 바친 물건을 가져가고 도둑질하며 속이고 그것을 그들의 물건들 가운데에 두었느니라 그러므로 이스라엘 자손들이 그들의 원수 앞에 능히 맞서지 못하고 그 앞에서 돌아섰나니 이는 그들도 온전히 바친 것이 됨이라 그 온전히 바친 물건을 너희 중에서 멸하지 아니하면 내가 다시는 너희와 함께 있지 아니하리라 너는 일어나서 백성을 거룩하게 하여 이르기를 너희는 내일을 위하여 스스로 거룩하게 하라 이스라엘의 하나님 여호와의 말씀에 이스라엘아 너희 가운데에 온전히 바친 물건이 있나니 너희가 그 온전히 바친 물건을 너희 가운데에서 제하기까지는 네 원수들 앞에 능히 맞서지 못하리라

(여호수아 7 : 6 - 13)

내일을 기다리라

덴마크의 철학자 키르케고르는 다음과 같이 말하고 있습니다. '인생은 그 뒤를 보아야 이해할 수 있다. 그러나 우리는 앞을 보아야 살 수 있다.' 이 말에는 깊은 의미가 있습니다. 뒤를 보아야 한다는 것은 역사를 말합니다. 역사를 통해서 오늘 우리의 현실을 조명해볼 수 있습니다. 그러나 이렇게 과거에만 매여서는 아무 의미가 없습니다. 우리의 앞을 보아야 살 수 있습니다. 이것은 소망의 문제입니다. 현재는 과거를 통해서 알 수 있습니다. 그러나 우리의 미래를 아는 것은 오직 소망을 통해서뿐입니다. 이것을 깊이 알아야 합니다.

이스라엘은 출애굽을 한 뒤 광야에서 무려 40년 동안이나 맴돌면서 큰 고난을 치릅니다. 이것을 모세는 광야교회라고 말합니다. 이스라엘 백성들은 광야교회, 여기에서 훈련을 받습니다. 그렇게 40년이 끝나고, 하나님의 특별한 축복으로 첫 성인 여리고 성을 이적으로 점령하게 됩니다. 저는 이스라엘을 방문했을 때 그 여리고 성에 가보았습니다. 생각보다 별로 크지 않더라고요. 그 성이 그냥 무너진 성터 그대로 남아 있습니다. 이스라엘 백성이 그 성을 손 하나 대지 않고 나팔을 불면서 주변을 빙글빙글 돌았는데, 그대로 와르르 무너지면서 이스라엘은 여리고 성을 점령하게 됩니다.

그다음에 두 번째로 점령하게 될 곳이 아이 성이라는 곳인데, 아주 작은 성이었습니다. 그래서 많은 군사를 몰고 갈 필요가 없다고 생각해서 3천 명만 데리고 가서 아이 성을 공격했습니다. 그런데, 그만 그 작은 성을 이기지 못하고 패했습니다. 그 내용을 보면 '36명이 죽었다'라고 했습니다. 저도 군인으로 살아보았고, 우리가 다 전쟁을 치러보았습니다마는, 전쟁이란 그저 죽고 죽이고 죽는 것입니다. 아니 3천 명이 갔다가 36명이 죽었다고 후퇴하는 군대가 어디 있습니까. 도대체 상식으로도 말이 안 됩니다. 한데도 그렇게 3천 명이 갔다가 36명이 죽었다고 해서 도망쳐온 것입니다. 그러면서 오늘본문의 6절로 7절에 있는 대로, 통곡을 합니다. 여호수아가 하나님 앞에서 통곡합니다. "하나님, 어찌하여 이런 일이 있습니까?" 이 전쟁은 거룩한 전쟁입니다. 하나님의 명령을 받고, 하나님의 약속을 받고, 축복의 땅을 점령하는 그 거룩한 전쟁에서 패전이란 있을 수 없습니다. 안 되는 일입니다. 작은 패전도 있을 수 없습니다. 그런고로 여호수아가 하나님 앞에 아룁니다. "어찌하여 이런 일이 있습니까? 차라리 저 요단 건너편에 그냥 머물렀더다면 좋을 뻔했습니다. 왜 저희로 요단강을 건너오게 하셔서 이 같은 비참한 일을 당하게 하십니까? 이렇게 되었으니, 이제 이 가나안 일곱 족속이 우리를 업신여기고, 그대로 우리를 진멸할 것입니다." 여호수아는 벌벌 떨면서 하나님 앞에서 울부짖고 있습니다. 이에 대한 하나님의 답은 이렇습니다. 10절로 12절에서 읽을 수 있습니다. "이스라엘이 범죄하여 내가 그들에게 명한 나의 언약을 어겼으며 그들이 또한 온전히 바친 물건을 가지고 도둑질하여 속이고 그것을 그들의 물건 가운데 두었느니라." 그런고로 이 전쟁은 이길 수가 없었다는 것입니다. 외적인 문제나 정치적인 문제가 아니었다는 것입니다.

우리가 전쟁이라고 하면 대체로 외적인 문제를 생각하게 됩니다. 군사력을 생각합니다. 정치를 생각합니다. 그리고 경제를 생각합니다. 하지만 오늘성경은 아니라고 말씀합니다. 내적인 문제입니다. 절대로 외부의 문제가 아니고, 내부의 문제라는 것입니다. 오늘 본문 7장 21절은 분명히 말씀합니다. "네가 노략한 물건 중에 시날 산의 아름다운 외투 한 벌과 은 이백 세겔과 그 무게가 오십 세겔 되는 금덩이 하나를 보고 탐내어 가졌나이다……" 보고 탐내어— 외투 한 벌입니다. 그걸 전쟁 중에 보는 순간 눈이 번쩍 떠졌습니다. 은 이백 세겔, 금 오십 세겔입니다. 이것이 눈에 보이는 순간 아간은 전쟁 중에 도둑놈이 되는 것입니다. 탈취자가 되는 것입니다. 전쟁에 대한 이 거룩한 역사는 아랑곳없고, 자기에게 오는 탈취물에 그만 푹 빠져서 정신을 잃어버립니다. 그래 성경은 분명히 말씀합니다. 탐내어— 탐내는 그 순간, 탐심이 작용하는 순간 하나님의 음성이 들리지 않습니다. 이스라엘의 장래에도 보이지 않습니다. 특별히 이기심이 작동한 것입니다. 자기중심입니다. 하나님과 이스라엘 백성이 바야흐로 거룩한 전쟁을 치르고 있는데, 이 사람은 도둑질을 하고 있는 것입니다. 이 이기심, 이 자기중심적인 생각이 범죄입니다. 특별히 오늘본문에서 가장 중요한 말씀은 숨겼다는 것입니다. 숨겼다— 무엇을 말합니까? 아는 죄라는 것입니다. 모르는 죄가 아닙니다. 우리의 죄 가운데는 내가 모르는 중에 지은 것도 많습니다. 내가 잘못하는 것이 아니라, 다른 사람의 죄에 휩쓸려서 어쩌다가 죄인이 될 때도 있고, 직접 죄를 지을 수도 있습니다. 또, 부득이한 죄도 있고, 부지불식간에 무의식적으로 범하는 죄도 있습니다. 그러나 오늘성경은 숨긴 죄에 대하여 말씀합니다. 죄의 중량은 여기에 있는 것입니다. 아는 죄, 그리고 숨겼다는 것입니다. 하나님께서 이것을 폭로하십니다. 그 숨긴 것, 그 마음을 하나님께서 심판하십니다. 절대로 하나님께서는 만홀히 여김을 받지 않으십니다.

　저의 할아버지는 우리 고향 교회를 개척한 장로님이셨습니다. 그런 할아버지가 늘 제게 성경을 읽어주셨고, 뿐만이 아니라, 이야기를 아주 많이 들려주셨습니다. 그런데, 좀 큰 다음에 가만히 보니까 우리 할아버지가 목사님으로부터 들으신 설교의 이야기였던 것입니다. 그것을 잘 들어두셨다가 손자인 저한테 들려주신 것입니다. 할아버지가 제게 진지하게 들려주신 이야기 가운데 하나, 잊을 수 없는 귀중한 이야기가 있습니다. 어느 겨울날, 눈이 많이 왔습니다. 온 동네에 눈이 쌓여 있는데, 동네 청년들 몇이 주막집에 모여서 도박을 했습니다. 시간 가는 줄 모르고 밤새껏 도박을 하고 있는데, 어떤 사람이 여행길에 그 동네를 지나다가 그만 이 주막의 마당에서 얼어 죽었습니다. 도박하던 사람들 가운데 하나가 화장실에 가느라고 문을 열고 밖으로 나오다가 그 마당에 얼어 죽은 사람을 보게 되었습니다. 그래 그 사람을 들고는 방으로 들어와 아랫목에 뉘어놓았습니다. 그리고 한 사람을 파출소에 보내어서 "여기 얼어 죽은 사람이 있으니까 와서 살펴봐주십시오"라고 전하게 하였습니다. 그러고는 또 열심히 도박을 했습니다. 신고를 받은 순경이 오는 동안에 이 얼어 죽었던 사람이 살아났습니다. 그가 가만히 살펴보니, 사람들이 정신없이 도박을 하고 있는데, 이제 자신이 깨어났다는 사실을 그들이 알게 되면 "우리가 너를 살려줬으니, 은혜를 갚아라!"라고 할 것 같았습니다. 그래 그는 도박에 정신 못 차리고 빠져 있는 그 사람들을 놔두고 몰래 뒷문으로 빠져나가 도망쳐버리고 말았습니다. 주막에서 도박하는 사람들이 잠깐 쉬는 틈에 방을 살펴보니까, 웬걸요? 시체가 없어진 것입니다. 이제 곧 순경이 올 텐데, 어떡하면 좋습니까? 순경이 와서 "이놈들아, 어떻게 된 거야? 누구를 죽이고 하는 소리야?"라고 하며 난리를 치면 어떡합니까. 시체는 없고, 순경은 올 테고…… 그래 어찌할까 고민하다가 저들이 생각해낸 것이, 바로 어제 뒷동산에서 장례가 있었는데, 그 장례한 시체를 파다가 여기에 갖다놓고 이 사람이 얼어죽었다고 하기로 마음먹은 것입니다.

그러고는 이 젊은 사람들이 나가서 밤중에 어제 장례를 치른 무덤을 열심히 팠습니다. 그래 시체를 가져와서 아랫목에 떡하니 뉘어놨습니다. 잠시 뒤에 순경이 와서 보니까 시체가 이상한 것입니다. 얼어 죽은 시체하고 병들어 죽은 시체가 어디 같겠습니까. 들통이 났지요. 그래 순경이 그 젊은이들을 모아놓고 모두를 매질하면서 "너희들이 사람을 죽여놓고 이러는 것 아니냐!"라고 소리를 질렀습니다. 그러자 매를 맞던 한 사람이 매를 못 견디고 마침내 진실을 말했습니다. "사실은 그게 아닙니다. 얼어 죽은 사람은 살아나서 이미 도망갔고요. 어제 뒷동산에서 장례를 치른 시체를 저희가 파 온 겁니다." 그렇게 이 사건을 조사하다가 숨겨진 진실이 드러났습니다. 이 시체는 원래 폐병 환자로서 한 3년 동안 고생하다가 죽은 사람이었습니다. 그런데, 죽기 전에 그 아내가 이웃집 총각하고 바람이 났습니다. 이 아내는 남편이 빨리 죽기를 바랐는데, 좀처럼 쉽게 죽지를 않는 것입니다. 그래 그만 못을 남편의 귀에다 박아서 그를 죽였습니다. 그리고는 마치 폐병으로 죽은 것처럼 꾸몄지요. 원래 남편은 3년 동안이나 앓아누웠던 사람이니까 아무도 의심하지 않았습니다. 그렇게 남편의 장례식을 치르고 나서는 둘이 신혼 같은 생활을 하며, 한참 좋은 시간을 보내고 있었는데, 그만 이 일로 말미암아 모든 사실이 드러난 것입니다. 제 할아버지가 이 얘기를 해주시면서 "보아라. 숨길 수 있는 죄는 없다. 다 드러나느니라!"라고 말씀해주셨습니다.

　오늘본문에서 아간은 죄를 숨겼습니다. 하나님께서는 그 숨겨진 죄를 향하여 화살을 쏘십니다. "저것이 밝히 드러날 때까지는 전쟁의 승리는 없다." 하나님의 말씀입니다. 한 사람의 죄를 전체에 물으시는 것입니다. 힘의 근본은 정치도, 경제도, 문화도, 무력도, 진흥도 아닙니다. 힘의 근본은 도덕성입니다. 도덕성과 신앙에 힘의 근본이 있는 것입니다. 돈이 있으면 됩니까? 권력이 있으면 됩니까? 군사력이 있으면 됩니까? 역사가 말합니다. 절대 아닙니다. 힘의 근본은 도덕성에 있는 것입니다. 외부에 있지 않고, 내부에 있습니다. 하나님께서는 숨겨진 죄를 향해서 화살을 쏘십니다. 이것이 노출되어서 온전한 회개가 이루어지기까지는 절대로 용납하지 않으십니다. 이걸 알아야 합니다. 그래서 오늘성경말씀은 우리에게 가르쳐줍니다. 스스로 정결케 하고 내일을 기다리라— 내일은 성결한 자의 것입니다. 죄인에게 내일은 없습니다. 불의한 자에게 미래는 없습니다. 오직 성결한 자, 오직 거룩한 자에게만 있습니다. 실패의 원인은 자본도, 지식도, 기술도, 정치도, 교육도 아니었습니다. 문제는 죄였습니다. 여러분, 잘 아시지 않습니까. 세상에 경제로 말미암아 망한 나라는 없습니다. 모든 역사는 말합니다. 죄로 망합니다. 그것도 숨겨진 죄로 말미암아 나라가 망하고, 가정이 망하고, 세상이 망하는 것입니다.

　오늘성경은 말씀합니다. "아간을 제거하라. 마음속에 있는 저 아간을 제거하라. 마음속에 있는 아간인 이기심, 탐심, 숨겨진 것, 부도덕한 일을 제거하라. 아간을 제거하고 내일을 기다리라." 전쟁에 나간다고 이기는 것이 아닙니다. 숫자가 많다고 이기는 것이 아닙니다. 무력이 강하다고 이기는 것도 아닙니다. 역사는 말합니다. 모든 것에서 패전의 원인은 죄라고요. 그것도 숨겨진 죄입니다. "아간을 제거하라. 스스로 성결케 하고 내일을 기다리라." 여러분, 내일을 기다리는 이 기다림이 참 중요합니다. 이스라엘 사람들의 신앙을 딱 한마디로 말하면 '메시아 대망 사상'입니다. 메시아를 기다리는 것입니다. 항상 기다립니다. 꾸준히 기다립니다. 이 기다림은 정적인 것이 아닙니다. 행동적인 것입니다. 묵상으로 기다리는 것이 아닙니다. 회개로 기다립니다. 이걸 잊지 말아야 합니다. 기다린다고 앉아서 조용히 기다리는 것이 아닙니다. 중심을 살펴서 어딘가 숨겨진 죄, 그 구석구석에 숨겨진 죄, 그걸 회개해야 합니다. 회개하고 또 회개해야 됩니다.

여러분, 잘 알지 않습니까. 회개하지 않고 기다리는 사람이 있습니다. 헤롯 왕입니다. 그는 아기 예수가 태어났다는 소식을 듣고 당장 그 예수를 잡아 죽이려고 하지 않습니까. 회개하지 않은 사람이 메시아를 기다리는 모습이 바로 그런 것입니다. 여러분, 잊지 말아야 합니다. "회개하고 내일을 기다리라." 회개는 행동입니다. 회개는 진실입니다. 회개는 겸손입니다. 우리가 하나님 앞에 기도할 때 그저 번영, 자유, 평등만 기다립니다. 아닙니다. '정결함'을 기다려야 합니다. 그러므로 정결함을 위하여 기도해야 하겠습니다. "정결한 백성이 되게 하여주세요. 정직한 정치가가 되게 하여주세요. 도덕성이 온전한 하나님의 백성이 되게 하여주세요." 이것이 먼저입니다. 이 말씀에 귀를 기울이십시오. 스스로 성결케 하고 내일을 기다리라― △

지혜의 마음을 얻게 하소서

주여 주는 대대에 우리의 거처가 되셨나이다 산이 생기기 전, 땅과 세계도 주께서 조성하시기 전 곧 영원부터 영원까지 주는 하나님이시니이다 주께서 사람을 티끌로 돌아가게 하시고 말씀하시기를 너희 인생들은 돌아가라 하셨사오니 주의 목전에는 천 년이 지나간 어제 같으며 밤의 한 순간 같을 뿐임이니이다 주께서 그들을 홍수처럼 쓸어가시나이다 그들은 잠깐 자는 것 같으며 아침에 돋는 풀 같으니이다 풀은 아침에 꽃이 피어 자라다가 저녁에는 시들어 마르나이다 우리는 주의 노에 소멸되며 주의 분내심에 놀라나이다 주께서 우리의 죄악을 주의 앞에 놓으시며 우리의 은밀한 죄를 주의 얼굴 빛 가운데에 두셨사오니 우리의 모든 날이 주의 분노 중에 지나가며 우리의 평생이 순식간에 다하였나이다 우리의 연수가 칠십이요 강건하면 팔십이라도 그 연수의 자랑은 수고와 슬픔뿐이요 신속히 가니 우리가 날아가나이다 누가 주의 노여움의 능력을 알며 누가 주의 진노의 두려움을 알리이까 우리에게 우리 날 계수함을 가르치사 지혜로운 마음을 얻게 하소서

(시편 90 : 1 - 12)

지혜의 마음을 얻게 하소서

여러 해 전, 빌리 그레이엄 목사님이 살아계실 때 제게 책을 한 권 보내왔습니다. 그것은 「Nearing Home」이라는 작은 수필집이었습니다. 그 책을 받아서 열어보니, 그 첫 페이지에 이렇게 씌어 있었습니다. '내가 이렇게 오래 살 줄 몰랐다. 우리 부모님이 다 평균 70을 전후로 가셨기 때문에 나도 그저 70쯤에 갈 줄로 생각하고 살아왔다. 한데, 어쩌다 하나님의 은혜로 내가 90세까지 살았다. 그리고 이 나이에 대해 하나님 앞에서 묵상하였더니, 그 응답은 이러하다.' 아브라함이 하나님의 음성을 들었을 때가 75세였습니다. 그리고 갈대아 우르를 떠납니다. 그것이 믿음의 시작입니다. 그런가 하면, 모세가 하나님의 음성을 들었을 때가 80세였습니다. 애굽 궁전에서 40년, 광야에서 목자 생활을 하면서 40년, 그리고 80세에 하나님의 음성을 듣게 됩니다. 여호수아도 하나님의 음성을 직접 들은 때가 80세였다고 합니다. '내 나이 90, 이것은 참 중요한 의미가 있다. 그래서인지 요새 성경을 읽으면 하나님의 말씀이 선명하게 들린다. 한평생 읽은 성경이지만, 이 나이가 되어서 읽으니까 정말 선명하게 하나님의 말씀이 들려온다.' 이렇게 간증하는 글을 그 책에서 보았습니다.

나이 먹는다는 것, 대단히 중요합니다. 그것은 바로 지혜로 향하기 때문입니다. 지식은 언제나 과거에 대한 것입니다. 과거에 대한 이야기를 많이 알면 "그 사람은 지식이 있는 사람이다"라고 말하게 됩니다. 공부를 많이 하고, 많은 경험도 하고, 많은 여행도 하고, 인식의 세계를 넓혀서 얻는 그 모든 것을 모아서 지식이라고 합니다. 이 지식은 과거지향적인 소재입니다. 하지만 지혜는 다릅니다. 지혜는 미래에 대한 것입니다. 앞에 있는 세계, 다가오는 세계에 관한 것입니다. 그래서 '지식은 있는데, 지혜가 없는 사람'이 있는 것입니다. 이것이 문제입니다. 우리는 가끔 공부를 많이 해야 한다고 생각하곤 합니다. 그러니까 지식을 얻는 것이지요. 하지만, 그것 때문에 오히려 머리가 더 혼란스러워지기도 합니다. 세상을 살아가면서 보면, 공부는 많이 못했는데도 아주 지혜로운 분들이 있습니다. 학교 문턱에도 못 가보았지만, 그 생각하는 것이 아주 지혜로운 것입니다. 왜냐하면, 미래지향적인 지혜를 가지고 있기 때문입니다. 그러니까 과거에 속한 지식은 그리 중요하지 않습니다. 중요한 것은 미래로 향하는 지혜가 있어야 한다는 것입니다. 그래서 오늘본문에서 모세는 이렇게 기도합니다. "지혜로운 마음을 얻게 하소서(12절)." 지혜로운 마음을 주시옵소서 —

유명한 신학자인 폴 틸리히는 그의 유명한 저서인 「Shaking of the Foundation」에서 시간 개념에 대하여 세 가지로 말합니다. 아주 신비로운 해석입니다. 먼저, 시간은 모든 것을 소멸시킨다는 것입니다. 변화라고 하는 사건 속에서 모든 세계, 모든 현상을 다 변화시키고, 소멸시키고 있다는 사실을 말하는 것입니다. 둘째, 그러나 그 시간 자체 안에서, 변화와 소멸이 반복되는 그 속에 영원을 품고 있음을 발견해야 한다는 것입니다. 과거라고 하는 것도 그때는 현재였습니다. 현재가 과거로 변한 것뿐입니다. 그런데, 과거로 가면서 이 현재를 전부 과거로 만들어버린다는 것입니다. 그러나 그 속에 보이지 않는 영원, Eternity, 영원성이 존재하고 있다, 이것입니다. 그런고로, 시간은 알 수 없는 미래를 향해서 가지만, 확실한 것은 그것이 목적 지향적이라는 사실입니다. 시간의 변화는 혼돈 속에서 무언가 확실한 목적을 지향하고 있고, 그 선하신 목적을 오늘 이루어가는 변화로 세상은 이루어지는 것이다, 이것입니다. 이렇게 시간에 대하여 세 가지 차원으로 말하고 있습니다.

오늘본문의 첫머리에는 '모세의 기도'라고 되어 있습니다. 확실하게 기록해놓았습니다. 모세가 기도한 "지혜로운 마음을 얻게 하소서"는 지식이 아닙니다. 지나온 생이 아닙니다. 현재 살고 있는 세상도 아닙니다. "하나님, 미래를 바라보게 해주세요. 그래서 지혜로운 마음을 열어주소서." 이렇게 기도하는 것을 볼 수 있습니다. 다시 말하면, 이 현재가 미래로 가고 있는데, 그 종말은 어디입니까? 그 끝은 어디입니까? 세상 끝은 어디입니까? 예수님의 제자들이 예수님께 여쭈어봅니다. "세상 끝에 어떤 징조가 있겠습니까?" 궁금해서 계속 여쭈어봅니다. 예수님께서는 많은 것으로 미래에 대하여 말씀하셨지만, 자기 생각에 집착하고 있는 제자들은 그 예수님의 말씀을 알아들을 수가 없었습니다. 정말로 알아듣지 못한 것 같습니다. 먼 훗날 성령 충만할 때, 또 우리가 복음사역을 위해서 온 생을 바칠 때, 아니, 순교하기 직전에 비로소 예수님께서 말씀하시던 그 미래에 대한 확실한 지혜를 얻게 된 것이라고 생각합니다.

모세의 기도입니다. "지혜로운 마음을 얻게 하소서." 오늘본문의 맥락은 그렇습니다. 이 시점에서 다 변하고 있습니다. 다 소멸할 것입니다. 그러나 모세는 말합니다. "하나님께서는 영원하시다." 하나님의 영원한 경륜, 하나님의 영원한 뜻, 이 변화 속에 있다고 방향 없는 변화가 아닙니다. 의미 없는 소멸이 아닙니다. 이 모든 큰 재난과 변화 속에서 하나님께서는 조용하게, 계속 하나님의 뜻을 이루어 가십니다.

제가 한평생 살아오면서 강제노동 수용소에서 고생도 해보고, 군인생활을 하면서 아주 위험한 것도 많이 보고, 비참한 것도 많이 보고, 그리고 여러 가지로 변화 속에서, 비록 짧은 시간이지만, 또 해외 유학을 하면서 지내도 보고, 또 언젠가는 방학 때 공장에 가서 일해보자 하여 그 뜨거운 용광로 앞에서 일도 해보고, 이렇게 여러 가지로 다양한 경험을 하며 살아보았습니다. 물론 여행도 해보았지요. 그러나 한 가지는 알아야 합니다. 이 모든 변화 속에 하나님의 영원하신 경륜이 있다는 것입니다. 예외는 없습니다. 조그마한 사건 하나에도 하나님의 경륜과 축복이 있다는 것을 잊어서는 안 됩니다.

정말 개인적으로 제가 유학을 한다는 것은 있을 수 없는 일이라고 생각했습니다. 제가 북한에서 중고등학교를 다녔기 때문에 남쪽에 와서는 제가 중고등학교를 다닌 일이 없습니다. 그러니까 한마디로 말하면, 영어를 정식으로 배운 일이 없는 것입니다. 그래서 내가 어떻게 유학을 하나 싶었지요. 많은 사람들이 믿지 않았습니다. 그것은 쓸데없는 망상이라고 하면서요. 그러나 어쨌든 제가 제일 감격스러웠던 시간입니다. 토플시험 600점을 받아서 프린스턴 신학교를 가게 됩니다. 이것은 제게 굉장한 기적입니다. 있을 수 없는 일입니다. 그런데, 어떻게 이런 일이 있었을까요? 제가 군인생활을 할 때 다니던 교회에 초등학교 교장선생님이 계셨습니다. 어느날 그 어른의 집에 놀러 갔는데, 책이 많이 있었습니다. 그래서 책도 좀 빌려다 보고 그랬는데, 조용한 시간에 그 교장선생님이 이런 말씀을 하셨습니다. "곽 선생, 영어공부 하세요. 다른 건 몰라도 꼭 영어를 준비하세요." 그래서 제가 그랬지요. "그건 해서 제가 뭘 하겠습니까. 지금 언제 죽을지도 모르는 군인인데, 필요가 있겠습니까." 그러자 이러셨습니다. "아니야. 그래도 영어공부는 해둬야 해." 그래서 그때 제가 콘사이스 사전을 사서 그걸 한 페이지를 다 외우고 찢어버리고, 다 외우고 찢어버리고 해서 콘사이스 네 권을 다 외웠습니다. 그러니까 그저 단어뿐이지, 발음도 엉망이고, 문법도 모릅니다. 그러나 그때 공부한 것 때문에 제가 토플시험 600점을 맞았고, 뿐만 아니라, 유학 생활 5년 동안에 콘사이스 사전 한 번 뒤져보지 않았습니다. 왜냐하면, 단어실력은 충분했기 때문입니다. 발음도 엉망이고, 문법도 모르지마는, 그래서 별로 많이 알아듣지도 못하지만, 그 어려운 유학생활에서 공부를 잘 감당할 수 있었습니다. 그 교장선생님이 제게 "영어, 배워두는 게 좋아"라고 하신 그 한마디가 나의 운명을 바꾸어놓은 것입니다. 여러분, 나는 제한적이지만, 하나님의 섭리는 영원합니다. 하나님의 계획 속에 착착 진행되어나가는 걸 보게 됩니다.

제 생애에서 제일 귀중한 경험은 1950년도에 북한의 모나지 광산에서 고생한 일입니다. 거기에서 보낸 8개월 동안은 인간지옥 그 자체였습니다. 강제노동수용소는 누가 말해도 상상을 못 합니다. 경험하지 않은 사람은 알 수 없는 세상입니다. 그 8개월의 생활이 저한테는 너무나도 소중합니다. 생각할수록 소중합니다. 지금도 꿈에서 그 장면을 보곤 합니다. 이 모든 시련에 변화가 있지마는, 하나님의 경륜이 그 속에 있었습니다. 이걸 잊지 말아야 합니다.

그리고 모세는 말합니다. "인생은 티끌로 돌아가라." 우리의 몸은 흙입니다. 우리 현실은 흙입니다. 우리의 현상은 다 지나갈 것입니다. 이대로 있을 것이 아닙니다. 다 늙어가고, 소멸하고, 지나갈 것입니다. 그런가 하면, 오늘본문 10절은 말씀합니다. "신속히 가니 우리가 날아가나이다." 그렇습니다. 모세는 나이 120세 때까지도 총명이 흐려지지 않았다고 합니다. 그러나 날아가고, 풀처럼, 꽃처럼 시듭니다. 신속히 갑니다. 빨리 갑니다. 참 그렇습니다. 요새는 1년이 얼마나 빨리 가는지, 옛날의 한 달만도 못 한 것 같습니다. 저도 어쩌다가 이제 내일모레면 90세입니다. 세상에 90세의 목사님이 설교한다는 이야기를 들어본 일이 없습니다. 그런데, 어쩌다가 이렇게 벌써 세월이 흘렀습니다. 날아가니, 속히 갑니다. 자랑은 없습니다. 성경은 말씀합니다. "수고와 슬픔뿐이니이다." 자랑할 것이 무엇이 있습니까. 다 지나갈 것인데, 오늘 이루어놓은 것 다 무너질 텐데, 자랑은 없습니다. 아니, 자랑하지 말아야 할 것입니다. 하나님 앞에 겸손해야 할 것입니다.

그리고 모세는 말합니다. "우리 날 계수함을 가르치사 지혜의 마음을 주시옵소서." 지혜의 마음을 주시옵소서 — 크로노스가 아닙니다. 카이로스입니다. "하나님의 시간은 크로노스가 아니고, 우리 인간에게 주어진 카이로스, 그것을 알게 하여주십시오. 그 의미를 알게 하여주십시오. 지난 시간도 중요하지만, 제 앞에 있는 시간, 제 손에 있는 시간, 이 현재라고 하는 시간, 지혜의 마음을 주시어서 이것에 대한 미래지향적인 의미를 알게 하여주십시오. 이것을 통해서 이루고자 하시는 하나님의 경륜을 알게 하여주십시오. 오늘 내가 사는 생활을 통하여 하나님께서는 무엇을 원하십니까? 무엇을 이루려 하십니까? 그것을 알게 하여주십시오. 가르쳐주십시오. 알게 하여주십시오. 믿게 하여주십시오. 따르게 하여주십시오. 아니, 그 섭리를 기뻐하게 하여주십시오.”

사도 바울은 디모데후서 4장 6절에서 말합니다. “관제와 같이 벌써 부음이 되고 나의 떠날 기약이 가까웠도다.” 그는 인생을 한 경주자로 보았습니다. 운동경기장에서 뛰는 시간이 있습니다. 시발점이 있습니다. 땅 하고 뛸 때 저 앞에 결승점이 있습니다. 인생도 마찬가지입니다. 시작이 있으면 끝이 있습니다. 출발점이 있으면 종점이 있습니다. 이제 결승점을 바라본 사도 바울은 로마감옥에서 순교의 시간을 바라보면서 이렇게 기록하고 있습니다. “관제와 같이 벌써 부음이 되고……” 관제란 피를 제단에 가져다가 쏟아붓는 것입니다. ‘양동이로 피를 쏟아붓는 관제와 같이 부음이 되었다. 다 쏟아버렸다. 다 소진했다. 갈 길을 다 갔다. 달려갈 길을 다 가고, 믿음을 지켰다. 떠날 기약이 가까웠도다.’

여러분, 잊지 마십시오. 누구나 떠날 기약이 가까웠습니다. 애착을 가질 필요가 없습니다. 집을 가꾸고, 뭘 사고, 뭘 하고…… 그런 것은 이제 그만합시다. 떠날 기약이 가까웠습니다. 그런 것에 신경 쓸 게 아닙니다. 이제는 떠나야 할 때입니다. 더는 집착하고, 꾸미고, 장식하고, 준비하고, 예비하고…… 그럴 시간이 아닙니다. “떠날 기약이 가까웠도다.” 그는 결승점에 선 자기 자신을 보고 있습니다. 그리고 그는 말합니다. “이제 후로는 나를 위하여 의의 면류관이 예비 되었으므로……” 그는 결승점에서 면류관을 바라보고 있습니다. 결승점에 서서 앞에 있는 생명의 면류관을 바라보고 있습니다. 그리하고 순교했습니다. 이 얼마나 아름다운 종말입니까. 면류관을 바라보는 지혜, 면류관을 바라보는 그 아름다운 순간, 그는 지난날의 과거에 매이지 않습니다. 그가 다가오는, 앞에 있는 면류관을 바라보며, 손을 들고 주를 영접하는 모습을 볼 수 있습니다.

저는 어느 권사님을 압니다. 그분은 나이 들면서 그만 귀가 어두워졌습니다. 이제 잘 안 들립니다. 그래서 여러 가지로 답답합니다. 그렇게 귀가 안 들리니까 그 권사님, 그때부터 성경을 열심히 보기 시작했습니다. 그러니까 그 딸이 묻습니다. "어머니, 아니 신학교 가려고 그러세요? 왜 그렇게 성경을 많이 보세요?" 그러자 권사님이 이렇게 대답했습니다. "지금 내가 나이 들어서 귀가 어두워졌다. 조금 있으면 눈도 어두워지지 않겠냐. 그러니 눈이 어두워지기 전에 성경을 보아야지 않겠니?" 이 한마디, 얼마나 종말론적인 고백입니까. 여러분의 귀가 항상 있는 줄 아십니까. 여러분의 눈이 항상 밝은 대로 있겠습니까. 여러분의 건강이 항상 지켜지겠습니까. '눈이 어두워지기 전에 성경을 보겠다. 여기에 집착하고, 여기에 집중하겠다. 초점을 맞추고 살겠다.' 이 얼마나 아름다운 종말론적 신앙의식입니까.

로마의 정치가였던 카토는 팔십노인이 되었을 때 어느 날 갑자기 친구들에게 말합니다. "내가 이제부터 그 어려운 헬라어를 공부하려고 한다." 그러니까 친구들이 놀리면서 다 늦게 그건 배워서 뭘 하려느냐고, 이제부터 헬라어를 공부하다니, 그것 가지고 뭘 하겠느냐고 비아냥댔습니다. 그때 그가 한 말에 지혜가 있습니다. "나에게 남아 있는 날 가운데 오늘이 가장 젊은 날일세. 내게 남아 있는 시간 중에 오늘이 가장 젊은 나이야." 과거가 아닙니다. 가장 중요한 시간은 현재입니다. 현재의 이 순간, 이 순간에 주어진 능력, 이 기회 안에서 지혜를 배워야 합니다. 모세는 말합니다. "지혜로운 마음을 주세요. 과거에 매이지 않게 해주세요. 하늘을 열어주시옵소서. 미래를 열어주시옵소서. 그리고 오늘을 감사할 줄 아는 지혜를 주시옵소서." 약속된 미래를 바라보며, 오늘의 순간을 소중히 여기고 감사하는, 그리고 하나님께서 나를 향하신 뜻을 온전히 이루어드릴 수 있는 날은 바로 오늘입니다. 지난날에는 할 수 있는 일도 안 했습니다. 그러면서 오늘 할 수 없는 일을 하겠다고 합니다. 아닙니다. 오늘 할 수 있는 일이 있습니다. 해야 할 일이 있습니다. 그걸 아는 것이 지혜입니다. "하나님이시여, 영원한 미래를 바라보며, 오늘을 지혜롭게 사는 사람이 되게 하여주십시오." 이것이 모세의 마지막 기도입니다. "하나님이시여, 지혜로운 그 마음을 가르쳐주시옵소서." △

날로 새로워집니다

그러므로 우리가 낙심하지 아니하노니 우리의 겉 사람은 낡아지나 우리의 속사람은 날로 새로워지도 다 우리가 잠시 받는 환난의 경한 것이 지극히 크고 영원한 영광의 중한 것을 우리에게 이루게 함이니 우 리가 주목하는 것은 보이는 것이 아니요 보이지 않는 것이니 보이는 것은 잠깐이요 보이지 않는 것은 영원 함이라

(고린도후서 4 : 16 - 18)

날로 새로워집니다

　요새는 제가 꽤 오랫동안 북한에 가지를 못했습니다. 그러나 한 20년 전 소망교회에서 목회하던 시절에는 1년에 다섯 번씩 북한에 갈 때도 있었습니다. 그렇게 가서 거기에 대학도 세우고, 병원도 세우고, 고아원도 세우고, 목장도 만들어주면서 여러 가지로 북한 선교에 아주 열중했습니다. 어느 날, 한번은 북한 고위층의 초대를 받아서 만찬을 하게 되었습니다. 거기에는 여러 고위층 간부들과 대학 교수들이 같이 모여 있었습니다. 한 20명 정도가 모인 좋은 저녁식사 시간이었지요. 그 식사 뒤에 김일성 대학의 철학과 교수라는 분이 일어서서 저한테 이렇게 한마디 하더라고요. "목사 동무, 한 가지 질문할 것이 있는데, 괜찮겠습니까?" 그래 그러시라고 하자, 그 교수가 정중하게 일어서서 제게 질문을 합니다. "목사 동무는 하나님이 계시다고 믿는다면서요?" "믿지요." "그럼 한 가지 물어보겠습니다. 하나님, 만나보았어요?" "못 만났지요." "하나님을 못 만났는데, 그래도 믿어요?" "그래도 믿지요." 그랬더니, 그다음 말입니다. "우리는 보지 못하는 것은 믿지 않습니다. 우리는 과학적이기 때문에 유물사관으로 봅니다. 그래 확실한 것, 경험하는 것만 믿습니다." 이렇게 말하는 것이었습니다. 어떤 면에서는 저한테 부끄러움을 주려고 그랬다는 생각도 들었습니다. 그래서 제가 대답했지요. "나도 하나 질문하겠습니다." "그러세요." "이 세상에는 볼 수 있는 것이 있고, 볼 수 없는 것이 있는데, 볼 수 없는 것은 없는 겁니까? 볼 수 있는 것은 볼 수 있는 것이고, 볼 수 없는 것은 볼 수 없는 것일 뿐이지, 없는 건 아니지 않습니까.” 그랬더니, 이분이 얼어서 조용하게 서 있기만 하더라고요. 그래서 한 걸음 더 나갔지요. “하나 더 물읍시다. 교수님, 할아버지 만나보았어요?” “못 봤는데요?” “그럼 할아버지가 있어요, 없어요?” “있지요” “그러면 있는 것 아닙니까. 못 본다고 없는 것이 아닙니다. 내가 못 본 것뿐이지, 있는 건 있는 거지요.” 그리고 또 한 걸음 더 나갔습니다. “이왕 시작했으니까 조금 더 말합시다. 보이는 것과 보이지 않는 것, 볼 수 있는 것과 볼 수 없는 것이 있는데, 이 두 가지 가운데 어느 쪽이 원인입니까? 원인과 결과의 관계에서 어디가 근원이고, 어디가 현상입니까?” 다시 말하면, ‘보이는 것에 의해서 보이지 않는 것이 있습니까? 아니면, 보이지 않는 것에 의해서 보이는 것이 있습니까?’라고 물은 것입니다. 이 질문에 그 교수는 말문이 막혀 아무 말도 못 했습니다. 여러분, 깊이 생각해야 합니다. 보이지 않는 것, 보이는 것, 어느 쪽이 원인입니까? 보이지 않는 것에 의해서 보이는 것이 지배를 받는 것입니다. 그러나 보이는 것에 의해서 보이지 않는 것이 지배를 받는 것, 그것은 속물입니다. 여기에 중요한 문제가 있는 것입니다.

오늘본문 18절에 아주 귀한 말씀이 있습니다. “보이는 것은 잠깐이요 보이지 않는 것은 영원함이라.” 보이는 것과 보이지 않는 것, 보이는 것은 잠깐이요, 보이지 않는 것은 영원함이니라 — 아주 귀중한 말씀입니다. 겉과 속을 생각해 보십시오. 겉사람과 속사람 — 겉사람은 육체가 아닙니까? 속사람은 우리 영혼이 아닙니까? 그러면 겉사람 속에 속사람이 갇혀 있는 것처럼 보입니다. 그러나 그것이 아닙니다. 겉사람은 후패합니다. 낡아집니다. 늙어집니다. 반면에, 속사람은 날로 새로워집니다. 여러분도 가끔 경험하실 것입니다. 내 몸은 늙습니다마는, 마음은 안 늙습니다. 이걸 알아야 합니다. 제가 양로원에도 가끔 가서 보면, 그 나이 많은 분들이 모여 있는 가운데서도 연애가 되더라고요. 심지어 거기서 결혼을 하는 사람도 있습니다. 속사람은 다 여전히 청춘인 것입니다. 안 늙습니다. 속사람은 늙지 않는다— 게다가 좀 더 강한 표현이 있습니다. 날로 새로워진다— 왜입니까? 지식도 얻고, 경험도 생기니까, 점점 더 날로 새로워집니다. 참으로 놀라운 진리입니다. 역설적 진리입니다. 겉과 함께 늙어지는 것이 아니고, 날로 새로워집니다. 겉사람이 늙어감과 함께 속사람도 같이 늙어가는 것, 그 사람은 겉사람에 매여 있는 사람입니다. 오히려 겉사람은 낡아져도 속사람은 날로 새로워지는 것이 정상이고, 그것이 바른 관계입니다. 이 변화는 계속 이루어진 것 같고, 그냥 혼돈된 것 같지만, 사실 잘 보면 변화의 방향이 있습니다. 역사의 방향이 있습니다. 모든 변화에는 그 어딘가로의 방향이 있습니다. 그러한 변화 속에 의미가 있습니다. 변하는 것 속에 변하지 않는 것이 있고, 변화하면서 그 속에서 새로워지는, 그런 신선한 변화가 있다는 것을 잊지 말아야 합니다. 변화 속에서 새로워지는 것, 낡아지는 것 속에서 새로워지는 것이 역설적 생명의 진리입니다. 겉사람은 늙어갑니다. 점점 늙어갑니다. 그러나 속사람은 영원 지향적으로, 약속 지향적으로 점점 더 새로워집니다. 깨끗해집니다.

오늘본문에는 참으로 중요한 말씀이 있습니다. "겉사람은 낡아지나 우리의 속사람은 날로 새로워지도다(16절)." 겉사람은 후패하나 속사람은 날로 새로워진다— 조금 어렵지만, 쉽게 생각할 수 있는 비유가 있습니다. 이스라엘 사람들의 출애굽입니다. 출애굽 사건에는 구속사적 의미가 있습니다. 이스라엘 백성들이 애굽에서 나왔습니다. 그리고 광야에 머뭅니다. 광야에 머무는 동안 그걸 '광야교회'라고 표현합니다. 이제 저 앞 요단강 건너편에는 가나안 땅이 있습니다. 저 뒤쪽, 과거라고 하는 곳에는 애굽의 노예생활이 있고, 저 앞에는 가나안 땅이 있습니다. 그리고 현재는 광야에 머무르고 있습니다. 생각해보십시오. 광야에 머무르고 있는 동안 애굽에서 멀어졌습니다. 그러나 가나안 땅에는 가까이 가고 있습니다. 점점 더 가까이 가고 있습니다. 이것이 실존입니다. 옛것으로부터 멀어집니다. 점점 멀어집니다. 그러나 새로운 세상을 향하여 가까이 가고 있습니다. 그것이 광야교회요, 그것이 인간실존입니다. 오늘 이 현재라는 것이 그렇습니다. 옛사람은 낡아집니다. 곧 벗어버리게 됩니다. 가치관도 벗어버립니다. 전에 중요하던 것이 더는 중요하지 않습니다. 전에 소중하던 것이 더는 소중하지 않습니다. 하나씩 하나씩 벗어버리는 것입니다.

가끔 이런 경우가 있습니다. 옷을 새로 한 벌 맞출까 하다가 생각합니다. '아이고, 몇 번 입어보지도 못할 거 그만두지.' 뭘 좀 하려고 하다가 '그만두지' 하는 것입니다. 왜입니까? '곧 떠날 테니까, 곧 버려야 될 테니까 그만두지.' 이렇게 생각하는 것입니다. 다 임시적일 뿐입니다. 그런가 하면, 새로운 미래를 향해서 준비해야 합니다. 새로운 시간을 향해서 우리가 여러 가지로 준비하고 예비해야 합니다. 그런고로 옛 생활로부터는 점점 멀어지고, 새로 다가오는 약속의 땅을 향해서는 가까워지고 있습니다. 멀어지고, 가까워지고, 낡아지고, 새로워지고…… 이걸 잊지 말아야 합니다.

오늘본문은 더욱더 중요한 말씀을 주십니다. "우리가 잠시 받는 환난의 경한 것이 지극히 크고 영원한 영광의 중한 것을 우리에게 이루게 함이니(17절)." 현재의 고난은 잠시요, 우리의 환란은 경한 것이다— 현재의 고난은 잠시고, 환란은 경한 것입니다. 저는 이것과 관련하여 제 개인적인 경험이 있습니다. 저는 심장수술을 두 번 받았습니다. 수술을 앞두고 의사와 더불어 애기합니다. "이제 다섯 시간 동안 심장수술을 받을 텐데, 전신마취를 할 겁니다." 의사는 빙글빙글 웃으면서 말합니다. "잠깐 자고 깨면 돼요. 잠깐만 자면 됩니다." 정말 그렇습니다. 잠깐만 자고 깨니까 엄청난 역사가 이루어져 있습니다. 세상일이 다 그렇습니다. 잠깐만 지나가면 그만이지 않습니까. 그래서 성경은 말씀합니다. "현재의 고난은 잠시 지나가는 것이고, 순간적인 것이다. 환란이라고 하나, 그것은 무거운 것이 아니라, 경한 것이다." 미래지향적으로 영혼을 바라보고 사는 사람에게는 그 환란이 경한 것입니다. 결정적으로는 순교를 말할 수 있습니다. 순교의 죽음은 엄청난 것입니다. 그러나 하늘나라를 바라보는 스데반으로 볼 때 이것은 경한 것입니다. 돌에 맞아 죽는 억울함이 있습니다마는, 영원을 지향하는 스데반으로 볼 때 이것은 잠깐이요, 별것이 아닙니다.

　제가 「순교사」라는 책을 보다가 감격한 적이 있습니다. 여러 순교자가 순교하는 장면들을 많이 수집해놓은 책입니다. 거기에 보면, 원형극장에서 사자가 들어와 예수 믿는 사람들을 막 찢어 죽이는 장면이 있습니다. 거기에 어린아이를 안고 간 어머니가 있습니다. 어머니가 자신의 어린아이를 안고 있는데, 사자가 저기서 다가오니까 이 아이가 무서워서 웁니다. 그때 어머니가 하는 말이 너무너무 감격스럽습니다. "애야, 잠깐만 기다려라. 이제 곧 밝아질 것이다." 그러니까 "잠깐만 기다리라. 곧 밝아질 것이다. 이 세상 고통은 잠깐이다. 지나가면 곧 환한 세상이 열릴 것이다"라고 위로하는 글이 나와 있습니다.

여러분, 역설적입니다. 그런데, 특별히 오늘본문은 말씀합니다. 이 환란의 경한 것이 중한 것을 이루게 함이니라— 이 세상사는 모든 것이 잠깐이요, 경한 것이요, 별것 아닌데, 오히려 이것이 중한 것, 영원한 진리, 영원한 생명의 세계를 열게 하여준다는 말씀입니다. 그래서 경한 것이 중한 것을 이룬다는 것은 아주 귀한 진리의 말씀입니다. 특별히 성경은 말씀합니다. '날로 새로워진다. 날마다 새로워진다.' 하루 눈을 뜨면 새로워집니다. 하루를 살면 새로워집니다. 한 해를 살면 또 새로워집니다. 이것을 잊지 말아야 합니다. 옛것은 지나가고, 새것이 오기 때문입니다. 옛것으로부터 완전히 자유할 때 비로소 새것을 맞이할 수 있습니다. 옛것에 속해서 사는 사람은 세월이 갈수록 한심스럽습니다. "아이고, 다 끝났다. 다 망했다." 이렇게 반응하겠습니다마는, 예수 믿는 사람은 안 그렇습니다. 영원을 지향하는 하나님의 사람들은 하나님 앞에 가까이 가기에, 멀어지는 세상에 대해서는 아쉬움이 없습니다. 오직 가까워지는 하나님의 나라에 대해서만 큰 환희의 기쁨을 느낍니다. 그것이 예수 믿는 사람의 모습입니다. 그래서 속사람 중심의 가치관을 세워야 합니다. 물질적인 것, 세상적인 것, 세상적인 명예, 세상적인 권세는 다 쓸데없고, 부질없는 것입니다. 이것은 하나씩 하나씩 정리해야 합니다. 털어버려야 합니다. 잊어버려야 합니다. 그리고 앞으로 다가오는 것, 미래가 중요합니다. 과거가 아닙니다. 다가오는 하나님의 나라를 바라보면서 내가 준비해야 하겠습니다. '하나님 앞에 가서 어떤 모습으로 서게 될까? 내가 어떤 모습으로 생을 끝내게 될까?' 남은 생이 중요합니다. 과거는 중요하지 않습니다. 앞으로 다가올 세계가 중요합니다.

그런가 하면, 영혼을 생각하며 영혼 구원에 힘써야 합니다. 영혼이 깨끗해야 합니다. 생각이 좀 더 깨끗해야 하겠습니다. 깨끗한 그 영혼에 합당한 오늘이 있어야겠습니다. 오늘 너무 그렇게 복잡하게 살 것 없습니다. 이제 얼마 안 남았다는 생각으로 새로워지는 것에 초점을 두어야 합니다. 어두워지는 것이 아닙니다. 멀어지는 세상에 아쉬움이 없습니다. 가까워지는 하나님의 나라에 우리 마음의 초점을 맞추어야 합니다. 그런고로, 영혼구원 중심으로 예수님께서는 말씀하십니다. "마음에 근심하지 말라. 하나님을 믿으니, 또 나를 믿어라. 내 아버지 집에 거할 곳이 많도다." 이 말씀을 바라보며 날로 새로워져야 합니다. 그리스도를 만나는 기쁨과 그리스도를 생각하는 것이 더 크고, 더 많아져야 합니다. 여러분, 기도하셨습니까? 더 기도하고 성경을 읽었습니까? 더 읽고 봉사하셨습니까? 종말론적으로 봉사해야겠습니다. 더 열심히 새 소망과 새로운 약속을 바라보며 살아가야 할 것입니다.

알렉스 파타코스라고 하는 유명한 장군이 있었습니다. 그는 30년 동안 영국의 장군으로서 성실하게 산 모범적인 군인입니다. 그가 퇴직하고 얼마 뒤에 임종하게 됩니다. 그때 자녀들이 다 둘러앉았는데, 손을 흔들면서 하는 말입니다. "애들아, 너는 나처럼 살지 않겠다고 약속해라." 자녀들이 깜짝 놀랐습니다. 아버지는 바르게 살고, 명예롭게 살고, 영광되게 사신 줄 알았는데, 아니었던 것입니다. 그의 영혼은 그렇지 않았습니다. 그래서 그는 자녀들에게 "애들아, 나처럼 살지 않겠다고 약속해라. 나는 지금 종지부를 찍고, 새로운 세상을 바라본다. 새로운 세상을 바라본다"라고 하고 운명했다고 합니다.

여러분, 깊이 생각해야 합니다. 로마서 5장 2절부터 주신 말씀을 보시겠습니다. "또한 그로 말미암아 우리가 믿음으로 서 있는 이 은혜에 들어감을 얻었으며 하나님의 영광을 바라고 즐거워하느니라 다만 이뿐 아니라 우리가 환난 중에도 즐거워하나니 이는 환난은 인내를, 인내는 연단을, 연단은 소망을 이루는 줄 앎이로다." 부끄럽지 않습니다. 멀어지는 세상을 아쉬워하지 말고, 가까워지는 세상을 향해서 좀 더 확실하게 날로 새로워져야 합니다. 오늘을 살 때 속사람 중심으로, 영원 지향적으로 그리스도를 만나는 기쁨에 초점을 맞추고 살아야 합니다. 그리할 때 우리 생은 날로 새로워질 것입니다. 우리의 생각도, 우리의 이상도, 우리의 가치관도, 아니, 우리의 물질관도 날로 날로 새로워질 것입니다.

꼭 잊지 마시기 바랍니다. 육체는 점점 낡아집니다. 세상은 점점 멀어집니다. 그러나 우리는 날로 새로워지는 마음으로 주님을 만난 기쁨에, 주님을 만날 기쁨에 충만하게 될 것입니다. 그리할 때 스데반처럼 우리의 얼굴은 천사의 얼굴이 될 것입니다. 천사의 얼굴로 새해, 올 한 해를 살아갈 수 있기를 바랍니다.   △

네 자신을 확증하라

    내가 이제 세 번째 너희에게 가리니 두세 증인의 입으로 말마다 확정하리라 내가 이미 말하였거니와 지금 떠나 있으나 두 번째 대면하였을 때와 같이 전에 죄 지은 자들과 그 남은 모든 사람에게 미리 말하노니 내가 다시 가면 용서하지 아니하리라 이는 그리스도께서 내 안에서 말씀하시는 증거를 너희가 구함이니 그는 너희에게 대하여 약하지 않고 도리어 너희 안에서 강하시니라 그리스도께서 약하심으로 십자가에 못 박히셨으나 하나님의 능력으로 살아 계시니 우리도 그 안에서 약하나 너희에게 대하여 하나님의 능력으로 그와 함께 살리라 너희는 믿음 안에 있는가 너희 자신을 시험하고 너희 자신을 확증하라 예수 그리스도께서 너희 안에 계신 줄을 너희가 스스로 알지 못하느냐 그렇지 않으면 너희는 버림 받은 자니라 우리가 버림 받은 자 되지 아니한 것을 너희가 알기를 내가 바라고 우리가 하나님께서 너희로 악을 조금도 행하지 않게 하시기를 구하노니 이는 우리가 옳은 자임을 나타내고자 함이 아니라 오직 우리는 버림 받은 자 같을지라도 너희는 선을 행하게 하고자 함이라

(고린도후서 13 : 1 - 7)

네 자신을 확증하라

어느 시골 교회에 젊은 목사님이 있었습니다. 그에게는 나이 많은 어머니가 계셨지요. 그는 이 어머니를 잘 모시고 목회하는 효자 목사였습니다. 이 어머니는 주일마다 예배당 맨 앞에 앉아 자기 아들 목사가 설교하는 것을 쳐다보며 늘 행복했습니다. 그런데, 문제가 있었습니다. 설교만 시작하면 이 어머니가 꾸벅꾸벅 조는 것입니다. 아들 목사가 보기에는 아무래도 덕이 되지를 않는 것 같아서 이걸 어쩌면 좋을까 고민하게 되었습니다. 그래 어머니께 권면도 해보았지만, 어머니는 그 졸음을 영 이기지 못하셨습니다. 그는 묘안을 내어 유치원 다니는 아들을 붙잡고 이렇게 일렀습니다. "애야, 할머니 옆에 앉아 있다가 할머니가 조시거든 흔들어 깨워드려라. 그러면 내가 한 주일에 천 원씩 용돈을 줄게." "알았어요." 그래 예배시간에 이 손자가 할머니 옆에 앉아 있다가 할머니가 졸면 흔들어 깨우고, 졸면 흔들어 깨워서 아주 효과를 보게 되었지요. 덕분에 몇 주일 동안 매우 성공적으로 어머니가 깨어 있게 되었습니다. 그런데, 어느 날 보니까 어머니가 또 졸고 있는 것입니다. 그래 그는 예배가 끝난 뒤에 아들을 붙들어놓고 물었습니다. "너 왜 할머니를 깨워드리지 않았니?" 그러니까 아들이 이렇게 이야기했습니다. "할머니가 깨우지 않으면 이천 원 준다고 그러셨어요." 여러분, 한번 생각해보십시다. 내가 어느 정도입니까? 참 고맙게도 우리 예수소망교회는, 그저 제가 밝은 눈으로 볼 때, 그렇게 꾸벅꾸벅 조는 사람은 별로 없는 것 같습니다. 하지만 어떤 때는 보면 옆에 있는 사람이 민망할 정도로 조는 분들이 있습니다.

십계명에 보면 "거짓 증거 하지 말라"라는 말씀이 있습니다. 이에 대해서 마르틴 루터가 해석한 것을 제가 늘 좋게 생각하고 기억합니다. 마르틴 루터의 십계명 강해는 아주 유명합니다. 그는 이렇게 말합니다. '살인하지 말라는 계명은 우리의 하나밖에 없는 생명을 보호하시기 위한 하나님의 사랑이다.' 모든 사람이 살인하지 않으면 우리는 아무 걱정 하지 않을 수 있지 않겠습니까. '그런고로 이것은 하나님께서 우리에게 생명을 보호하시는 울타리를 쳐놓으신 것이다.' 또 말합니다. '간음하지 말라는 계명은 우리의 순결을 지켜주시는 하나님의 사랑이다. 모두가 순결하기를 바랐는데, 내가 순결을 지켜나가야겠는데, 지켜나가도록 하시기 위해 하나님께서 모두에게 살인하지 말라는 복음을 우리에게 주셨다.' 또 말합니다. '도둑질하지 말라는 계명은 사유재산을 지켜주시는 하나님의 사랑이다.' 여러분, 하찮은 물건이라도 도둑맞고 나면 기분이 나쁩니다. 아주 좋지 않습니다. '이런 일이 없게 하시기 위해서 도둑질하지 말라는 계명, 이 귀한 울타리를 보호막으로 하나님께서 주셨다. 이것이 십계명이다.' 그리고 '거짓 증거 하지 말라는 계명은 우리의 인격을 지켜주시는 하나님의 사랑이다.' 이것이 중요합니다. 여러분, 생각해 보십시오. 내가 한번 속고 나면 내 인격이 침해되는 것입니다. 하찮은 일이라도 속고 나면 내 인격이 무너집니다. 이것은 아주 큰 아픔입니다. '이런 인격살인, 그것이 거짓말이다.' 이렇게 설명하고 있습니다.

우리가 다른 사람한테 속은 것도 마음 아픈 일이지만, 그보다 더 아픈 것은 내가 나에게 속는 것입니다. 내가 나를 믿었는데, 이것이 믿을 게 못 됩니다. 내가 나한테 속았다는 것, 중요합니다. 이렇게 항상 믿었던 것을 믿지 못하게 되고, 그로부터 배반을 당하게 되고, 속게 되고, 사기당하게 되면, 그래서 거기서 당한 아픔이 거듭해서 나타나게 되면, 결국 그것이 체질화되어서 마지막에는 아무것도 믿지 못하는 사람이 되는 것입니다. 내가 나를 믿지 못하기에 아무도 믿지 못하는 현상에 빠지게 되는 것입니다. 세상의 비극은 서로 믿지 못한다는 데에 있고, 믿음이 무너진다는 데에 있습니다. 적어도 인격관계나 인간관계, 이런 존재의 의식 속에는 믿음의 문제가 제일 중요합니다. 이 믿음이 깨어지는 순간 그 존재 의식이 내려앉고 마는 것입니다. 왜 이런 말도 있지 않습니까. '믿는 도끼에 발등을 찍힌다.' 가장 큰 비극은 믿어야 할 사람을 믿지 못하는 것입니다. 이렇게 되면, 인격이 그대로 무너지는 것입니다. 특별히 자기 자신을 믿지 못할 때, 내가 결심하고, 내가 약속하고, 내가 나를 믿지 못할 때 뭘 믿고, 뭘 더 바라겠습니까. 그러므로 자기 자신을 믿지 못한다는 것은 가장 큰 비극입니다. 오늘본문은 분명히 말씀합니다. "너희는 믿음 안에 있는가 너희 자신을 시험하고 너희 자신을 확증하라……(5절)" 여러분, 새해 벽두에 꼭 생각하십시다. 경제도 생각하고, 정치도 생각하고, 사회 문화도 다 생각하겠지만, 무엇보다도 내 믿음을 점검해야겠습니다. 내가 믿음 안에 있는가 확증하라―이것이 오늘본문의 메시지입니다.

갈라디아서 6장 7절은 말씀합니다. "스스로 속이지 말라 하나님은 업신여김을 받지 아니하시나니 무엇으로 심든지 그대로 거두리라." 우리는 거두면서 '이것은 누가 심었나? 내가 심은 것이 아닌데, 왜 싹이 났는가?'라고 묻습니다마는, 스스로를 속이지 마십시오. 내가 심은 대로 거두는 것입니다. 내가 심은 대로 내가 거두는 것입니다. 하나님께서 그렇게 역사하고 계십니다. 그런고로, 우리는 더는 거짓말을 하지 말아야 합니다. '내가 심었으니 내가 거두는 것이다.' 인정해야 합니다. 꼭 정직하게, 이제라도 다시 시작해야 합니다. '내가 믿음에 있는가? 내가 바로 씨를 뿌렸는가? 내 안에 주의 말씀이 항상 함께하셨는가? 내가 성령의 역사를 따라 살았는가? 그 성령의 열매로, 말씀의 열매로 살았는가?' 믿음을 확증해야 합니다.

　자기 자신이 뭘 좀 아는 줄 알았는데, 이제 보니 아무것도 아는 게 없습니다. 능력도 있는 줄 알았는데, 아무것도 없습니다. 돈도 있는 줄 알았는데, 보니까 전부 적자입니다. 인간관계도 잘 될 줄 알았는데, 아니었습니다. 돌아보니, 잘못한 게 너무나 많습니다. 믿음도 있는 줄 알았는데, 믿음이 없었습니다. 나는 하나님을 믿는 줄 알았는데, 돈을 믿었고, 세상을 믿었고, 세상 정치를 믿었고, 세상의 지식을 믿었습니다. 솔직하고, 아주 정직하게, 그리고 겸손하게 내가 뭘 믿었는지를 점검해야 합니다. 그래서 오늘본문은 말씀합니다. "자신을 시험하고 확증하라." 여기에 나오는 '시험하다'라는 말은 영어로 Test입니다. 시험해보라— 왜 시험해보아야 합니까? 사건 속에서 머리를 굴리는 게 아닙니다. 머리로 판단하는 게 아닙니다. 사건에 딱 부딪히고 보니까 나타나게 되는 것입니다. 그러니, 여기서 인정해야 합니다. 결과로 나타나는 것을 보고 원인을 인정해야 하는 것입니다. 이런 결과가 나왔으면, 진실하게 그 원인을 인정해야 합니다. 그렇습니다. 내가 시험할 때도 있지만, 스스로 시험이 될 때가 많습니다.

　어느 어머니가 부엌에서 설거지를 하면서 들으니까 어린아이가 방에서 강아지하고 놀다가 그 강아지 보고 이러더랍니다. "너, 내 말 안 들어? 때려죽일 거야." 이 말을 들은 어머니가 깜짝 놀라서 어린 아이를 붙들고 "너, 어디서 그런 말을 들었냐?" 했더니, 그 아이가 하는 말이 이랬답니다. "엄마가 그랬잖아." 어린아이들이 어디서 들었겠습니까. 어디서 배웠겠습니까. 그뿐 아니라, 우리 마음속에 있는 것들은 어디서 오는 것입니까? 사건마다 시험하고, 그 시험 속에서 나 자신의 믿음을 검증해야지요. 왜 이리 쉽게 절망합니까? 왜 낙심합니까? 우리가 언제부터 세상을 믿었습니까? 정치가를 믿었습니까? 대통령을 믿었습니까? 우리가 믿는 것은 하나님뿐입니다. 무엇을 믿었습니까? 또, 얼마나 믿었습니까? 깊이 생각해야 합니다.

제자들이 예수님과 함께 배를 타고 디베랴 바다를 건너갑니다. 그때 풍랑이 일어났습니다. 예수님께서는 고물에서 평안하게 주무시고 계십니다. 풍랑이 일어서 막 물이 배 위로 올라오니까 제자들이 예수님을 깨우면서 "예수님, 우리가 죽게 된 것을 돌아보지 않으십니까?" 합니다. 저는 이게 너무나 말이 안 된다고 생각합니다. 아니, 지금 깨어 있는 사람하고, 잠자는 사람하고, 누가 먼저 죽을 것 같습니까? 그런데도 주무시는 예수님을 깨우면서 "우리가 죽게 된 것을 안 돌아보십니까?"라고 하면서 아우성을 치고 있습니다. 예수님께서 일어나시어 "적게 믿는 자여 어찌 의심하느냐?" 하고 꾸짖으셨습니다. 의심과 두려움은 한 가지입니다. 의심과 두려움은 맥락이 같습니다. 믿음이 없으면 두려워합니다. 두려움은 믿음이 없다는 증거입니다. 그래 예수님께서는 바닷바람을 꾸짖으시면서 "적게 믿는 자여 어찌 의심하느냐?"라고 말씀하신 것입니다. 여러분, 풍랑이 일어났다고 하나님의 뜻이 무너집니까? 배가 파선된다고 하나님의 경륜이 바뀝니까? 걱정할 것 없습니다. 우리가 믿는 것은 하나님입니다. 하나님의 능력, 하나님의 지혜, 하나님의 사랑을 믿고 있습니다. 믿음에 있는가 확증하라— 내가 무엇을 믿고 있는가, 얼마나 믿고 있는가 확증하라— 스스로 증명해야 한다는 말입니다.

유명한 부흥사 무디에 대해서 이런 이야기가 있습니다. 한 청년이 와서 말합니다. "무디 선생님, 저는 선생님의 성경책을 좀 보고 싶습니다." 무디는 자신이 가지고 있던 낡은 성경책을 딱 펴서 보여주었습니다. 그 청년이 한참을 들여다보니, 성경 여기저기에 빨간색으로 밑줄이 쳐져 있고, 거기에 T.P.라고 쓴 것들을 많이 발견하게 되었습니다. 그래서 무디에게 이것이 무엇인지 물어보았습니다. "그것은 Test(시험)와 Proof(증명)의 앞 글자입니다. 제가 먼저 성경을 보고, 그것이 맞는지를 테스트해봐서 증명된 것들을 적어놓은 것입니다." 성경대로 살고, 믿음대로 살 때 우리는 현실 속에서, 내 생활 속에서 'Test & Proof'를 해야 합니다. '이 말씀이 여기에 이루어졌구나. 이 말씀은 확실하구나. 이 말씀은 틀림없구나.' 이렇게 말씀 하나하나를 확증해나가는 신앙, 그것이 바로 무디 선생이었습니다.

아우구스티누스는 유명한 말을 합니다. '사랑이 없는 믿음은 그리스도인의 믿음이 아니다. 사랑 없는 믿음은 귀신의 믿음이다.' 사랑 있는 믿음은 그리스도인의 믿음입니다. 이 믿음이 있으면 사랑은 자연적으로 발생합니다. 능력을 나타냅니다. 사랑이 없다, 사랑이 시들었다, 피곤하다…… 그것은 참믿음이 아니요, 그리스도를 믿는 믿음이 아닙니다. 귀신의 믿음입니다. 이렇게 아우구스티누스는 말하고 있는 것입니다.

유명한 심리학자인 보론(F. Borron)은 사람의 자기 실현의 기준을 말하고 있습니다. 자기가 자기의 인격을 실현해나갈 때 그 기준이 어디에 있느냐, 하는 것입니다. 그 첫째 기준이 신축성입니다. 내가 모든 것을 결정하고 행하는데, 얼마나 신축성과 여유가 있느냐, 이것입니다. 다른 사람이 무슨 말을 할 때 그 말을 잘 받아들일 수 있고, 소화할 수 있느냐, 깜짝 놀랄 만한 일을 당할 때도 여유만만하게 대처할 수 있느냐, 하는 것입니다. 이 신축성이 성숙의 바로미터가 됩니다. 또 하나는 자발성입니다. '얼마나 자발적인가? 억지로 하는가, 즐거움으로 하는가? 하고 싶지 않은 일을 하는가, 하고 싶은 일을 하는가? 하고 나서 후회하는가, 하고 나서 자랑스러운가?' 그것이 그 사람의 성숙의 척도가 되는 것입니다. 그런가 하면, 창조성이 있습니다. 항상 하나님의 능력을 믿고, 지혜를 믿고, 창조적으로 생각하는 것, 창조적 지식, 창조적 의지, 창조적 감성, 그것이 그의 성숙의 지표가 되는 것입니다.

여러분, 예수님께서 변화산에 올라가셔서 거기 계시는 동안 아홉 제자는 산 밑에 있었습니다. 예수님께서 변화산에서 내려오시다가 보시니, 난리가 났습니다. 어떤 아버지가 귀신 들린 아들을 데리고 와서 고쳐달라고 했는데, 예수님의 제자들 가운데 아무도 그 아들을 고치지 못했습니다. 이 아버지는 실망했지요. 예수님께서 산에서 내려오시어 그 모습을 보시니, 한심하신 것입니다. 그래서 "믿음 없는 세대여!" 하고 개탄하십니다. 그런데, 이 어린아이의 아버지가 예수님을 만날 때 이렇게 말합니다. "무엇을 하실 수 있거든 제 아들을 고쳐주세요." 아주 실망스러운 얘기입니다. 예수님의 마음을 아프게 해드리는 말입니다. 무엇을 하실 수 있거든— 무슨 말입니까? 제자들은 못했는데, 당신은 선생이니까 '하실 수 있거든'인 것입니다. 그러자 예수님께서 단호하게 말씀하십니다. "할 수 있거든이 무슨 말이냐? 믿는 자에게는 능치 못할 일이 없느니라!" 그리고는 "귀신은 나가라!" 하시니, 귀신이 나갔습니다. 어린아이는 건강해졌습니다. 조용해졌습니다. 평화를 얻었습니다. 그것을 본 제자들이 아주 부끄러워졌습니다. 뒤에 예수님 앞에 와서 여쭈었습니다. "예수님, 왜 저희는 귀신을 내쫓지 못한 것입니까?" 여기에 괄호하고 이렇게 내용을 보충해야 합니다. (며칠 전에는 했습니다. 며칠 전에는 예수님께서 저희에게 나가서 복음을 전하라 하셨을 때 저희는 동네마다 다니면서 귀신을 내쫓고, 병을 고치고, 다 큰 능력을 나타냈습니다. 한데, 왜 오늘은 안 되는 것입니까?) 그때 예수님께서 하신 말씀이 중요합니다. "기도 외에는 능력이 나갈 수 없느니라." 그러니까 이런 뜻입니다. "이건 내 능력이 아니라, 하나님께서 주시는 능력이다. 그러니 기도 외에는 안 된다. 너희는 어젯밤에 기도 안 했지 않느냐? 나는 산에 올라가서 기도할 때 너희는 산 밑에서 잤지 않느냐?" 기도 외에는 이런 능력이 나갈 수 없느니라—

여러분, 믿음을 확증해야겠습니다. 바른 믿음, 확실한 믿음— 기도 외에는 불가능합니다. 어제도 오늘도 마찬가지입니다. 어제처럼 오늘도 기도해야 믿음으로 살 수 있고, 오늘도 기도하고야 바른 믿음의 확증으로 살 수 있고, 믿음이 주는 그 엄청난 생명력을 누릴 수 있습니다. 이걸 잊지 말아야 합니다. 내 믿음이 어디에 있는가? 살펴보아야겠습니다. 참믿음이 있다면 풍랑 속에서도 평안하게 쉴 수 있습니다. 그의 마음에는 기쁨과 감사가 있습니다. 그에게는 사랑이 넘칩니다. 거기 속에는 긍휼이 있습니다. 믿음이 주는 능력으로 자기를 이기고, 자기 교만을 이기고, 모든 증오를 이기고,

모든 의심을 이기고, 모든 불안을 이기고, 고요하게 하나님과 만나는 기쁨, 성령의 역사 안에서 평화를 느끼는 것입니다. 특별히 중요한 것은 사랑과 감사라는 걸 알 것입니다. 믿음이 있는 자에게는 감사가 있습니다. 믿음이 있는 자에게는 사랑이 있습니다. 믿음이 있는 자에게는 온유와 겸손함이 있습니다. 그리고 그리스도께서 함께하시는 참평화가 있습니다. 믿음은 능력입니다. 죄를 이기고, 사망을 이기고, 사탄을 이기고, 율법을 이기는 능력입니다. 믿음은 곧 생명력입니다. 믿음이 함께할 때 새로운 능력의 사람으로 나타나게 될 것입니다. 그러기 위해서는 오늘 기도해야 합니다. 오늘도 기도해야 합니다. 지금도 기도해야 합니다. "기도 외에는 이런 일이 없느니라. 기도 외에는 이런 믿음이 없느니라. 기도 외에는 이런 능력이 나타날 수 없느니라." 이걸 잊지 말아야 합니다. "쉬지 말고 기도하라. 범사에 감사하라. 항상 기뻐하라." 이것이 바로 믿음의 열매입니다.
△

그리스도인의 정체의식

　　그런즉 우리가 다시는 서로 비판하지 말고 도리어
부딪칠 것이나 거칠 것을 형제 앞에 두지 아니하도록
주의하라 내가 주 예수 안에서 알고 확신하노니 무엇
이든지 스스로 속된 것이 없으되 다만 속되게 여기는
그 사람에게는 속되니라 만일 음식으로 말미암아 네
형제가 근심하게 되면 이는 네가 사랑으로 행하지 아
니함이라 그리스도께서 대신하여 죽으신 형제를 네
음식으로 망하게 하지 말라 그러므로 너희의 선한 것
이 비방을 받지 않게 하라 하나님의 나라는 먹는 것
과 마시는 것이 아니요 오직 성령 안에 있는 의와 평
강과 희락이라 이로써 그리스도를 섬기는 자는 하나
님을 기쁘시게 하며 사람에게도 칭찬을 받느니라

(로마서 14 : 13 - 18)

그리스도인의 정체의식

프랑스 사람들이 즐겨 쓰는 우화가 하나 있습니다. 어떤 날 전갈 한 마리가 먹이를 찾아 헤매다가 근방에 먹거리가 없는 것을 알고 강 건너 저쪽에는 먹거리가 있을 듯하여 '강을 건너가야겠다'라고 생각했습니다. 그러나 전갈은 헤엄을 치지 못합니다. 그래 이리저리 방황하다가 문득 묘안이 떠올랐지요. 전갈은 거북이를 만났습니다. 거북이는 헤엄을 잘 치지 않습니까. 전갈은 그 거북이한테 이렇게 부탁했습니다. "이 근방에 먹을 것이 없어서 내가 강 건너 저쪽으로 건너가야겠는데, 거북아, 네가 나를 좀 도와주라. 내가 네 등에 업혀서 이 강을 건너가면 좋겠다." 그러나 거북이는 이 제안을 거절했습니다. "나는 네 본성을 잘 안다. 네 꼬리에 있는 그 독침이 얼마나 무서운지를 내가 다 알아. 그것으로 네가 나를 찌르면 나는 죽을 거야. 그러니, 내가 왜 그 같은 일을 도와주겠느냐?" 이때 전갈이 아주 합리적으로 설명했습니다. "내가 너를 쏘면 나도 죽고 너도 죽어서 결국에는 다 같이 죽게 될 텐데, 내가 널 쏠 리가 있느냐? 그러니 걱정 말고 나를 좀 도와주라." 거북이가 생각해보니 그 말에 일리가 있었습니다. 그래서 거북이가 허락합니다. "그러면 내 등에 업혀라." 그리고 거북이가 헤엄을 칩니다. 그래 강 한가운데쯤 왔을 때 갑자기 바람이 불면서 물결이 크게 일어나 출렁하니까 마치 금방이라도 물에 빠져 죽을 것 같은 상황이 되었습니다. 그러자 이 전갈이 자기도 모르게 꼬리를 굽혀서 거북이를 콱 쏘아버렸습니다. 그러자 거북이가 그 독침에 맞아 죽어가면서 하는 말입니다. "야, 이놈아! 이렇게 하면 너도 죽고 나도 죽는데, 어쩌자고 나를 쏘아서 너도 죽고 나도 죽게 만드느냐?” 그때 전갈이 한 말입니다. “그건 내 본성이다(It's my nature).”

여러분, 여기에 포인트가 있습니다. 분명히 전갈은 거북이한테서 사랑을 받았습니다. 은혜를 입었습니다. 하지만, 전갈의 본성은 변화되지 않았습니다. 여기에 엄청난 의미가 있습니다. 우리는 간혹 ‘잘해주면 될 것이다. 선하게 해주면 될 것이다. 사랑해주면 변화될 것이다’라고 생각하지만, 그 사랑이 사람을 변화시키지는 못합니다. 본성은 그런 사랑으로 말미암아 변화될 수 없습니다. 전갈은 어디까지나 전갈입니다. 사랑받았다고 전갈이 선한 전갈이 되지는 못하더라는 이야기입니다. 이 얼마나 중요합니까. 이 얼마나 심오한 진리를 우리에게 말해주고 있는 것입니까.

사람들이 결심합니다. 맹세합니다. 조약을 합니다. 협약을 합니다. 여러 가지 모양으로, 심지어는 갖가지 희생을 지불하면서까지, 대가를 지불하면서까지 노력을 하지만, 그래도 사람은 달라지지 않습니다. 사람이 변화되는 것, 힘듭니다. 본성은 바뀌지 않습니다. 이것이 우리의 아픔입니다. 일생을 사랑해도, 아니, 일생을 사랑받으면서도 그 사랑에 응답할 만한 사람이 되지 못할 때가 많습니다. 본성의 변화, 그것은 언제 오는 것입니까? 종교개혁자 칼뱅은 말합니다. ‘하나님을 만나고, 하나님에 대한 지식이 있기 전에는 자기 자신에 대한 지식도 없다.’ 언젠가는 하나님을 만나야 비로소 나의 나 됨이 있다는 것입니다. 사람 사이에 서로 주고받는 사랑, 주고받는 긍휼, 주고받는 인간관계가 참 귀하고 소중합니다마는, 그것만 가지고는 나 자신을 바로 알기가 어렵습니다.

　제가 신학대학교에서 '기독교 윤리'라는 과목을 여러 해 가르쳤습니다. 그러기 위해서 저는 따로 기독교 윤리를 공부했습니다. 그러면서 알게 된 핵심은, 인간의 본성이 뭐냐, 인간의 정체성이 뭐냐, 도대체 사람이 뭐냐, 하는 것입니다. 거기에 초점을 맞추고 있다는 것입니다. 인간을 평가할 때 크게 두 가지 기준이 있습니다. 하나가 유물사관이요, 다른 하나는 창조론입니다. 이것을 분명히 알아야 합니다. 인간을 평가할 때 진화론자는 다윈의 진화론에서부터 말합니다. '사람은 어디서 왔느냐? 종의 기원이 뭐냐?'라는 질문에 이렇게 답합니다. '단세포 동물로부터 거듭된 진화의 과정을 거쳐서 사람이 된 것이다. 그런고로 사람은 동물이다. 동물의 본성을 가졌다. 동물의 본성으로 끝나는 것이다. 동물 가운데 하나다. 다만 많이 진화된 동물일 뿐이다. 동물은 어디까지나 동물이다.' 그래서 살아가는 길은 딱 세 가지입니다. 생존경쟁, 약육강식, 적자생존 — 무서운 것들입니다. 이러한 것들을 생각하고 사람을 봅니다. 사람은 동물입니다. 동물 가운데 하나입니다. 생각건대, 가장 사악하고, 가장 무서운 동물입니다. 그 가운데서도 가장 못난 동물입니다. 그것이 인간입니다. 이렇게 진화론자는 보고 있습니다. 그런가 하면, 또 하나는 창조론입니다. '사람은 하나님의 형상으로 창조되었다.' 하나님의 형상(Image of God) — 그런고로, 사람의 몸은 동물성을 가졌으나, 사람의 속에 있는 영은 하나님의 형상입니다. 하나님을 닮았습니다. 하나님을 닮은 영적 생명이 있는 인간 — 이렇게 성경은 말씀하고 있습니다.

　오늘본문에서 봅니다. 그리스도인은 자기를 어떻게 보아야 하는가? 그리스도 중심으로 보아야 합니다. 그리스도를 보고 나를 보고, 하나님을 보고 나를 보고…… 그때에만 내가 나를 알 수 있는 것입니다. 하나님을 알기까지는 내가 나를 모릅니다. 그리스도를 알기까지는 나의 나 됨의 정체의식은 없습니다. 그저 사악한 인간일 뿐입니다. 추악한 인간일 뿐입니다. 그리스도를 알고, 그리스도의 생명력으로부터 오는 큰 변화로 말미암아 중생케 하시는 능력이 나타날 때 비로소 하나님의 형상을 닮은 인간이 되는 것입니다. 그래서 오늘성경말씀에 참으로 중요한 이야기가 나옵니다. "그리스도께서 위하여 죽으신 형제, 그리스도께서 위하여 죽으신 형제를 식물로 망하게 하지 말라." 이 표현은 성경에 딱 두 번 나옵니다. 그리스도께서 위하여 죽으신 형제 — 여기에 포인트가 있습니다. 그리스도를 보고, 십자가를 보고, 그리고 십자가 안에 있는 나를 보아야 합니다. 그것이 그리스도인의 모습입니다.

사도 바울은 이 모든 진리를 갈파하고 귀중한 말씀을 합니다. "I am crucified with Christ(나는 그리스도와 함께 십자가에 못박혔다). 내 옛사람, 나의 나 됨은 예수 그리스도의 십자가, 그 골고다 언덕에서 이미 죽었다. 그리스도와 함께 나는 죽었다." 이렇게 선언합니다. 그리고 빌립보서에서 유명한 말을 합니다. "To live's Christ, die is gain(사는 것이 그리스도니, 죽는 것도 유익함이니라). 사는 것 자체가 그리스도다. 나는 그리스도가 없이는 없는 것이다. 그렇게 그리스도와 함께 십자가에 못박혔다." 대단히 중요한 말씀입니다. 여기에 포인트가 있습니다. 항상 주님을 보고, 주의 십자가를 보고, 그리고 나를 보아야 합니다. 작은 일이나 큰일이나, 여기에 진정한 New Point가 있는 것입니다. 가치 평가가 있는 것입니다. 여기에 존재감이 있다는 것을 잊지 말아야 합니다.

예수님의 말씀을 들어보십시오. 누가복음 13장에 보면, 아주 불쌍한 사람, 아마 인간으로 볼 때는 가장 소외당하고 버려진 인간이 있습니다. 18년 동안 귀신 들린 여자입니다. 한번 상상을 해보십시오. 이 여자가 20살에 귀신 들렸다면 지금 몇 살입니까? 38살입니다. 여자가 18년 동안이나 귀신 들려서 허우적거리며, 소리 지르며, 인간 대접도 못 받는 존재로 살았다, 이것입니다. 예수님께서는 그를 보시고 말씀하십니다. "아브라함의 딸이라." 이 한마디에 여자가 깜짝 놀랐습니다. 예수님께서는 바로 이 귀신 들린 여자를 두고 '아브라함의 딸'이라고 말씀하시는 것입니다.

제가 고향에서 교회 다닐 때 우리 집에서 한 15분 정도 걸어가면 닿는 곳에 교회가 있었습니다. 제가 그 15분 거리를 날마다 걸어서 새벽기도를 갔습니다. 그렇게 교회에 갔다가 돌아오는 길에 보면, 다리 옆에 목공소가 있는데, 거기에 딸 하나가 있었습니다. 그 딸이 한 20살쯤 되었는데, 귀신이 들렸습니다. 얼마나 소리를 지르는지요? 하도 난리를 치니까 붙잡아 매어두기도 하고, 때리기도 합니다. 그러면 소리소리 지르면서 웁니다. 어떤 때는 이 처녀가 홀랑 벗고 거리를 뛰어 돌아다닙니다. 그런 귀신 들린 모습을 볼 때 정말로 불쌍했습니다. 그래서 언젠가는 그 집 문 앞에 서서 제가 이렇게 기도했습니다. "하나님, 제게 능력을 주시어서 저 귀신 들린 여자를 깨끗하게 할 수 있도록 도와주시면 좋겠습니다." 18년 동안이나 귀신 들린 채로 살아온 여자가 어디 사람이겠습니까. 이것을 무슨 사람이라고 할 수 있겠습니까. 그러나 예수님께서는 이 딸을 보시고 "저도 아브라함의 딸이니, 저로부터 풀어주는 것이 마땅하지 않으냐?" 하십니다. 얼마나 귀한 말씀입니까. 예수님께서는 그 여인의 속에 있는 하나님의 형상을 보신 것입니다. 이것이 예수님의 인간에 대한 이해입니다.

인간의 가치가 어디에 있습니까? 세상에서는 그저 돈이 있는 사람을 크게 봅니다. 소유로 사람을 평가하기 때문입니다. 또는, 건강한 사람, 지식이 있는 사람, 권력이 있는 사람, 소속이 좋은 사람, 외모가 좋은 사람…… 이런 식으로 사람을 평가할 때가 많습니다마는, 성경의 평가기준은 다릅니다. 지불된 수고와 사랑과 희생을 기준으로 평가합니다. 그리스도께서 위하여 죽으셨으니까 그 지불된 가치를 기준으로 평가하는 것입니다. 이것이 아가페적 평가입니다. 그를 위하여 십자가를 지시고, 나를 위하여 십자가를 지신 그 십자가를 보고 나를 보아야 합니다. 이 평가만이 기독교인의 성서적 자기평가입니다. 그가 지식이 있느냐, 능력이 있느냐, 가치가 있느냐는 중요하지 않습니다. '그리스도께서 나를 위하여 죽으셨다. 그리스도께서 저를 위하여 죽으셨다.' 여기서부터 평가해야 합니다.

제가 인천에서 목회할 때 심방을 많이 했습니다. 언젠가 어느 집에 심방을 갔더니, 자녀가 아홉입니다. 그 아홉 남매가 한집에 사는 것입니다. 한데, 가정의 분위기가 그렇게 좋을 수가 없습니다. 그 아홉 남매가 다 모여 죽 둘러앉아서 예배를 드리는데, 비록 가난하고 어렵지만, 너무나 화평하고 분위기가 좋았습니다. 특별한 것은 그 막냇동생입니다. 그 아이가 지금 두 살밖에 안 되었는데, 온 형제들이 그 아이를 얼마나 서로 예뻐하고, 만져주고, 안아주고, 놀아주는지 모릅니다. 그렇게 동생을 사랑하는 모습을 제가 보았습니다. 왜 그런가 했더니, 어머니가 8남매를 데리고 고생하며 살았는데, 아홉 번째 아이를 낳다가 그만 세상을 떠난 것입니다. 그 어머니가 마지막으로 그 자녀들에게 유언을 남기기를 "너희들의 동생을 사랑해라"라고 하였던 것입니다. 그 온 형제가 이 동생을 어떻게 지극정성으로 사랑하는지 모릅니다. 왜 그렇습니까? 어머니의 생명과 맞바꾸었기 때문입니다. 그래서 어머니를 생각할 때마다 그 아이를 보고, 그 아이를 볼 때마다 그 어머니가 보이는 것입니다. 그렇게 동생을 사랑하는 것을 보았습니다.

여러분, 사랑의 평가가 어디에 있습니까? 인간의 가치가 어디에 있는 것입니까? 성경에 탕자의 비유가 있지요? 탕자가 아버지의 재산을 다 가지고 집을 나갔다가 허랑방탕하여 거지가 된 신세로 간신히 집에 돌아옵니다. 그때 아버지가 그를 기뻐합니다. 그리고 잔치를 엽니다. 그 탕자에게 가치가 있습니까, 지식이 있습니까, 능력이 있습니까, 기술이 있습니까, 기준이 있습니까? 전혀 평가될 만한 가치가 하나도 없습니다. 단, 아버지의 사랑이 거기에 지불되었습니다. 아버지가 오랫동안 간절히 그를 기다렸습니다. 아버지가 마음을 열고, 그를 환영합니다. 아버지의 사랑이 거기에 쏟아부어진 것입니다. 그래서 가치가 있는 것이지, 그 탕자 자신에게 가치가 있는 것이 아닙니다. 그러한 아버지의 간절한 사랑이 이 아들의 기본 가치요, 이것이 오로지 그가 가진 본질적 가치입니다.

성경에 보면, 그런 재미있는 이야기가 또 있습니다. 양 한 마리가 우리를 떠났습니다. 이것이 돌아다니다가 그만 멀리멀리 가버렸는데, 목자가 그 양을 찾아 헤맵니다. 다른 양들을 우리에 두고, 목자가 잃어버린 양을 찾아 헤맬 때, 그 밤길을 다니면서 얼마나 많이 수고했겠습니까. 그저 위험한 길도 마다하지 않고, 목숨을 걸고 찾아 나서서 애써 그 양을 찾았습니다. 그리고 마침내 그 양 한 마리를 찾아 목에 둘러매고 돌아옵니다. 그리고 "내가 잃었던 양을 찾았노라. 모여서 잔치하자!"라고 하면서 사람들을 초대하여 잔치를 베풀었습니다. 여기서 제가 궁금한 것이 하나 있습니다. 그 잔치에서 양을 몇 마리나 먹었을까, 하는 것입니다. 목자에게는 양이 소중합니다. 왜 그렇습니까? 그 양을 사랑했기 때문입니다. 그 양을 위해서 수고했기에, 그 희생의 가치가 거기에 있기에 그 양이 소중한 양입니다. 이것이 그 양의 기본 가치임을 잊지 말아야 합니다.

그래서 오늘본문은 말씀합니다. "그리스도께서 대신하여 죽으신 형제를 네 음식으로 망하게 하지 말라(15절)." 이 말씀을 깊이 생각해야 합니다. 나의 나 됨을 생각하십시다. 나의 나 됨의 가치가 어디에 있습니까? 내 능력과 내 지식과 내 건강에 있습니까? 아닙니다. 그리스도께서 나를 위하여 죽으셨기에 그런 엄청난 가치가 나한테 있는 것입니다. 나 자신을 볼 때도 내 과거 때문에 허우적거리지 마십시오. 내 미래가 암담하다고 두려워하지 마십시오. 사람들이 나를 뭐라고 평가하든지, 거기에 신경 쓰지 마십시오. 그리스도께서 나를 위하여 죽으셨습니다. 그리스도께서는 나를 사랑하십니다. 그리스도 안에서 하나님께서는 나를 사랑하십니다. 이것이 내 존재의 가치입니다. 이걸 잊지 말아야 합니다. 그런가 하면, 이웃을 볼 때도 그가 어떤 형편에 있느냐를 묻지 마십시오. 이 사실 딱 하나만 생각하시기 바랍니다. 나를 위하여 예수님께서 십자가에 돌아가신 것처럼, 저를 위해서도 예수님께서는 십자가에 돌아가셨습니다. 동일한 가치가 있는 것입니다. 저 또한 그리스도께서 위하여 죽으신 형제입니다. 그런고로 사랑해야 합니다. 그런고로 내가 돌보아야 합니다. 그런고로 내가 위하여 기도해야 할 것입니다. 그리스도께서 위하여 죽으신 형제, 그리스도께서 위하여 죽으신 나 자신 — 깊이 생각할 것입니다.

내 존재 가치, 내 정체 의식은 십자가에 있습니다. 혹시라도 여기서 우리 시선의 초점이 멀어질 때 우리는 낙심하게 되고, 절망하게 되고, 낙담하게 되고, 또는 스스로 자기 자신을 평가절하하게 됩니다. 절대 아닙니다. 누가 뭐라고 해도 주님께서는 나를 사랑하시고, 주님께서는 나를 위하여 십자가를 지셨습니다. 그만한 가치가 나한테 있는 것입니다. 그러므로 하나님께서 나를 소중히 여기신 것처럼, 예수님께서 나를 소중히 여기신 것처럼 이제는 내가 나를 소중히 여겨야 합니다. 내가 나를 사랑해야 합니다. 내 모든 시간을 소중히 여겨야 합니다. 내가 하루하루 사는 시간, 그 과정 자체가 다 소중한 것입니다. 그리스도께서 위하여 죽으신 형제, 그리스도께서 위하여 죽으신 나 자신 — 깊이 감사하면서 그 존재 가치에 합당한 생을 살아가야 할 것입니다.   △

〈강해집〉
(빌립보서 강해) 희락의 복음
(갈라디아서 강해) 은혜의 복음
(고린도전서 사랑장 강해) 진정한 사랑의 의미
(예수님의 이적 강해) 이적으로 계시된 말씀
(사도신경 강해) 사도들의 신앙고백
(야고보서 강해) 참믿음 참경건
(예수님의 잠언 강해) 예수의 잠언
(사도행전 강해)(상) 교회의 권세
(사도행전 강해)(하) 교회의 권세
(로마서 강해) 믿음에서 믿음으로
(고린도전서 강해) 복음의 능력
(고린도후서 강해) 생명에로의 길
(예수님의 비유강해)(상) 하나님의 나라/(중) 이 세대를 보라/(하) 생명
에로의 초대
(에베소서 강해) 내게 주신 은혜의 선물
(골로새서 강해) 위엣것을 찾으라
(데살로니가서 강해) 사도의 정체의식
(디모데서 강해) 네 직무를 다하라

〈기타〉
행복한 가정/참회의 기도/영성신학/종말론의 신학적 이해/생명의 길